21世纪中国纪实文学大系

2003卷

顾问：钱谷融
主编：桂国强

众志成城

文匯出版社

编委会名单

顾　　问：钱谷融

主　　编：桂国强

文学统筹：杨　扬

策　　划：桂国强　曹　立

　　　　　陈润华　张　涛

总序

21 世纪是一个非同寻常的世纪。尽管这个世纪至今仅仅走过了十多年的历程，但在与人类朝夕相处的地球上，却已经发生了诸多惊天地、泣鬼神的重大事件，令世界格局发生了错综复杂的变化，给全世界留下了难以泯灭的记忆。

对于正在不断崛起的中国而言，21 世纪无疑是一个机遇与挑战并存、成就和困难共现的世纪——这已在中国社会的各个层面展现出来。

在刚刚过去的十多年里，中国正式加入 WTO，成功举办 2008 年北京奥运会和 2010 年上海世博会，国际地位显著提高；中国全面实施西部大开发战略，青藏铁路顺利开通，“西气东输”工程全线推进，高速铁路亦成功运行，国家建设硕果累累；中国高度重视科学发展，包括航天科技、农业科技、石油勘探等在内的科学技术取得了举世瞩目的辉煌成就；中国的新农村建设卓有成效，农业税费制度改革进一步推进，农村义务教育经费保障机制有力推行，农民的生活不断改善；中国的两岸关系有所突破，厦门金门实现直航，两岸春节包机适时通航，大陆居民赴台旅游更加便捷，两岸“大三通”已然实现……勤劳而智慧的中国人准确把握机遇，用自己的行动赢得了世界的尊重。

当然，在新世纪已经过去的十数年里，中国也面临着诸多挑战，遭遇了不少困难。譬如：2003 年的“非典”，2004 年的“禽流感”，2008 年的四川汶川大地震及这一年全球金融危机给中国带来的负面影响，2010 年的青海玉树地震，2011 年湖北、湖南、江西等地出现的大面积干旱……此外，还有环境污染、食品造假、海峡那边陈水扁的“台独”闹剧等等，凡此种种，都给中国的前进之路带来了挑战。

成就也好，挑战也罢，时至今日，都已在新世纪所发生的重要事件中显现出来。这些事件，有些已经成为历史，有些却还在延续。历史是一面镜子，对于后人，可以起到“以史为鉴”的作用；现实是当下的存在，研究它可以积累经验，帮助我们寻找到人类发展的正确路径——基于此，我们有必要将这些已经过去的或仍在延续的事件以及与这些事件有着密切关联的人物——用一种最为世人接受的文字形式记录下来，为今天和明天留下一份可供借鉴与启迪的珍贵资料。

我们之所以选择纪实文学作为承担“记录”重任的文字形式，是因为这种文体乃涉猎文学和新闻两大领域的一种独特的艺术样式，是兼具新闻真实和历史真实品格的艺术真实，它在很多方面弥补了现实新闻报道无法反映的空白，达到了相当的深度和广度——正是由于它能比一般的新闻报道更深地切入现实、切入人心、全景式地反映变革过程中某些本质的东西，因而，随着时间的推移，也就更能凸显其无可争辩的文献史料价值和文学欣赏价值。

新世纪以来，中国的纪实文学蓬勃发展。国家综合实力的提升，国际多边交往的频繁，国民生活水平的提高……都为纪实文学提供了丰富的创作素材，激发了纪实文学作家和各类媒体记者的创作热情，从而创作出一批又一批展示波澜壮阔历史画面、描绘跌宕起伏现实场景的精品力作，为反映中国的现实、记录中国的历史、繁荣中国的文学立下了不朽的功勋。

现在，呈现在读者面前的就是新世纪以来（自2000年开始）中国优秀纪实文学的精选、精编本。入选的文章中，有的获得中国报告文学奖，有的获得鲁迅文学奖，有的则荣获了各种类别的年度新闻奖……由于诸多事件的发生、发展都会经历一定的时间，有些还会延续几年甚至更长；从创作规律来说，一篇成功纪实文学作品的采访、创作和发表也需要相当的时间，很难保证当年的文章能与当年的事件完全同步。因此，在对文章的选择中，我们首先考虑的是能够反映该年度的重要事件及其相关人物，至于其具体的发表时间，则应当服从于事件和人物。

我们计划一年精编一本，每本都能比较客观、全面、及时地反映该年度中国所发生的重要事件及与之相关的重要人物，从而能凸显其独特的史料价值；我们同时又希望，书中所精选的纪实文学作品能给予读者朋友有益的启迪和思考，充分享受阅读的愉悦，从而真正领略纪实文学的艺术魅力。

迈着稳健而充满活力的步伐，向着明确而富有挑战的目标，中国依然在前进，中国的大地上依然在发生着历史性的深刻变化。因此，用文字记录中国、展示中国，依然是我们今后相当一段时期内义不容辞的重要任务。我们将不辱使命，勤奋工作，努力选编好一年一度的《21世纪中国纪实文学大系》，为广大读者奉献上兼具史料和文学双重价值的精神产品。

（主　编）

2003 年纪实文学概述

翻阅 2003 年度的大事记，跃入视野的是：非典型性疫情的发生，首次载人宇宙飞船“神舟五号”发射成功，台商春节返乡包机起飞，宜万铁路奠基，歌手张国荣跳楼自杀身亡……尽管这些事件并不一定在文学世界中全都得到回应，但作家有选择地用文字反映这些事件，这种选择体现着作家的关注点和兴趣所在。

一

科学的进步，让很多人以为，除了癌症，所有其他的疾病都在医学掌控之中，但 2003 年的“非典”轻易就击碎了人们的这种信念。“非典”不仅夺去了很多人的生命，而且在一段时间里，让人们感到束手无策。杨黎光的《瘟疫，人类的影子：“非典”溯源》、李忠效的《小汤山奇迹——北京小汤山“非典”定点医院建设纪实》，都以一定篇幅，展示了疾病对现代人类生活的危害。从题材角度看，2003 年的纪实文学应该记住的，有范稳的《雪山下的朝圣》、武帅的《中国互联网风云 16 年》、张雅文的《4 万:400 万的牵挂》、洛枫的《张国荣：禁色的蝴蝶》、兰宁远的《飞天梦》等。这些作品将文学的触角伸向生活的方方面面，在五彩斑斓、变化多端的现实世界中显示文学关切的目光。

杨黎光的《瘟疫，人类的影子：“非典”溯源》、李忠效的《小汤山奇迹——北京小汤山“非典”定点医院建设纪实》，不约而同地选择“非典”事件作为书写题材，将笔触伸向了正在发生的生命现场，直面对抗与拯救。中国人不会忘记“非典”带来的巨大灾难，但作家们的写作不仅仅是让人们记住了“非典”的巨大恐怖，还让人感受到远比医学拯救更博大的生命拯救的意义。2003 年 10 月 15 日，是一个应该被历史记住的日子。这一天，我国自主研制的“神舟五号”载人飞船成功发射，杨利伟成为浩瀚太空中的第一位中国访客。兰宁远的《飞天梦》记录了这一刻中国人的荣耀。洛枫的《张国荣：禁色的蝴蝶》，对于张国荣之死作了深入的剖析和理性的思考。为一个流行歌星写纪实作品，虽不是什么了不得的事，但却也不多见。这是新世纪流行文化深入百姓精神生活的一个表征。我们以前记录的，大都是英雄人物、模范人物，却很少对那些有性格缺陷或生活陷于困境的时代人物给予文学的关注。凡人琐事，真正是我们这个时代的文学精神。还有范稳的《雪山下的朝圣》，以汉人的眼光和视角，诗意化地烘托出了藏族人民的宗教信仰所带来的震撼力量。

二

社会在变化，但变化对于多数人而言，未必都是一种改善和提升。变革中的问题究竟有哪些呢？自上世纪 90 年代末开始实行高校扩招政策后，今天的中国大学教育已从精英教育时代走向大众教育时代。在精英教育时代，人们对大学的关注，更多的是外部的，是站在城外看城内的风景；而在大众教育时代，大学已不再是炫目的风景线，民众有了更多的教育选择权，开始关注大学城内的风景，关注所接受教育的质量。熊丙奇的《今日中国大学教育之是与非》触及中国大学教育尴尬的现状，意图唤起社会各界反省自身所处的教育生态环境。作者从教育热点入手，充分而立体地展示了来自大学教育前线的第一手信息与资料，系统地反映了民众所关心的大学教育质量问题、科研质量问题、未来发展走向问题、中国大学教育的国际竞争力问题……读来发人深思。“孤独症”这个名词，被中国人了解还不到 20 年的时间，但我们不能忽视孤独症群体的存在。作为一个孤独症孩子的母亲，张雁在《蜗牛不放弃——中国孤独症群落生活故事》中告诉读者：我们时刻要做的，应该是不违天性的教化，帮助他们实现与他们能力相适应的成长，同时，让世界了解和接纳这一部分人的存在。同样地，还有林雪的《留学大调查》，对新一代的独生子女小留学生进行了观察和思考。

这一年，互联网经济在经历了两年多的沉寂之后，重又回到了井喷时代。武帅在《中国互联网风云 16 年》中，用纪实的笔触描绘了一个新的互联网时代。新技术的发展总是带来值得思考的新问题。同样在这一年，世界著名的IT公司思科起诉中国著名的IT公司华为多项侵权，在互联网上引起了大范围的热烈讨论，堪称史无前例，因为这不仅仅是IT业两家公司的诉讼案，更反映了中美知识产权之争。孙丽的《华为与思科的商业游戏》及时捕捉到了这个“中国IT业第一案”。

三

纪实文学与一般的文学作品的差异在于，纪实文学靠更为直观的书写方式呈现事件的原貌，那种逼人的现实感和真实性，是一般文学作品难以抵达的。读者读纪实文学作品，最大的收获之一，便是知道社会上发生了哪些事，并且，这些事件是怎样地让人难以忘怀。综上所述，2003年度纪实文学的优秀之作，是有这些特征的。

（撰稿人：杨扬、翟月琴）

目录

瘟疫，人类的影子？

——广东抗“非典”纪实

2003年爆发的SARS（非典型性肺炎）是全球众多国家和地区面临的一场疫病危机。其中，中国内地是重灾区。根据世界卫生组织的统计，日内瓦时间2002年11月1日至2003年6月9日，席卷30余个国家和地区的SARS疫情导致全球累计临床报告病例8 421例，其中，中国内地5 328例，占63%；全球死亡病例784例，其中，中国内地340例，占43%。本文作者深入遭受“非典”重创的广州42天，采访近40个单位、120多人，用文字将来自抗“非典”一线的故事告诉读者。

中国第一例回顾性发现的“非典”病人

2002年11月16日　广东省佛山市

2002年的11月16日并不是一个特别的日子，可是这一天将会永远记载在世界医学史上。

当天，有一位发烧不退并伴有腹泻的患者走进了佛山市第一人民医院。这位患者姓庞，男性，45岁，是一位农村最基层的村干部。我之所以要特意说明一下他的身份，是因为他所患的这种病，寻找病源，职业是一个重要的因素。

庞姓患者不是佛山市区人，几天前开始发烧，且伴有咳嗽。发烧的热度并不太高，咳嗽也只是干咳，没有痰，所有症状都并不太严重。刚开始以为是感冒，曾在佛山石湾镇医院就诊。但治疗了几天不见好转，并且开始腹泻，病情有加重的趋势，于是就在家人的陪同下，转到佛山市最大也是医疗条件最好的第一人民医院。

当我从老城区的疾病控制中心赶到新城区的佛山市第一人民医院时，我仿佛穿行了这座城市几十年的时空，因为呈现在我的面前的是一座非常现代化的综合医院。整个医院的建筑都是崭新的，而且非常气派和宏伟，但它是一座已有近百年历史的老医院。

佛山市第一人民医院医务科的周明主任和院ICU重症监护室当初医治庞姓患者的吴敏主任，向我介绍了病人进院以及后来病情发展的情况。

佛山市第一人民医院接诊后，见病人腹泻严重，并伴有发烧不退，一开始怀疑是急性肠炎，于是收进了感染科。治了两天，病人出现肺部感染，咳嗽加重，并且呼吸急促。一般正常人每分钟呼吸在18次左右，可这位病人每分钟呼吸达40多次，喘气时就像刚刚一口气爬了10层楼般，出现典型的"成人呼吸窘迫综合征"症状。紧接着，病人氧饱和度低，面色发绀（即面部发紫），处在一种严重缺氧状态。经X光透视，肺部出现了阴影，表明两肺都受到了损伤。病人病情恶化，被送到医院ICU重症监护室抢救。

医生先怀疑是伤寒，因为病人又发烧，又发寒，有些像伤寒的症状。伤寒病菌一般可以在病人的血液中找到，通过对病人血液的培养，没有检验出伤寒杆菌。

医生又怀疑是禽流感，于是给病人做了采咽拭子培养化验，即用棉签从病人的咽喉部采集分泌物，进行培养，然后化验，结果没有发现能传染给人的H5N1禽流感病毒。

香港大学的实验室检测结果显示，H5N1病毒的基因完全来源于鸟类，由于这种病毒的基因组中不含有人类的基因，因此禽流感一般不会人传染给人。

庞姓患者病情不断发展，后来完全排除了禽流感的可能，因为他先后感染了五个家人。

11月27日，一直陪护庞姓患者的舅母病倒了，也是发烧、咳嗽和呼吸困难。

11月30日，舅母的丈夫病倒了，症状一样。

12月1日，庞姓患者的妻子也因发烧进了医院。

12月4日，被感染了的舅母21岁的女儿也病倒了。

所有的人，症状基本一致，只是程度轻重不同而已，都是发烧不退、咳嗽、肺部有阴影。

病得最重的是陪护在他身边时间最长的舅母，她和庞姓患者一样出现了严重的呼吸系统衰竭症状，被紧急送进了ICU重症监护室，和庞姓患者在同一间ICU病室进行抢救。

经验告诉医务人员，这不是一般的肺炎，并且具有传染性，医院方面一边告诫医护人员采取必要的防感染措施，一边向佛山市疾病控制中心报告。

佛山市疾病控制中心立即派人来到佛山市第一人民医院进行调查。

我国各级疾病控制中心（CDC）的主要职责，就是对各种传染病的疫情进行监测和对流行病进行调查。它是在原卫生防疫站的基础上分离重组的。我国的卫生防疫机构是1954年开始逐步建立的，当时学苏联叫做“卫生防疫站”，国家一级的叫做“预防医学科学院”。后来根据1997年中共中央、国务院下发的《关于卫生体制改革与发展的决定》，从2000年开始将原卫生防疫站一分为二，将防疫站的卫生监督和监测职能分离。卫生监督部分成立了“卫生监督所”，行使行政卫生监督职能；疫情监测部分成立了“疾病预防控制中心”，简称CDC，是国际上的统称。

这家人出现的病症具有传染病的特征，所以属于疾病预防控制中心的职责范围。根据国家下发的《传染病防治法》，任何部门发现传染病迹象都必须向各级疾控中心报告。

佛山市疾病预防控制中心接到报告后，立即派出中心副主任以及负责流行病调查和疾病控制工作的科长赶到了佛山市第一人民医院。疾控中心的工作人员经过调查，发现这种病有家庭聚集传播性，就和医院的医生一起分析，排除了伤寒、流感、禽流感等传染性疾病。但这种病和《传染病防治法》规定的35种必须上报的传染病中的任何一种都不吻合，所以当时就把它当作呼吸道传染病，对医务人员采取了必要的防感染措施。抢救治疗中，佛山市第一人民医院没有发生一起医务人员被感染的个案。

在后来相当一段时间内，直到广东“非典”大爆发前，再也没有发现类似的病人。庞姓患者虽然先后传染了四个家人，但其几个孩子，包括在其生病和住院期间经常来看望他并与他有过密切接触的弟弟，都没有被感染。

经过一段时间的治疗，五位病人相继康复出院了。

有一位从省里请来为庞姓患者会诊过的医师，后来参加了省卫生厅组织的“不明原因肺炎专家调查组”，在赴中山市调查时回忆起这一病例，并调来病历比较，症状与“非典”相同，所以便把庞姓病人称为中国第一例回顾性发现的“非典”病人。当然，这位专家当时赴佛山会诊时，也没有诊断出庞姓患者所患的就是“非典”，因为那时就是这位传染病方面的专家也还没有认识清楚，有一种新型传染病正在发生，这种新型传染病就是“传染性非典型肺炎”。

人们在科学的道路上，是不断地发现，逐步地认识，然后再得出科学结论。这个世界上没有先知先觉者，社会就要因此付出代价。

紧接着在广东省的河源市发生的事情，推动了专家们对这种新型传染病的更进一步的认识。

中国第一例报告发现的“非典”病人

我是从佛山市直接驱车到达河源市的。这是两个完全不同的城市，经济基础、文化语言、地貌气候，包括饮食习惯，都不相同。

河源市距佛山市有约两百公里之遥。佛山市在广州的西南，而河源市在广州的东北面。佛山地处珠江三角洲腹地，基本上是个消费性的城市，境内地势多为丘陵和平原。改革开放以来，佛山的经济发展很快，境内有很多外商办的工厂，交通非常便利，除了火车，公路交通特别发达，境内有多条高速公路通过，前往香港、澳门、珠海、深圳、广州这些中心城市都非常方便，所以，境内流动人口很多，外来人口甚至超过本地人口。《未来的灾难》一书作者说：“如果没有高速公路、卡车和喷气式飞机，艾滋病仍会继续藏在中非的一些小村庄里。”这就是说，人口流动量的大小，对于传染性疾病的传播将起一定的作用。而河源境内则连一条高速公路都没有，流动和外来人口相对佛山要少得多，因此，传入疾病的几率相对也应该小一点。河源79.4%面积为山地，为了保护境内的万绿湖、新丰江水源，严格控制有污染源的工厂发展，所以这里山清水秀，穿城而过的新丰江江水碧绿清澈。河源是一个污染较少的城市，其气候与佛山也有很大差别。我离开佛山的时候，那种湿热的亚热带气候使我感到憋闷，身上的汗水总干不了，可一进河源境内，一股清新凉爽的新风扑面而来，让人感到精神为之一振。

但，就是在这儿发现了中国第一例报告“非典”病人。

2002年12月15日　广东省河源市

一个月后，2002年12月15日晚上11点多钟，一位黄姓患者在家人的陪同下走进了河源市人民医院的急诊室。患者当时高烧，满面通红，连脖子都是红的，呼吸困难，全身酸痛。他是一位厨师，35岁，身体非常健壮，在深圳的一家酒楼工作。他五天前开始发烧，在深圳福田区医院看过以后，病情没有好转，为节省医疗费用，就回到了老家紫金县柏埔镇，在镇卫生院住院治疗。医生见他高烧、全身酸痛，认为他是重感冒，给他开了退烧药和感冒药，还打了退烧针。第二天，黄姓患者不但病情没有减轻，还出现了呕吐、干咳，而且高烧已经到40多度，卫生院医生建议家人赶快送河源市人民医院看急诊。

急诊科医生将其收进了内一病区住院，负责黄姓患者的是呼吸科医生叶钧强。病人住院后，继续高烧、咳嗽，呼吸更加困难。

第二天一早，叶钧强医生走进病房查房，只见病人头部、胳膊、大腿、股沟处都放着冰袋。由于各种退烧药都无效，夜班医生只得用冰袋给其物理降温。尽管如此，病人仍然高烧40度不退。拍X光片检查，发现他两肺都有阴影，表现出较重的肺部感染症状。

经过两天的治疗，病情没有好转，呼吸已经非常困难，咳嗽严重到不能说话的地步，两肺阴影进一步扩大。

经过联系，决定转广州军区总医院呼吸内科治疗。呼吸内科的主任黄文杰博士，就是后来广东省抗击“非典”专家组最初的六名专家之一。

当天下午5点半，河源市人民医院用救护车将黄姓患者送往广州，叶钧强医生随车护送。由于病人高烧，一路上，叶钧强不停地让救护车停下，给病人买冰水喝降温。当天晚上约9点，黄姓患者被送到了广州军区总医院。

这位黄姓患者，是在深圳发病回到家乡的，而紧接着发现的一例“非典”病人，就是本地人了。

我在前文将两座城市的环境作一比较，是因为凡一新型传染性疾病的发生，都要从流行病学的角度找源头，分析环境外因，这对流行病学的调查是有意义的。

叶钧强那天送黄姓患者到广州军区总医院后，回到河源市已经快凌晨 3 点了，他没睡几个小时又起来上班，因为那一段时间感冒病人特别多。感冒属于呼吸道感染，是呼吸内科的专业范围，因此呼吸内科的人手特别紧张。

叶钧强来到科里，发现又来了一位郭姓患者，也是男性，40 岁，是个个体出租车司机，他是河源市区人。郭姓患者的一切症状和昨天送走的黄姓患者差不多，也是发烧、咳嗽、呼吸困难、肺部阴影，但郭姓患者不认识黄姓患者，两人也没有接触史，而黄姓患者与佛山的那位庞姓患者更是八竿子也打不着。他们是相互独立、各自发病的“非典”病人。后来通过更深入的采访，我了解到，这些城市，包括广州，最初发病的“非典”病人，他们相互之间都没有接触史。我纳闷，为什么在广东好多个城市，这些相互没有因果关系的人突然间都一起发病了呢？我还了解到，当疫情最初爆发时，有 62.9％的病人找不到直接的传染源，也就是找不到是谁把“非典”传染给了他。

郭姓病人住院后病情发展很快。当天晚上，先发寒后高烧，同时开始咳嗽。后经气管镜检查，发现支气管内有“玻璃样改变”，不仅年轻的叶钧强没有见过这样的病例，就是同在呼吸科年过花甲的谢教授也没有见过这种病例。谢教授与在广州呼吸疾病研究所工作的一位同学联系，这位同学让他把病人送到呼研所去，呼研所的全称为广州医学院附属第一人民医院呼吸疾病研究所，所长就是如今已经闻名全国的钟南山院士。

作为主治医生，叶钧强第二次送病人去广州。

后来我在采访叶钧强时，他摇着头说：“怎么也没有想到，我成了第一个被‘非典’患者感染的医生。”

送郭姓患者去广州是在 12 月 21 日的上午。那天叶钧强刚下夜班，由于科里人手紧张，只得由他利用休息时间再送患者去广州。郭姓患者一路干咳不停，叶钧强不停地俯身用听诊器为其听心肺音。车到广州，叶钧强将郭姓患者送到设在广州医学院第一附属医院内的广州呼吸疾病研究所，然后马上就返回了河源。

那天，叶钧强感到特别累，回到家里倒头就睡。

第二天，叶医生照常回到科里上班。当时正是感冒流行季节，医院里每天发烧病人不少。感冒属于呼吸道感染疾病，所以作为呼吸科的医生，叶钧强每天像蜜蜂一样忙进忙出。

12 月 24 日的晚上，忙了一天的叶钧强下班回到家里。电话响了，是本院神经外科的一位医生，他的妻子是叶钧强科里的护士，怀了四个多月的身孕，现在突然发烧，来电话请教叶钧强如何对孕妇慎重用药。叶钧强谈了自己的意见。当时，他以为这位护士也感冒了。

叶钧强医生是本地人，上海铁道医学院毕业后分配来到河源人民医院。他性格开朗，爱好广泛，爱人是本院的护士，婚后有一个 2 岁的儿子。那天晚上，家里来了一个好朋友，叶钧强和他聊了好久，一时兴起，两人还在家里唱起了卡拉 OK。他根本没有感觉到身体有什么异样。

当天下半夜的时候，叶钧强突然梦见自己单衣薄衫地走进了深夜中的原野，隆冬的寒风吹得他直打颤，最后竟冷得从睡梦中醒来。发寒以后，紧接着发热，妻子用体温表帮他量，开始体温并不太高，到天快亮时已经是 39 度多的高烧了。妻子立即陪着他到医院去检查。验血：白血球不高；拍片：两肺没有改变。医院以为也是感冒，便当作上呼吸道感染来治疗。

12 月 26 号，叶钧强开始咳嗽，只是干咳，没有痰，再去拍片检查，发现肺部有阴影。作为呼吸科的医生，他知道自己患的是肺炎。经过科里的专家谢教授的检查，决定立即住院。

当天晚上 5 点多，叶钧强住进了自己担任住院医生的呼吸科。住院后，症状发展很快，同为咳嗽、气促，呼吸每分钟到了 30 多次，这使叶钧强总在喘气，说话都很困难。最让人焦心的是，肺部炎症发展很快，第二天已是两肺阴影。

这时候，一个情况让医院上下都紧张起来：曾经参与黄姓病人和郭姓病人治疗的医护人员，先后有八人病倒了，甚至包括门诊药房的一名药剂师，其中有两位护士是孕妇，包括那天晚上给叶钧强打电话的神经外科医生的妻子，也是其中之一。症状全部一样，发烧，咳嗽，呼吸困难，肺部阴影。医院立即召开了紧急会议，决定马上在内一科（呼吸科）辟出专门病区，将患病的医务人员全部收进住院隔离。

院内组织了多次会诊，由于检测不出致病原，所以意见不一，但都认同是一种传染性的肺炎。医院采用常规性的治疗方案，效果不明显。

这时传来一个消息，让医院领导更为紧张：送去广州的两个病人，一个已经死亡，一个病危且上了呼吸机。院领导一边在院内采取更为严格的防疫措施，给医护人员发了一些抗炎抗病毒的药，如罗红霉素等，一边向河源市卫生局汇报。河源市卫生局决定向广东省卫生厅报告，请求派出专家来河源会诊调查。

河源市人民医院当晚就拟出了给省卫生厅的报告，这份报告在抗“非典”中有一定的历史价值，因此有专家保存了这份报告的复印件。我得到的也是一份复印件，特录如下：

省卫生厅医政处：

2002年12月中旬，河源市人民医院内一科收治了2例重症肺部感染的病人。因病情重，先后转送上级医院（其中1例送广州军区总医院，1例送广州呼吸疾病研究所），出诊医生回来后也得了“肺部感染”，内一科先后又有7位医护得了“肺部感染”，局部具有一定的流行传染性。据说，送上级医院那两位病人，该疾病广州方面都诊断不明确，一位已死亡，另一位病情危重，靠呼吸机维持呼吸。我们医院发病的8位医护人员其中3位较重，出现了重症肺部感染，目前肺部感染病因、致病原不明，我院大会诊的意见初步定为军团菌、病毒性或支原体性感染性大，但我院实验室条件所限，不能检测出这几种致病原。治疗上给予抗炎、抗病毒、抗结核等各种治疗措施，治疗效果不理想，故特请省厅能组织有关专家前来本院指导诊治。

我院发病的共8位医护人员，其中男3人，女5人，病情都有以下共同特点：1. 青壮年临床一线医务人员，既往体健；2. 都在同一科室工作及同一个时期发病；3. 临床表现的症状、体征、X线及化验检查都相似：发病前都有感冒症状，逐渐出现畏寒、高烧不退，咳嗽咯少量白色痰，其中2例咯少量血丝痰，双下肺听诊少量湿啰音，但无空洞、气胸、胸积液及心包积液改变。化验室检查血象，白细胞不高，血、痰、骨髓培养未发现致病菌。

申请单位　河源市人民医院

2003年1月2日

据我所知，报告的时间虽然是2003年1月2日，但起草这份报告是1月1日的深夜。

2003年1月2日　广东省卫生厅

2003年的元月2日上午，新年第一天上班，广东省卫生厅收到了河源市人民医院的报告。当时，厅长黄庆道正在主持召开厅办公会，副厅长王智琼拿到传真以后立即在会上通报了此事。黄庆道厅长听后，意识到这桩事情的严重性，马上召集分管副厅长和相关科室开会，决定立即组织专家组到河源，并且当天就要出发。

省卫生厅医政处的同志一边通知有关专家到卫生厅集中，一边打电话到收治两名病人的医院了解情况。结果得知，两名病人虽然都病情严重上了呼吸机，但无一例死亡。关于"有病人死亡"的传言，恐怕是这次"非典"爆发中最早的不实传言。这种不实传言后来在不少城市都有发生，并造成一定的社会恐慌。

当天下午2点多，专家们在省卫生厅510小会议室集中，传阅了河源市人民医院的传真件，然后很快乘上省疾病预防控制中心的救护车出发了。

省卫生厅派出的专家组由流行病学调查组和临床专家组组成。临床专家组由广州呼吸疾病研究所的副所长肖正伦教授、广州军区总医院呼吸科主任黄文杰博士和中山大学附属第三医院传染科邓子德副教授组成。流行病学调查组由广东省疾病预防控制中心的流行病学防治研究所所长罗会明、副所长彭国文及微生物检验所的钟豪杰组成。

专家组到达河源时已经天黑了，没有顾上吃饭，临床专家组立即进入病房会诊，流行病学调查组也马上进行环境调查和对病人进行血清采样。河源市卫生局和河源市疾病预防控制中心也参与了调查和讨论。

忙完这些已经是晚上10点多了，简单地吃了一点饭，专家组的同志汇集在河源市人民医院会议室讨论。大家讨论了很久，认为是一种传染性疾病，但不符合国家《传染病防治法》所规定的35种传染性疾病中的一种。对于有人怀疑是"军团病"，专家们也进行了详细的讨论。

那么，河源市的病人是因军团菌感染吗？专家们，尤其是临床专家们认为，病人的症状与体征不支持感染军团菌的推断。

会议一直开到深夜12点多，没有形成结论性的意见。

就在专家们集中于河源人民医院讨论时，由于前面提到的不实传言，引起河源市面上发生了抢购罗红霉素、抗病毒类药等。并且谣言越传越奇，说什么河源发“人瘟”了，在市民中造成一定的恐慌。这恐怕是这次抗“非典”中，发生最早的“抢购风”。当天，由于专家们乘坐的是车身印有“广东省疾病预防控制中心”字样的救护车，甚至有人上来询问：“你们是不是来调查发‘人瘟’的？”为此，当天深夜近1点，河源市市长在自己的家中紧急召开分管副市长、卫生局长、教育局长和媒体领导的联席会议，研究消除谣言的对策。

第二天一早7点多，专家们又到组长肖正伦的房间继续讨论，形成了初步的调查报告。这份调查报告不长，也照录如下：

关于赴河源市人民医院会诊调查初步工作报告

工作组一行6人于2003年1月2日傍晚到达河源市人民医院。河源市卫生局、市人民医院、市疾病控制中心有关领导和人员座谈讨论，查阅所有住院病人全部病历，对住院病人逐一进行询问调查并做体格检查，对内一区及传染病区环境做现场察看。

初步认为，河源市人民医院内一区医务人员近期出现的病例为一起病因未明的肺炎局部爆发（考虑为非典型病原体所致）。从2002年12月15日至12月26日，河源市人民医院内一区医务人员发生病因未明的肺炎共6例。病人共同主要表现为发热、咳嗽、肺部片状模糊阴影和血象白细胞计数无明显升高。

目前在住院的5例病人中，4例病情好转并稳定，发热清退，咳嗽减轻。1例仍有发热和呼吸道症状，在进一步观察治疗之中。从12月27日至今，在病区及密切接触者中未见同样新发病例，无疫情扩散迹象。目前已对病人采取治疗措施，并对病房环境进行消毒处理，防止新发病例。省疾病预防控制中心已收取部分病人血清拟做支原体、流感病毒抗体等检测。

广东省卫生厅赴河源会诊调查专家组

（签名）肖正伦

二〇〇三年元月三日

专家组带着这份调查报告，回省卫生厅汇报。

2003年1月21日 广东省中山市

就在省卫生厅专家组赴河源市的同一天，1月2日，距河源市数百公里之外的中山市中医院来了一位30多岁的练姓患者。他是中山市本地人，在一家酒楼做厨工，2002年12月26日发病，当地人相信中医，所以他来到了中山市中医院就诊。他此时症状已经很重，很快就出现了低氧综合征，严重缺氧，被送进了医院重症监护室，并且上了呼吸机。接着，1月5日又来了一名33岁的厨工。他和练姓患者不在一家酒楼工作，也互不相识，即不存在相互传染的可能，症状却一模一样。五天后，他病情加重，也进了重症监护室抢救，同样上了呼吸机。

在整个抗“非典”期间，我们见到不少传媒报道中都提到病人上了呼吸机。为什么要上呼吸机？上呼吸机表明了什么？我们知道，生命的存在主要靠呼吸，可以说，人的生命就在一呼一吸之中，呼吸停止了，生命也就停止了。“非典”的冠状病毒，侵害的是人的呼吸系统，造成病人的自主呼吸困难，这时人就会缺氧，出现低氧综合征，在体征上表现为呼吸急促，喘气。由于缺氧，病人难以入眠，烦躁，人的面部会发紫，医学临床上称为“发绀”。绀，也就是紫。为了维持人的生命，需要用机器来帮助人呼吸，这时，就要上呼吸机了。呼吸机分“有创”和“无创”两种。有创的，是在病人的脖子下面切开气管造成一个创口，然后从创口插入导管往里输入氧气；无创的，即在人的口鼻处戴上面罩，通过机械泵入氧气帮助病人呼吸。凡要上呼吸机的病人，也就是无法自主呼吸的病人，都是病情危重的，尤其是上有创呼吸机的，一般医院就要下病危通知书了。中山市中医院的两个病人都上了呼吸机，说明病情都很危重。

接下来的情况，和河源人民医院发生的事情惊人地相似。1月4日，急诊室接诊练姓患者的医生开始发烧，但症状不重，以为是感冒。接着，与这两名患者有过接触的四名医务人员全部病倒，症状一样。中山市卫生局局长梁厚祥得知情况后，立即和几位副局长来到了中医院，决定将呼吸科的其他病人迁走，腾出一个专门的病区，将所有可疑的病人全部集中在呼吸科治疗，当晚（1月14日晚）向省疾病预防控制中心报告。

省疾病预防控制中心第二天一早就派人来到中山市调查，并采取了患者的血清样本，马上返回省试验室检验。调查组回到广州后，将情况向省卫生厅报告，引起省卫生厅的高度重视，召集省疾病预防控制中心的有关专家研究，决定立即向中山市派出专家组，并请省疾病预防控制中心向国家疾病预防控制中心报告，邀请有关专家到广东指导防治工作。

1月20日下午，省疾病预防控制中心向北京国家疾病预防控制中心发出了专文报告。

1月21日，省卫生厅专家组赶赴中山市，临床专家仍由肖正伦、黄文杰、邓子德组成。中山大学附属第三医院传染科的副教授邓子德，去年12月份曾去佛山第一人民医院给庞姓患者会诊过。他在琢磨这个病的时候，突然想起庞姓患者的症状与河源和中山报告的病人症状有相似之处。省卫生厅带队的何兆福、徐庆锋非常重视这个问题，就在去中山的路上打电话通知河源、佛山两医院立即将类似病人的病历火速派人送到中山市，提交专家参考研究，于是就有了中国第一例回顾性发现的“非典”患者。

当天下午，中国工程院院士、广州呼吸疾病研究所所长钟南山也赶到中山市参与会诊调查。这是钟南山院士第一次出现在“非典”一线。钟南山院士到达中山后，据专家们事后回忆，他像舞台上的明星一样，一亮相就闪现出非同一般的光彩。邓子德告诉我，67岁的钟南山一下车，立即到了医院，像一名住院医生一样，对每一位患者逐一进行仔细检查，阅读病历，调看X光片，弯腰听诊，甚至打开病人的嘴巴看病人的咽喉部。查看完每一位病人后，钟南山对治疗进行现场指导。

晚上，中国疾病预防控制中心病毒所副所长梁国栋研究员、传染病所呼吸道传染病室邵祝军副研究员、病毒所流感病毒室徐红研究员、疾病控制与应急处理办公室王茂武副主任一行共四人赶到中山市指导防治工作。

到达中山后，负责流行病学调查的专家和临床专家分头工作。临床专家到达医院后，对病人进行了会诊。

1月22日，专家们汇集在中山市疾病预防控制中心，与中山市卫生局和有关医疗卫生单位的领导、专家进行了讨论分析，形成初步共识，在现场写成了《省专家组关于中山市不明原因肺炎调查报告》。这是中国第一份关于“非典”诊断、流行病学特点、临床表现和治疗原则的文件，也是在这一次正式提出了“非典型肺炎”这个名称。现摘录部分如下，以示历史的真实：

一、诊断

非典型肺炎（病因未明，病毒性感染可能性大）。

二、流行病学特点

截至1月20日，共发现此类病例28例，男10例，女18例，其中医务人员（含护工）13例，年龄最小1岁3个月，最大53岁。首例病例练××，男，30岁，英德市人，是一名厨师，2002年12月16日下午发病，2003年1月2日入住市中医院治疗至今，现在ICU上呼吸机。病例时间分布见图。（略）

考虑本次事件为一次性非典型肺炎爆发，多数病人为同一病区工作人员，部分病人表现出家庭聚集性。本病有一定传染性。可能通过空气飞沫经呼吸道传播。

三、临床表现

潜伏期：约为4天（1天~11天）。

病人均表现为急性起病，以发热为首发症状。呈弛张热或不规则热型，偶有畏寒。同时伴有头痛、关节酸痛和全身酸痛、乏力。有明显的呼吸道症状：干咳、少痰，个别病人偶有血丝痰，部分病人出现呼吸加速、气促等呼吸困难症状，约四分之一病人发展为Ⅰ型呼吸衰竭，甚至进展为成人呼吸窘迫综合征。多数病人体征不明显，部分病人肺部可闻少许干湿啰音。多数病人WBC（白血球）不升高，少数病人WBC（白血球）降低或/和血小板降低。X线胸部检查可见肺部不同程度的片状阴影，少数病人进展迅速，呈大片状阴影；大多数为双侧改变，阴影吸收消散较慢。大部分病人症状体征与肺部阴影不一致（症状轻，阴影较明显）。

本组病例的临床病程经过似有一定的自限性倾向。目前28名住院病人中已有部分转好出院，其余病人仍在密切治疗中，有4人需要使用呼吸机辅助呼吸。

……

由于报告专业性太强，使用了大量的医学术语，怕引起读者的阅读障碍，恕我不一一摘录了。

报告的第四部分提出了治疗原则，其中值得一提的是，第三点提出“严重病人可酌情使用皮质激素”。这种治疗方法，后来在医学界引起争论。但正是提出使用“皮质激素”，挽救了不少“非典”患者的生命。钟南山院士后来总结了“三早三合理”治疗方案，即早诊断、早隔离、早治疗，合理使用皮质激素、合理使用呼吸机、合理治疗合并症。

报告第五部分的预防措施中提出，隔离病人，病区环境消毒，及时发现和报告新发病例。

1月23号，广东卫生厅火速以“粤卫办2号文件”，将调查报告印发地级以上市卫生局和省直、部属驻穗直属医疗卫生单位，要求各级医疗卫生机构掌握“治疗原则”及“预防措施”，对类似病人严加观察和诊治。于是，广东省有了一份关于“非典”的诊断和治疗原则的指引。

这里要说一说何为“非典型肺炎”了。

其实，“非典型肺炎”并不是一个新名词，它是相对于“典型肺炎”而来的。典型肺炎主要为由细菌引起的大叶性肺炎或支气管肺炎，而“非典型肺炎”以支原体为主要病原体，后又发现了其他病原体，例如肺炎支原体、肺炎衣原体、鹦鹉热衣原体和军团菌。“非典型肺炎”的名称起源于1930年末，主要是为了与“典型肺炎”相区别，英文名称为Atypical Pneumonia，简称为“AP”，是指一组具有类似肺炎临床表现、胸部X线特征和对抗生素治疗有反应的肺炎。其临床特点为：隐匿性起病，多为干性咳嗽，偶见咯血，肺部听诊较少阳性体征；X线胸片主要表现为间质性浸润；其疾病过程通常较轻，患者很少因此而死亡。

以上提到的“非典型肺炎”与我们今天谈虎色变的“非典”异同在哪儿？它们的症状好像相差无几，但传统的“非典型肺炎”病症过程较轻，死亡率也很低，对抗生素治疗有反应，而今天我们提到的“非典”起病急，病情重，对抗生素治疗没有反应，因此相对死亡率要高。最重要的一点，它有很强的传染性。主要原因是引起感染的病原体不同。

我们已经知道引起“典型肺炎”的是细菌，引起传统“非典型肺炎”的是支原体、衣原体和军团菌。而今天我们所谈的“非典”，是由变种的冠状病毒感染所致。

病毒与支原体、衣原体、细菌是不同的病原体，由于致病原不同，治疗也是完全不相同的。因此，卫生部在向下发文时，为了表示区别，将今天的“非典”称为“传染性非典型肺炎”。

“非典”具有强烈的传染性，而广州又集中了全省最好的医院，重症病人都习惯往广州送，这样，大家不由得对广州暗自担心。专家组从中山回广州的途中，邓子德医生悄悄地对坐在旁边的省疾控中心的罗会明说：“我担心会搞到广州来。”

果然，1月28日，邓子德接到罗会明的电话：“真让你说中了，广州也有‘非典’病人了。”

邓子德听后的第一个反应就是：“这个春节不能好好过了。”因为当时离春节只有三天了。但邓子德怎么也不会想到，自己竟然也成了一个“非典”患者，经历了一场生与死的考验。

广州发现了第一例本地“非典”患者

广州发现的第一例“非典”病人并不是像人们担心的那样由外地转来的病人传染的。我从采访中得知，这时，广东全省佛山、河源、中山、顺德、江门、深圳等地先后发现了“非典”病人。这些病人大部分都是散发的，相互间并没有接触史。

目前，我们还没有弄清楚“非典”的最初传染源，我们还无从知道最初“非典”的冠状病毒何时、何地、从何种动物身上传染给人类。医学是一门科学，科学的结论是能“复制”的，即可重复试验得到相同的结果。我们期待流行病学的专家寻找到真正的“非典”传染源。这需要世界医学界的通力合作。因为，目前也还没有找到充分的证据，以表明引起“非典”的冠状病毒就源于广东。

2003年1月28日　广东省广州市

广州周边发现了多起“非典”病例，而且是多个城市、相互又无关联的病例，从流行病学的角度来考虑，广东最大的中心城市广州很难幸免。

1月28日上午9时，广州市越秀区疾控中心接到广东省中医院的报告，称该院对照省卫生厅有关“非典”的文件，发现其呼吸科（内三科）所收治的九例病人符合省卫生厅所定的“非典”肺炎的诊断标准，怀疑为“非典”病人，其中两例危重，请求防疫部门协助处理。

广州市越秀区疾控中心接报后即派人进行调查，并上报了广州市疾控中心。市、区两级疾控中心所进行的调查证实，广州市首位“非典型肺炎”病人发现于广东省中医院。

这里出现了一个有意思的日期：广州第一例“非典”病人发烧也是1月2日，是一位49岁的男性患者，姓黄，职业为工会干部。他1月4日曾到广东省中医院门诊，经服中药后好转。1月5日，他到外地参加会议期间自觉畏寒。1月8日，回广州到省中医院看急诊。9日，病情加重，胸片发现阴影。后住院，病情进一步恶化，转抢救室治疗。17日后，病情逐渐好转，1月30日，治愈出院。

广州市疾控中心进行的流行病学调查发现，患者未接触过同类病人，无不良嗜好，有良好的卫生习惯，居所通风卫生。他的女儿曾养过小松鼠，11月份，小松鼠死亡。患病期间，家中曾有多人在医院轮流照顾患者，后只有妻子于1月17日发烧，经过短期治疗康复。据了解，患者的单位和其妻子单位均没有出现“非典”病例。

调查认为：“本例患者临床表现符合‘非典’诊断标准，确诊成立。其妻子也可能是续发轻型病人。黄××为我市目前已知的首例确诊‘非典’病例，病前无外出史和明确的接触暴露史，无可疑职业因素，应为本地感染病例，但感染来源不清。”

后来，曾对黄姓患者留院观察的省中医院急诊科医务人员包括其主管医生共有六人发病并确诊为“非典”病人，且疫情进一步扩大到其他科室。为此，流行病学调查报告认为：“该病例显示较明显的传染性，导致省中医院的院内爆发疫情。”

我从采访调查中得知，广东省中医院是最早收治本地“非典”感染者的医院之一。中山大学附属第二医院、中山大学附属第三医院、广州呼吸疾病研究所、广州军区总医院、广州市第八人民医院等，都陆续收治有本地“非典”症状病人。

中国感染最多医务人员的“非典”病人

谁也没有想到“非典”的肆虐最先是从救死扶伤的医务人员开始的，而感染医务人员的，正是他们在救治的“非典”病人。一位人称“毒王”的“‘非典’超级传播者”，一连感染了3家医院、56位医务人员，其中2位死亡。而最先遭受重创的就是广州中山大学附属第二医院，简称“中山二院”。

2003年1月30日 广州中山二院

2003年的1月30日，这是一个应该记住的日子。这一天，广州第一例本地“非典”病人，在广东省中医院病愈出院。同一天，一位从事海鲜批发生意的周老板，因为发烧，在家人的陪同下走进了中山大学附属第二医院。

周老板进院时病情还不算太严重，腰间系着一个收有货款的钱包，好像还是从生意场上直接来到医院的，住进病房后还和老婆一起数钱。他发烧已经多日，热度不算太高，但就是不退烧，这两天又伴有咳嗽。周老板是广东湛江人，来广州闯荡已经多年，凭着自己的吃苦耐劳，好不容易创下一爿海鲜批发生意。虽然生意越做越大，但周老板仍然事必躬亲，每天都在海鲜批发市场上忙进忙出。到了2003年1月30日，已经是年前的最后两天了，春节市场购销两旺，生意当然特别好，所以周老板虽然已经病了好几天了，但由于生意放不下，总是没时间来医院认真地检查检查。还是应了那句话："有时间的时候没有钱，有钱的时候没有时间。"周老板由于延误了看病的时间，后来他是九死一生，命丢了大半条，钱花得也像流水一样快。

无论是医生还是他本人，怎么也没有想到，他后来成为罕见的“非典”病毒“超级传播者”。据卫生部门统计，被他直接感染的参与救治他的医务人员就达56人，其前来探视的亲友有24人被感染，最多时，有18位亲友和他同住在广州第八人民医院里。入院时和他一块儿数钱的老婆，也因受到他的感染而同他一起躺在重症监护室内进行抢救。夫妻俩都经历了九死一生。被其感染的医务人员和家人，有多人死亡。广东省最初在抗击“非典”中被追认的三位烈士，其中有两人是在抢救他时被感染而殉职。因此，周姓患者被传媒称为“毒王”。

当然，这一切不是他的责任，他本人就是一个最大的受害者。称其为“毒王”也不客观准确，因“非典”病毒并不是他制造的，感染别人也不是他故意传播的。一切都是“非典”惹的祸。但“毒王”的称呼已经在群众和传媒当中成了一个约定俗成的代称，作品中又不便出现他的真实姓名，为了便于读者的阅读，也只好“入乡随俗”借用“毒王”这个代称。准确的称呼应是“周姓患者”。

广州中山大学第二附属医院的前身，是中山医科大学孙逸仙纪念医院。而孙逸仙纪念医院的前身，是建立于1835年的中国最早的西医院——博济医院。如今的中山二院已经发展成为有1 000多张病床，1 000多名医护人员，平均每日门诊量达4 000多人，教授和博士生导师有几十人的临床各专科设置齐全、拥有现代化的诊疗与医学研究设备的大型综合医院。

2003年元月中旬，“非典”病毒开始袭击广州的时候，中山二院已经收治了六位“非典”病人，其中大部分是由外地转来的。刚开始，人们对“非典”一无所知，特别有些“非典”病人在基层医院治了一段时间不见好转，就往省里大医院转，像中山二院这样著名的医院，必然是人们的首选之一。

最早收治的一位“非典”病人，是1月18日从顺德转来的。这名苏姓患者是一家宾馆的采买，元月上旬开始发烧，在顺德治疗多日不见好转，就转来中山二院。不久，他的弟弟也发烧不退，同样转来中山二院。两人最后都被诊断为“非典”。哥哥后来病情恶化，经抢救无效于元月30日晚上死亡。至此，中山二院还没有发生一例医护人员被感染的事件。因此，在“毒王”入院时，给他看病的医生护士都只采取了常规防护措施，戴着12层的口罩。

元月31日那天，因广州市“非典”病人逐渐增多，为防止交叉感染，广东省卫生厅和广州市卫生局经过协商，决定将所有“非典”病人集中到四家传染病医院或有传染科的综合医院。

中山二院是一家综合性医院，但没有传染科，因此于1月31日下午4点收到通知后，决定第二天将“非典”病人送往四家定点医院之一的中山大学附属第三医院。

当天晚上，周姓患者病情加重，剧烈地咳嗽，血氧饱和度降至68%（正常人是95%以上），面色发紫，呼吸困难。医生马上给他用面罩吸氧，并且上了监护仪，症状开始缓解。

第二天是大年初一，上午10点，按照原定计划将病人送往中山三院。呼吸内科主任李建国亲自送病人下楼。在电梯里，他一边密切地监视着血氧脉搏监护仪，一边拉着病人的手号脉，观察他的脉搏和心跳，一直将他送上救护车。这时，李建国戴着12层的口罩。

救护车司机范信德这时已经戴着口罩和手套等在车旁。

范信德看见病人已经送了下来，就迎了上来伸手帮忙。由于已经在中山二院干了几十年，他也熟悉救护病人的一般常识。他帮助把病人抬上了救护车后，还伸手调节了一下车厢内的氧气瓶阀门，这才跳上驾驶室开车将病人送往中山三院。

从中山二院到中山三院，车程也就20多分钟，就是这20多分钟缩短了范信德的人生历程。

2月3日（大年初三），李建国给呼吸内科的同事打电话拜年。可是，打给这个说在发烧，打给那个也说在发烧，这事引起了李建国的警惕，因为年前医院已经转发了广东省卫生厅《省专家组关于中山市不明原因肺炎调查报告》的通知，得知一种叫做"非典型肺炎"的新疾病，传染性强，已经感染了多名救治病人的医护人员。1月30日下午，大内科主任伍卫和李建国已经分别在大内科召开的教学与医疗座谈会上做了通报。李建国对于科内同事的发烧非常担心。

2月4日，李建国发现又有几位同事发烧，这时，科里总共已有八位同事在发烧了。他感到事态严重，立即打电话给自己的顶头上司伍卫主任。

2003年5月14日上午，我在中山二院见到伍卫时，才知道她是一位女性。伍卫是教授、博士生导师，是心血管方面的专家。我想，如果不是医学上的业务尖子，她很难当上中山二院的大内科主任。

为什么习惯叫大内科呢？内科是中山二院建院以来的一个重点科室，最早创建于1859年，历史上曾多次由院长兼任内科主任。内科是一个大概念上的统称，在内科里还设置有呼吸内科、心血管内科、消化内科、内分泌内科、血液内科、肾内科等，另外还有十几个研究、实验和检验室，所以统称为大内科。大内科就是在这次抗击"非典"中遭受重创的科室。

伍卫主任告诉我："2月4日早晨接到李建国的电话时，我还在睡梦中。在电话里，李建国说，呼吸内科昨天有三名护士发烧，今天又有五人，千万别是染上了'非典'啊！我一听立即清醒了，意识到事态严重，马上通知有关科室负责人到医院开会，并且将情况报告给医院医务科长许怀麟和预防保健科长陈庆瑜。”

中山二院主要由三幢楼组成，中间是建于1935年的博济楼，两边分别是建于1985年的19层的中山楼和建于1997年的26层的岭南楼。

伍卫主任火速赶到医院岭南楼14楼的内科办公室，和已经赶到的几位主任、护士长、教授一起分析疫情、商量对策。分析的结果，大家一致认为，初一上午转往中山三院的周姓患者可能是这次的传染源。医护人员发病来势凶猛，他们估计情况严重，马上向医院领导汇报。

大年初四，值班的院领导是副院长王景峰，他立即与有关科室联系并向院长黄洪章报告。紧急商量后，决定先将感染了的医护人员暂时集中到岭南楼12楼的呼吸内科住院部隔离治疗，并立即向省卫生厅和省疾病控制中心汇报。

情况比他们估计的要严重得多。

第二天下午，参加过头一天会议的李建国就开始发病了，都是“非典”症状：发烧、畏寒、全身酸痛。从事呼吸内科专业的李建国知道自己也被感染了。其实他已有心理准备，因为他是那样近距离地接触了周姓患者，危险性肯定是最大的。他一边采取自我隔离措施，戴了两个12层的口罩以防传染别人，一边抓紧时间和伍卫主任、呼吸内科副主任江山平等同事研究对策，安排科里的工作。“非典”属于呼吸道传染性疾病，而呼吸内科和传染科的医护人员是最早和这种一开始我们还一无所知的新型传染性疾病遭遇的，因此，各医院最早倒下的也是呼吸内科和传染科的一线医护人员。第三天，李建国再也撑不住了，他是被同事们用担架车推进隔离病房的。据说，在进隔离病房前的那一刻，李建国强露微笑，费力地伸出自己的食指和中指，作了个“V”形手势，鼓励科里的同事们树立信心、战胜病魔。

但是，接下来，呼吸内科除了副主任江山平，其他所有的医生和护士都倒下了。

至此，有着160多年历史的中山二院，开始经历一个从未有过的“风雨交加的悲壮二月”。

2月5日，医院成立了“防治‘非典’领导小组”，组长是院长黄洪章，组员由其他院领导和相关科室主任组成。

2月6日，除了呼吸内科，在岭南楼12楼的其他科室也相继有医护人员发病，当天有18名医护人员倒下。

医院紧急成立了“非典型肺炎专家防治小组”，组长由分管医疗的副院长黄子通担任。

情况在继续恶化。

“毒王”入住岭南楼12楼的呼吸内科时，住在31床。这个床位处于楼层的中间，结果呼吸内科和肾内科两个科室41名医务人员，一个不漏全被感染，包括一位推车送饭的护工。有一位小护士，年轻体质好，一直没有倒下，大家都默默为她祝福，愿上帝保佑她，可是到了第21天，她还是倒下了。

我们都知道，在抗击“非典”期间有一本著名的《护士长日记》，是由广州市第一人民医院“非典”隔离病区张积慧护士长写的。但是，还有一本《医生札记》，知道的人就不多了。张积慧的《护士长日记》是从2003年2月15日开始写的，因为这一天广州市第一人民医院开始建立“非典”隔离病区；而这本《医生札记》却是从1月30日开始追记的，因为那一天“毒王”进了中山二院。《医生札记》的作者就是大内科主任伍卫，这本札记后来发表在中山大学的校报上。从这本札记中，我们能够体会一位医生的感受。

以下是我从中摘选的一段：

> 那几天，我的电话铃声不断，每接一次都是增加一份焦虑。后来不仅是医生护士倒下了，甚至包括配餐员、护理员和清洁工都被感染了。一班原先天真可爱、无忧无虑的年轻护士和青春活泼的年轻医生，如今因发烧不退、咳嗽气促、呼吸困难、肺部阴影躺在病床上，充满着疑惑、迷惘、恐惧，他们相互对视，无法交谈，只能靠发手机短信息相互鼓励。最让我担心的事，还是发生了，李建国主任病倒了，接着，护士长谭丽明也倒下了。年初一上午送周姓患者去中山三院的救护车司机德叔也病倒了。

2月8日，黄洪章院长召集全院所有中层干部进行紧急总动员：“同志们，一场灾难已经降临中山二院，形势非常严峻。我们要有充分的思想准备，各级领导必须坚守岗位，手机24小时开启，随时待命。全院干部职工要团结起来，通力合作，共渡难关。”

一下病倒了这么多的医务人员，而且都是具有传染性的病人，需要有一个独立的隔离的病区安置治疗他们。岭南楼 12 楼呼吸内科病房已经不能再收治病人了，那么，已经被感染的医护人员转往哪儿治疗呢？

经分析，发现岭南楼对面的中山楼通风条件相比之下要好一些，而当时正处于春节假期，中山楼 17 楼中西医结合科的病房暂时还没有住院病人，于是决定紧急在中山楼 17 楼建立新的“非典”隔离病区。当天，中西医结合科主任、医生、护士接到通知后，都立即从家里赶回医院，协助医院医务部、护理部开设新的病区。仅用了一天时间，一个“非典”隔离病区就建立了。

医院当天就把已经感染了“非典”的医务人员送进了中山楼的 17 楼。新开的“非典”隔离病区所有的病床都住满了。

“2 月 7、8、9 日三天那真是黑色的日子。”副院长王景峰今天对我说到这些，仍然泪流满面。

2 月 10 日，住在中山楼 17 楼病房的范信德司机病情恶化了，需要送进 ICU 重症监护室抢救。ICU 重症监护室在岭南楼的 15 楼，人们又把范信德搬到了岭南楼，当天就对范信德司机进行了气管切开插管抢救手术。没有想到，所有参加抢救的 ICU 重症监护室的医护人员又都被感染了。医院专家防治小组组长黄子通也在抢救范信德时受到感染发病而住进了隔离病区。

前仆后继，副院长王景峰接任了组长。

第一批医务人员为救治“毒王”倒下了，第二批医务人员为救治倒下的战友而倒下了，第三批医务人员又上去了，又有人倒下了。呼吸内科遭到重创，只好从其他科室抽调人员进“非典”隔离病区。内分泌科的肖辉盛医生被派往一线的时候，没有畏惧，没有退缩，他动情地说：“躺在里面的全是我们的兄弟姐妹，我们不去救治他们，他们怎么办？医生的职责就是救死扶伤，在这个时候如果连医生都害怕了，还有谁敢出来！”

中山二院的医务人员，没有豪言壮语，没有把酒壮行，只有含着热泪默默地上战场。离去的和送行的，都不知道上去的人明天会不会倒下。有位医生背着妻子留有一点私房钱，走进隔离病区后，他打电话给妻子详细告知了存折上的银行密码。对自己的担心是次要的，对亲人的牵挂比患病更痛苦。有位护士叫毛小燕，结婚半年爱人就患病去世，她含辛茹苦独自一人抚养大了爱人留下的遗腹子，如今她最大的担心是自己6岁的儿子。她给母亲留下一封遗书，希望万一自己有个三长两短，母亲能将年幼的外孙抚养成人。伍卫主任和母亲住在一起，她进“非典”病房以后，担心会传染母亲，就把母亲送到哥哥家。

在采访过程中，医务人员表现出的那种悲壮，让我终生难忘。

中山二院护理部主任赵婉文在接受我的采访时，还没有开口就哽咽着说不出话来。她说，抗“非典”时期，她有两个最难：一是眼见有42位护士倒下了，她难过得不知道再该派谁上去；二是，当评先进的名额分配下来时，她又为难该给谁，因为该评先进的人实在太多了。

生命作为一个过程，是短暂的，但作为一种精神，却可以永恒——物质不灭，精神无限。他们在与“非典”的抗争中保护了人的生命，也使崇高的精神永存。那成百上千感人肺腑的事例，激励着我记录下这段难忘的历史，记录下这段历史中的人。让他们的事迹永存，让他们的精神永存。

那段日子里，天天都有人倒下，17楼住不下了，加开18楼，18楼又住满了，再加16、15、14楼，五层楼的病房都住满了。最后，整个医院被感染发病的医务人员包括家属达93人，再加上社会上被感染的“非典”病人，中山二院隔离病区一共住过103位“非典”病人。那段日子里，“非典”阴云笼罩着中山二院。

呼吸内科仅剩下最后一位没有被感染的副主任江山平，他在医院院务会上大声地呼喊：“快想想办法吧，我们还要倒下多少人啊！”话没说完，五尺的汉子嚎啕大哭起来。不久，江山平也倒下了。

主持会议的院长黄洪章脸色由黄变白，那搁在膝盖上的手微微颤抖着。他把眼泪往心里憋，憋进心里的眼泪比流出来更难受。但是他不能哭，他是中山二院的“三军统帅”，所有的眼睛都在注视着他。黄洪章院长是口腔专科方面的专家、教授、博士生导师，“非典”这种呼吸系统的疾病，并不是他所熟悉的。但他是一个著名综合医院的院长，一个行政管理者，当灾难突然来临的时候，当一个个医务人员倒下的时候，当连副院长也进了“非典”隔离病区的时候，当整个中山二院都沉浸在一种前所未有的悲壮之中时，作为一个院长，他连哭的权力都没有。如果他哭了，人们会以为整个中山二院都趴下了。现在需要他沉着和镇定，需要他集思广益，需要他带领班子做出决策，需要他组织中山二院的专家教授们去寻找有效的治疗“非典”的方案，所以，他在会上强忍着泪水，只憋得他面色发白。

散会后，黄洪章走进办公室，关上房门，直至夜幕降临也没有出来。一个人独处的时候，黄洪章有没有流泪，我们不得而知。我只是听说，晚上9点多钟了，副院长王景峰推门进去商量工作时，看见这个有着一米八个子的院长微微佝偻着身子坐在那儿，旁边放着一盒没有吃一口的盒饭。

至今，谈到2月里的那段日子，中山二院的人们没有不掉泪的。他们心里憋着太多太多的话，他们有着许多许多的感受，要对我一吐为快。

伍卫主任告诉我：整个大内科在岭南楼的12楼至15楼。12楼的呼吸内科和肾内科全倒下后，还剩下一个ICU重症监护室。后来在抢救范信德时，ICU重症监护室的医生护士又被感染了。于是，把ICU的病人转到13楼，清空12楼来进行消毒。结果，转上去的病人又感染了13楼的十多个医护人员，于是，再把13楼清空消毒。14楼的医护人员全部调去支援中山楼新病区，14楼也空了。15楼是心血管内科，由于医院被感染的人太多，留下的医生护士大部分都抽调到中山楼的隔离病区去了，心血管内科也无法维持正常运转，最后只好把心血管内科的CCU病区搬到16楼外科去了。

至此，整个大内科全部空了。

那天傍晚，伍卫一个人从15楼一层一层地往下走，越走双腿越沉，昔日蓬勃兴旺的大内科如今空无一人，只有她一个孤独的身影，这是中国最早遭受“非典”重创的科室。

远处的夕阳正从珠江上缓缓地落下，大内科病区一片昏暗。一股悲怆之感从心头油然而起，伍卫控制不住自己的双臂不停地抽动，那泪水滚滚而下……

伍卫跟我谈到这一段时依然是泪流满面，她悲怆地说：“我哭，我为周围倒下的兄弟姐妹们哭！我为我们医院哭！这么好的医院怎么就变成这样?！我为大内科哭，平时朝气蓬勃的一个科室，如今空荡荡的没有一个人，像一个墓地一样寂静。”

但，所有中山二院的人都明白，擦干了眼泪，我们仍然要上阵，要与“非典”进行殊死的搏斗，我们必须战胜它。

在采访钟南山院士时，钟院士多次重申，“非典”是近距离的飞沫传染，并且明确地说，近距离就是约在1米~2米之内。而医务人员就是近距离对病人进行救治的，所以医务人员被感染的多，尤其是在为危重病人进行插管抢救时，病人喷出的痰液传染性最强。广东有一个统计，每为一位病人插管，平均就要倒下三名医护人员。所以，并不仅仅是中山二院的医务人员被感染，当时，全省的“非典”病人大约三分之一是医务人员。因此，当务之急就是解决医务人员的防护问题。当时，临床专家思考，为什么医务人员戴着两个12层的口罩、全身穿着防护服仍然被感染？后来发现，病毒不但能经人的呼吸道传播，而且还会经人的眼睛角膜感染。

中山二院的医护人员在2月13日就怀疑病毒能从人的眼睛感染人，但是当时找不到一种合适的防护眼罩，他们就想办法自己动手做。他们曾用塑料薄膜片做过简单的眼罩戴上，后来院领导从消防队借来几套防化服给医生护士们紧急抢救的时候用。直到此事被上报到省卫生厅，又被上报到省委、省政府后，在省委书记张德江的指示下，从国外找了一种医用防护面罩，这才基本解决了医护人员在抢救病人中被感染的问题。广东省的抗击“非典”至此也拉开了新的一幕。

基本解决了医护人员被感染的问题后，已经被感染的医护人员的救治也出现了一丝曙光。

专家组每天都聚集在中山楼的11楼讨论总结，集思广益，寻找有效的治疗方案。具有丰富经验的大内科教授陈为宪大胆地提出了一个ABC方案，就是将病人分为三组，分别实施三种不同的治疗方案，然后将三种方案的疗效进行比较，以寻找到最佳方案。

三天以后，当专家组在一起研究病人的胸片时，突然有一位教授大声地喊了起来：“快，快来看！”

大家围拢过去，接着爆发出一阵欢呼声，好久好久没有听到这样的欢呼声了。原来，B、C两组病人的胸片，大部分出现吸收迹象。再查对他们的临床记录，体温开始下降，呼吸改善，血氧饱和度恢复到90%以上。

专家组副组长伍卫赶紧打电话给黄洪章院长，她哽咽着说不出话来：“院长，有效了，有效了，我们找到有效的治疗方案了……”

多少天了，人们总是听到坏消息，当好消息出现的时候，许多人泣不成声。

不久，一个一个被感染上“非典”的医护人员从中山楼里走出来。

到3月28日，最后一个病人吴海东医生走出“非典”隔离病区，标志着中山二院受感染的医护人员全部康复出院。

只有一个范信德司机，再也没有回到中山二院。

人们怀念他。

中山三院，又一个遭受“非典”重创的医院

中山三院接到通知的当天晚上7点，就收到转来的第一例病人。这是一个11岁的小男孩，病情危重，需要立即抢救。

中山三院传染科副主任、党支部书记邓练贤刚刚在家吃完年夜饭，接到科里电话，他火速赶到科里参加抢救。

抢救进行了三个多小时，小男孩暂时脱离了危险。参与抢救的很多医生护士还没有吃上年夜饭，邓练贤走出病房替大家订盒饭。这时候，他看见空旷的走廊上病孩的父母孤零零地坐在那里，满含企求和期待的目光望着他，邓练贤的心一下子被触动了。他也是一个男孩的父亲，天下父母的心都是相通的。当他得知这对夫妇是从外地来的，也没有吃年夜饭，就默默地送来两份饭。

干完这一切已经11点多了，邓练贤正想回家休息，一辆呼啸而至的救护车又送来了一位病情更加严重的女“非典”病人。在抢救这位病人的过程中，农历新年的钟声响了。

邓练贤走出抢救室时，已经是凌晨3点多了。

2003年2月1日（年初一） 中山三院

第二天是大年初一，中山二院送来了“毒王”周姓患者。他当时病情加重，呼吸十分困难，需要立即抢救。“毒王”，体重80多公斤，身体粗壮，力大如牛，当时由于体内严重缺氧，引起极度狂躁，手舞足蹈，一个劲地叫“喘不过气来”，因呼吸困难感到憋气，不停地撕扯着胸前的衣衫。本来就供氧不足，狂躁状态下将会加重缺氧，不立即采取果断措施，会有生命危险。医生决定马上给他上呼吸机帮助

他呼吸，改善他的缺氧状况。为了尽快给病人补充氧气，这次给周姓患者上呼吸机时用的是喉部插管，即将一根直径约 2 公分的管子通过病人的口腔、咽部，穿过声带，插进气管里，然后通过插管输进氧气。

当时，周姓患者不配合，躁动，不停地挣扎。参加抢救的除了邓练贤，还有呼吸内科主任张天托、副教授邓子德以及其他医护人员，大家围了上来，一起动手把患者摁在床上。好不容易将管子插了进去，病人又是一阵剧烈的咳嗽，只听“砰”的一声，大量血性痰液从插进的管子里喷出，连管子也喷掉了，血丝痰直喷上天花板，飞沫喷得大家满身都是。张天托主任当天穿了一双新皮鞋，后来发现鞋上满是血痰丝。

邓练贤也许并不知道，当时他和他的同事们所做出的选择，几乎是生与死的选择。这时，如果赶快换下隔离服、口罩，尽快做全身消毒，有减少被感染的可能，可是，这就要暂停抢救，没有插管的患者，无法自主呼吸，无论如何也熬不到大家消毒完再来抢救他。

生死有时就在一线间。

没有一个人犹豫，在现场的所有医护人员没有一个后退半步，大家只有一个念头：争分夺秒，抢救生命，这是医护人员的天职。

邓练贤和他的同事们，又俯下了身子，再一次插好管，再一次通上氧气……

输进氧气以后，病人终于慢慢平静了下来，呼吸渐渐均匀了，生命指数也在提升……

邓练贤已经去世了，我只能从他的同事那里了解当时的情况。

2003 年的 5 月 15 日下午，我在中山三院的会议室里和邓子德一直交谈到天黑。

初三那天，小男孩病情又恶化了，突然停止了呼吸。邓练贤听到他还有微弱的心跳，马上给他做徒手胸外心脏按压，想帮助他恢复呼吸。心脏按压一直做了三个多小时。这是个重体力劳动，邓子德和其他医生与邓练贤轮换上阵，中间有两次小男孩恢复了一点呼吸，让大家欣喜，可最终还是停止了心跳。

邓子德告诉我，那天下班走在回家的路上，他和邓练贤、张天托一道，大家都不说话，为小男孩的去世而难过。还是邓子德打破了沉闷，说怎么胸大肌这么痛，邓练贤、张天托同时说他们也是。当时，大家都以为是做心脏按压时累的，其实这是感染上“非典”时最初的身体反应。分手的时候，邓子德回头看看邓练贤，见他脸上红扑扑的，他没有想到他们三人都已感染上了“非典”，邓练贤已在发烧了。

邓子德家住七楼，平常一口气可以上到五楼，可那天走到三楼就走不动了，歇了好一会儿，才爬上七楼。当天晚上只觉得头痛，夜里发冷，心里老想着小男孩的死，总也睡不着。妻子见他睡不着，伸手来摸：“呀，你怎么这么烫！”邓子德用手摸摸自己的额头说：“没有哇，我哪儿发烫？”妻子说：“你确实在发烧。”邓子德就和妻子争：“我发烧自己还不知道？我是心里不舒服。”妻子就下床找体温表，一量，40.6度。当时，邓子德愣了一下，但还是不愿意接受自己已经被感染上了的现实。

回到家里的邓练贤也觉得自己在发烧，背着妻子悄悄量体温：38.5度，不正常。当护士的妻子朱秀娟也感觉到了，关切地问：“没事吧？”他回答说：“没事。”

但是确实是有事了，接下来，所有参加抢救“毒王”的医护人员陆续都开始发烧。大多数被感染的医护人员都以为是感冒，还在坚持上班。

中山三院的党委书记、代院长王荣新焦急地给邓练贤打电话，询问科里医护人员被感染的情况。

大年初五，中山三院已经病倒了20多位医护人员，其中包括8位科室负责人。院领导决定，紧急腾出两个病区，将所有受感染的医生护士严格隔离，进行治疗。

进入隔离病区那天，真是有些悲壮。20多个刚从战场上下来的“伤员”，在同事们的帮助下，相互搀扶着，一步一步地向隔离病区走去。为了防止再感染，医院领导严格规定，除了相关的医疗人员之外，任何人未经主治医生批准，不得和病人接近。医院的其他医生护士们，工作人员们，亲属们，都远远地站在一旁，含着泪水目送他们走进那道隔离区的玻璃门。

邓练贤在家里悄悄拿了几件衣服，故意漫不经心地对妻子说：“我去病房看看。”朱秀娟问：“走得动吗？要不要我扶着你去？”邓练贤说：“这么几步路，走得动。”说着就下楼去了。

邓练贤刚出门，朱秀娟急忙把丈夫要用的牙刷牙膏等生活必需品收拾了满满一兜，提起来就跑。可是等朱秀娟赶到隔离区门外，邓练贤已经进去了。邓练贤是自己走进去的，他作为科室负责人之一，为了缓解当时沉闷的气氛，还故作轻松地和大家开着玩笑。

隔着好远，朱秀娟看着他，同为医务人员的她怎么也没想到，邓练贤再也没有回家！

同时，邓子德的病情也加重了。

2003 年 2 月 6 日　广州呼研所

得知广州多家医院医务人员感染“非典”的消息后，作为我国呼吸疾病的权威，中国工程院院士钟南山自然是心急如焚。这一天，他准备去中山三院为那些感染的医务人员会诊。此时，他已经临危受命，担任了广东省“非典”临床治疗专家组的组长。

2003 年 5 月 5 日的上午，我应约去采访刚刚随温家宝总理出访回来的钟南山院士。到达呼研所后，得知钟院士正在抢救因为救治“非典”病人而被感染、正处病危之中的广州胸科医院陈洪光医师。我们一直等到中午快 12 点了，才看见钟院士神情凝重地从隔离病区出来。他满面倦容，两眼布满血丝，我实在不忍再在这个时候打扰他，于是就默默地离开了。

第二天下午 4 点钟，我们应约再次来到呼研所，与钟院士交谈了一个小时。

早在春节前，当河源送来郭姓患者到呼研所救治时，同事们告诉钟院士，来了一个“怪”病人。他立即和肖正伦教授一同去会诊。这时传来河源医院八名医护人员被感染的消息。他立即意识到这种病可能有很强的传染性，马上把病人送到刚启用的重症监护中心严密隔离。

钟南山在治疗中发现病人肺部迅速出现纤维化，凭着丰富的经验，他果断地及早采用了面罩通气方式给病人供氧，并使用了适当剂量的皮质激素来遏止病人自身的免疫力反应，控制肺部炎症扩展。这与常规治疗方式是相反的，但事实证明他最初的判断和尝试是正确的，病人熬过了最危急的关头，奇迹般康复出院了！

当中山市再次发现类似病例后，钟南山就直接去了一线。

2003 年 2 月 2 日下午，省卫生厅和广州市卫生局召开紧急会议布置抗击“非典”战役时，需要一个重量级的专家担任全省临床治疗专家组组长，此时非他莫属了。

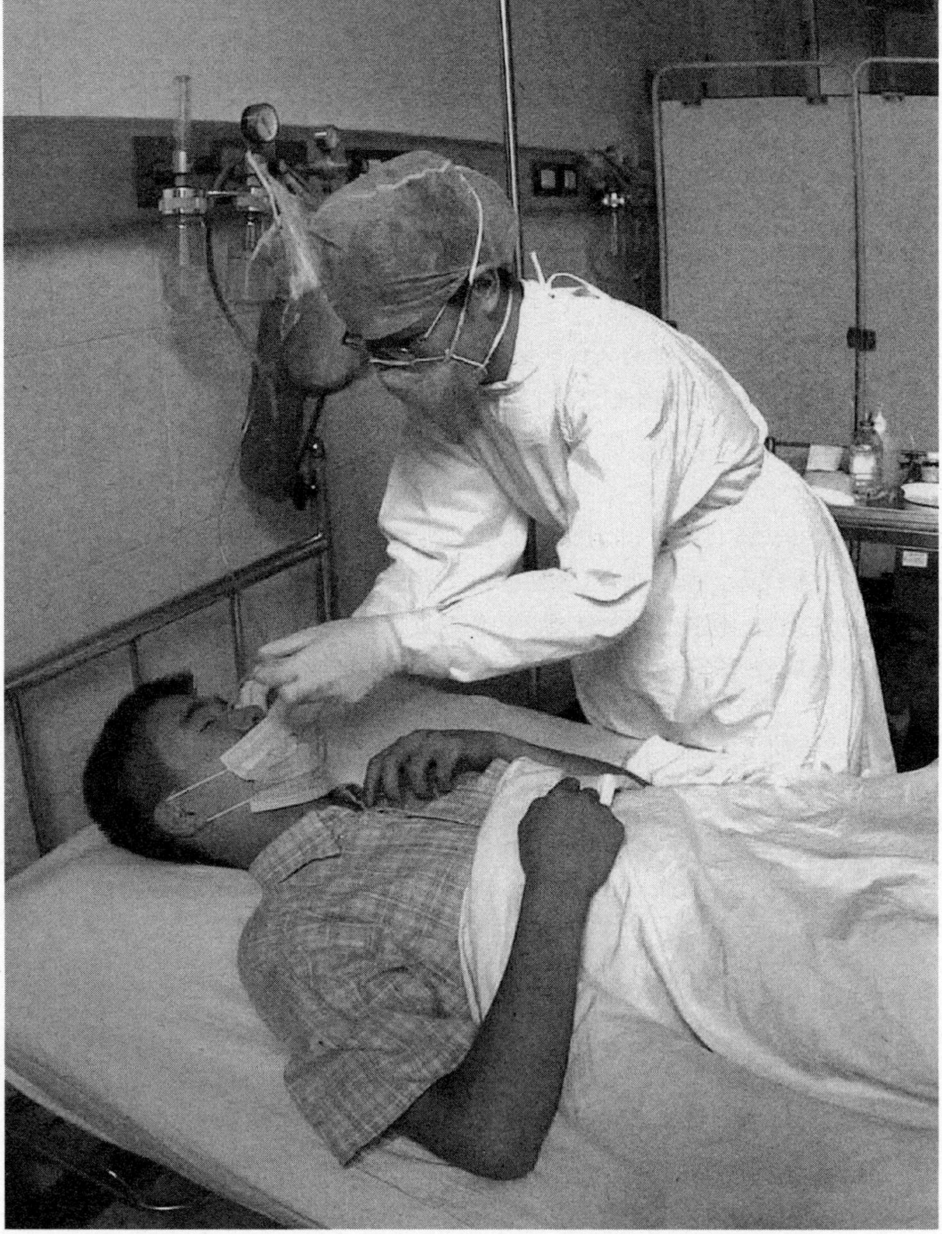

2003年9月24日，广州中山三院的医护人员在“非典”救护演习中“抢救病人”。

2003 年 6 月 27 日，少先队员向获得“抗击非典英雄”荣誉称号的广州呼吸疾病研究所所长钟南山（中）献花。当天，广州市抗击“非典”先进集体和先进个人表彰大会在广州体育馆召开，154 个抗击“非典”先进集体和 9 229 名先进个人受到表彰。（陈学思 / 摄，图片来源：新华社）

2003年7月2日，抗“非典”专家钟南山和战友们欢送治愈的三名“非典”病人时，在告别SARS的牌面上写下“走向新的胜利”。

我们常常在争论，到底是英雄创造了历史，还是时势造就了英雄。危难的时候，历史给了我们一个实践的机会。

钟南山院士在这次抗击“非典”中成了一个名扬四海的人物，这里既有历史的必然，也有历史的偶然。必然是，钟院士行医精湛，治学严谨，从医几十年，积累了在关键时刻走上历史舞台的实力。偶然是，天降灾难于广东，也给了磨砺广东人的机会，在这里首先发现了这种新疾病，让广东人，也让钟南山有了施展自己才能的机遇。还有重要的一点，即识才于大任的省委书记张德江，他相信专家，依靠专家，虚心求学于专家，并在关键时刻把专家推上了历史的前台，成就了一位专家名留青史的机会。

每一个人的成就都需要机遇。这个机遇，有时是历史给的，有时是历史中的关键人物创造的。当时势造就了英雄后，英雄又创造了新的历史。

2003年7月2日，广州医学院第一附属医院最后三名“非典”患者（左一，左四，右二）在出院欢送会上和白衣天使们合影。这三名“非典”患者的出院标志着广东全省已无“非典”病例。
（陈学思/摄，图片来源：新华社）

钟南山担任专家组组长后，来到医务人员感染比较严重的中山二院、中山三院会诊。他2月6日来到中山三院，当他走进隔离病区后，把个人安危置之度外，走到每一个“非典”病人床前，近距离听取肺音，检查病人的口腔，认真阅读病人的胸片。同为专家的邓子德此时已经是一个病人，后来和我谈到钟院士这种精神时仍很感动。

看完病以后，他感到情况严重，说把病情严重的转到他们呼研所去。于是，张天托、邓子德、邓练贤先后都转到了钟南山院士的呼研所。

在钟南山的带领下，全所组成了四个梯队，前面梯队被感染倒下了，后面梯队冲上去，病倒的人一旦痊愈，马上又重上火线。呼研所先后有26人病倒，所幸全部康复。当时的副所长肖正伦教授也曾悄悄地跟护士说给他留一个床位。如今回想当时，肖教授仍然数度哽咽、老泪纵横，他说：“这不像在医院，好像是在战场……”

钟南山说："我们是医生，治病救人是我们的天职。"

张天托康复了，邓子德也出院了。

人们期待着邓练贤的病一天天地好起来。

2003 年 4 月 21 日上午，朱秀娟带着儿子一起到病房看望邓练贤。邓练贤微闭着眼睛平躺着，脸上十分平静。

朱秀娟轻轻摸着丈夫的额头说："我看你来了，儿子看你来了。你能听得见吗？"

邓练贤没有反应。

朱秀娟提高了声音："儿子看你来了，健平看你来了。你听得见吗？"

邓练贤还是没有反应。

突然，有一颗晶莹透亮的泪珠，缓缓地、缓缓地从邓练贤的眼角边流了下

2003 年 6 月 17 日，志愿者在广州火车站向旅客发放《抗"非典"百问》一书。在"非典"疫情明显趋缓的情况下，为了提醒广大旅客不放松对"非典"的警惕，广州铁路集团当日在广州火车站举行了"抗'非典'让健康与您同行"活动。（徐清扬 / 摄，图片来源：新华社）

来……2003年4月21日下午5时许，邓练贤的心脏停止了跳动。

消息传进了中南海，日理万机的总书记胡锦涛挥笔写下了如下文字：

德江同志，请转达我对邓练贤同志不幸逝世的沉痛悼念，对邓练贤亲属的亲切慰问。我坚信，有广大医护人员的奋斗与贡献，有全国上下的团结一致，众志成城，我们就一定能战胜疫病。

2003年5月23日　广东省卫生厅

5月23日下午6点，我在省卫生厅采访过张寿生副厅长后又去采访徐庆锋处长。采访中，徐庆锋接了一个电话。放下电话，他深深地吸了一口气，然后告诉我，世界卫生组织宣布取消对广东、香港的旅行警告。广东“摘帽”提前到来了。此时，我想跳起来振臂欢呼。

这40多天里，我一直在抗击“非典”一线，我理解已经工作了100多个日日夜夜的一线同志们此时此刻的心情。接着，仍在24小时值班的省卫生厅“抗击‘非典’办公室”的同志们走进饭堂，食堂的师傅拿来两瓶啤酒，大家用纸杯欢呼干杯。这时，大家才将压抑了很久的心情释放了出来。

“非典”会不会卷土重来，感染更多的人，传播更大的范围，真的变成一场“瘟疫”？我不得而知。因为，我只是一个作家，而不是一个流行病学专家。此时，世界卫生组织的官员，正在马来西亚召开的一次全球关于防治“非典”的会议上，不停地发出这样的警告：今冬明春，“非典”会有重新爆发的可能。

用一句中国人的话来说，但愿他是一张乌鸦嘴。

但无论用什么样的方法，无论我们的科学有多么发达，在相当长的一段历史时间里，瘟疫，仍会像人类的影子一样存在。

这是提醒我们永远要保持清醒的一个铁的事实。

（选自人民文学出版社《瘟疫，人类的影子：“非典”溯源》，2003年12月出版，作者：杨黎光）

小汤山奇迹

——北京小汤山“非典”定点医院建设纪实

2003年初春，SARS病毒从广东悄悄侵入北京。为有效控制传染源，北京市委决定，在北京昌平小汤山抢建野战传染病医院。北京城建等六大建筑集团奉命开赴小汤山，仅用七天时间，就建成了世界上最大的传染病医院。

SARS袭击北京

2003年初春，一种后来被世界卫生组织定名为SARS的病毒从广东悄悄侵入北京。这种病毒在广东流行时，被中国呼吸道疾病专家定名为“非典型肺炎”。因为这是一种新发现的不为人知的病毒，而且北京与广东相距遥远，谁也没想到它会跳跃式地越过湖南、湖北、江西、安徽、河南、河北等省市，大举进攻首都北京。当“非典”病例在北京大面积出现之前，不但没有引起国家卫生部的警惕，也没有引起北京市地方政府的警惕。北京出现多起“非典”病例之后，引起市民的恐慌。

在北京受SARS病毒感染的人群中，最多的是医院的医护人员和综合医院交叉感染的医患。为有效控制传染源，北京城建等六大建筑集团奉命开赴小汤山，抢建野战传染病医院。

在这六家建筑集团中，有一家是建筑企业的“国家队”，即中国建筑工程总公司下属的一局集团公司。他们在小汤山建设工地承担的工程涉及专业最多，遇到的困难最多，完成的任务也最好。在国家的危难时刻，他们不惜代价，不畏艰险，不辞辛苦，不计报酬。建筑业国家队“特别能战斗”的传统精神，在这非常时期的非常工程中再一次显现出强烈的感人魅力，正如中建总公司司歌——《中国建筑之歌》所唱的：“我们是中国的钢铁脊梁！”

奉命参与扩建小汤山“非典”定点医院

2003年4月22日晚10点，中建一局集团接到北京市建委的紧急通知：总经理季加铭立即到市建委开会。

同时参加会议的还有北京市建工集团、城建集团、住总集团、城乡集团、市政集团的总经理。市建委主任刘永富传达了北京市委、市政府的决定，部署抢建小汤山疗养院“非典”治疗区的紧急任务，要求这六家企业迅速调集施工人员和机械设备，于4月23日拂晓迅速开进施工现场开工建设。

刘永富强调指出：要想把北京的“非典”疫情在最短的时间内控制住，一个非常的举措就是尽快把小汤山疗养院的“非典”治疗区抢建出来。

紧急施工是与疫情抢时间。

当时的北京，“非典”病人的数字以每天100例以上的速度在攀升，中国关注北京，世界关注北京。政府就像坐在火山口上……

小汤山疗养院位于北京市昌平区小汤山镇。该项扩建工程占地面积60亩，建筑面积2万平方米以上，病床1 000个，加上连接公路的道路一条，要求必须在三天之内完成，并交付使用。工程时间紧，要求高，难度大，任务十分艰巨。

医院计划建设“非典”病人、疑似“非典”病人两个治疗区域，即东区和西区。西区为确诊“非典”病房，东区为疑似“非典”病房。中间隔一条马路，各有六排用复合轻钢板材料建造的病房。

此前的4月19日晚，市建委曾指定中建一局和北京建工、北京城建集团参加北京胸科医院的扩建工程，这次将他们列入协助单位，只需要各准备、安装50个盒子房。主要施工任务交给了住总集团、城乡集团和市政集团。

刘永富主任问六大集团的老总：“有什么问题么？”

大家回答：“没问题。”

刘永富大手一挥："那就马上行动吧！"

离开会场时，是凌晨1点，夜幕星光灿烂，城市静逸安详，紧张劳累了一天的季加铭并没有意识到未来的小汤山工程将是他20多年建筑生涯遇到的最"艰苦卓绝"的阵地战。50个盒子房的任务，对在北京市有着148个工地的中建一局来说，似乎不是什么特别困难的事情。所以，他很自信、很轻松地用手机了解情况，很快，便决定把任务交给四公司的副总经理杨春山，要求他们连夜从各个工地拆50个盒子房，当天早上拉到小汤山……

建筑工地发现首例疑似"非典"病人

季加铭是两天前赶回北京的。当时，他和董事长兼党委书记郭宏若在苏州调整分公司领导班子。这个关键当口，他们接到了一局五公司在北京的一个工地上发现了一名疑似"非典"病人的报告，于是，迅速中断工作，乘飞机返回北京。

他们为何有这样的警觉呢？郭宏若告诉笔者：建筑业是最大的、最密集的流动兵团，一局集团在北京仅民工就有4万之众，一旦疫情蔓延，局面将不可想象，"我们不能也不会掉以轻心"。

事态的发展，证明这两位国企领导的焦虑是有道理的——

4月18日下午14时40分，中建一局五公司新城国际项目工地民工丁建立身体不适，由同队民工尹希斌陪同到光华医院看病。光华医院怀疑丁建立是"非典"，于17时30分将丁建立转至361医院"非典"防治病房。经361医院诊断，定为疑似病人，暂时将其留置该医院观察治疗。

五公司董事长、党委书记蒋丽云等领导立即赶赴工地，会同项目经理部班子成员以及政府部门有关人员在现场召开紧急会议，商讨对策，制定措施，同时，紧急上报中建一局集团公司。在家主持工作的公司副总经理焦润明立即赶往发生疫情的新城国际建筑工地。

19日上午10时，新城国际工地所在地区街道办事处打电话通知中建一局五公司，根据有关规定，要立即封闭工地，将与丁建立有密切接触的人员进行异地隔离……

紧接着，当地有关部门下达了工地停工的指令。

这是北京市施工企业发现的首例疑似“非典”病人疫情警报。当时，北京市尚未开展群防群治，也缺乏处理此类紧急事件的经验，传染病防疫法尚未颁布，一切都在摸索中。只是，一些消息灵通人士已经得到信息：卫生部长和北京市长被免职。政府各级官员以高度重视高度负责的态度，处理这个在建筑工地出现的首例疫情警报，实在无可厚非。建筑工地毕竟是人口稠密区，必须严格控制疫情蔓延、必须异地隔离、必须停工的命令都是正确的。但是有些规定在实践中却是很难行得通的，这是后话。

新城国际建筑工地确定被隔离的民工一共有 24 人。根据有关规定，转移隔离人员要与当地政府打招呼，要经过有关部门认可，要在防疫部门的监督下进行，等等。在如此多的限制条件下，要想寻找一个理想的隔离点，是非常困难的。更困难的是，刚刚选定一个地点，还没等你到达，消息已经走漏，怀有恐惧心理的当地居民早已“众志成城”，集合起上千人的队伍“严防死守”，挡住被隔离人员的去路。

五公司副总经理兼工地项目经理刘立新只好带人另外再选地点。好不容易在东郊某地选了一块沙场空地，准备在夜间进入，搭一个简易房，没想到又走漏了风声。当地居民像当年防止鬼子进村一样，手持棍棒，把刘立新带领的车辆和人员紧紧包围起来，又喊又骂，如果再不撤退，看样子就要动手了。刘立新只好带着车队原路返回。

很多年以前，中国放映过一部外国电影叫《卡桑德拉大桥》，说的是三名神秘人物袭击国际卫生组织设在日内瓦的大楼，枪战中，美国秘密存放的肺鼠疫病毒泄漏，病毒携带者逃上了一辆从日内瓦开往斯德哥尔摩的列车，列车上 1 000 多名旅客受到这种可以经空气传播的病毒威胁。由于肺鼠疫病毒会导致 60%的死亡率，所有西欧国家都不允许这辆列车在本国停留，列车接到命令驶往波兰境内卡桑德拉大桥对面的隔离区。可大桥由于年久失修，早被当地人认定将倒塌，虽然后来感染者在不断好转，但当局仍坚持火车必须通过危险的卡桑德拉大桥，车上的张伯伦大夫只能组织车上的乘客占领列车进行自救……

刘立新是清华大学土木系硕士研究生毕业，年轻人经历过学海无涯，经历过商界无情，却没有如此遭人厌恶过。天之骄子的优越感在三天两夜的转移过程中，被击得粉碎。他觉得，现在带领的车队就像是那辆列车，各地的居民就像那些西欧国家，他就要被逼上那座摇摇欲坠的卡桑德拉大桥了。但他不是张伯伦大夫，他无力率领民工们进行自救。要是继续这样搞下去，什么时候才能实现异地隔离？每天拉着24名疑似“非典”病人的“密切接触人群”到处跑，一旦病毒蔓延，可怎么办？真有点叫天天不应，呼地地不灵啊！他给公司董事长蒋丽云打电话汇报情况，激动地说：“如果让疫情蔓延，我就成北京市的罪人了！”

五公司董事长、党委书记蒋丽云是个很能干的女同志，在短短的两年时间里，带领一个连续三年效益滑坡的企业摆脱困境，恢复企业生机，仅2002年新签合同额就达17.4亿元，创历史新高，是2003年“首都劳动奖章”获得者。工程合同多，在施项目多，开工面积大，本来是件好事，可是，谁料到会出现SARS病毒？面临隔离人群无法隔离的局面，面临政府的有关规定，曾经叱咤风云的蒋丽云一脸苦笑。

现在看来，原来那些规定根本行不通。谁也不愿意把疫情引到自己负责的地面上，你和他打招呼，他就会变着法子把你赶走。怎么办？刚赶回北京的郭宏若和季加铭就接到这么一个烫手焦心的报告，他们交换了一下意见，当即决定：不再按规定要求向当地政府通报，自己找地方，自己办！

有人提醒：“这可是违法的呀！”

他们回答：“如果出了事情，我去蹲监狱！”

作为党政主要领导，他们当然知道其中利害，但是，领导是干什么的？就是在紧急情况下拍板做出决定的，哪怕为这个决定付出代价。这是非常时期，是非常事件，必须根据实际情况找出解决问题的办法，不然每天拉着24个隔离人员到处跑，到哪是一站？他认定实践是检验真理的标准，实践证明这异地隔离的规定肯定是行不通的，必须及时向上级有关部门反映这个情况。

第二天，刘立新按照集团领导的指示，悄悄地在京城北部某地找了块僻静的地方，连夜搭建了活动房，这才将24个隔离人员安顿下来。

与此同时，地方政府下达的工地停工指令也无法执行，因为停工指令后面还有一个要求：为防止“非典”蔓延，工人一个也不能跑。新城国际工地上有近2 000名民工，出现疫情警报，工地封闭，已经人心惶惶，有的民工把行李从围墙上扔出去，然后架起人梯翻墙逃跑。为此，公司临时增加了几十名保安加强守卫。可是如果工地上的民工没有活干，几十名保安是绝对看不住的。在另外一个工地上，还没有出现疫情，民工已出现恐慌，准备集体往外冲，保安顶不住，工地负责人紧急上报，政府马上派来警察维持秩序。有的民工在里面放话：“北京都这样了，你们还不让我回去，我死也要死在家里头！你要不放开路，我就从楼上跳下来，死在这！”

这种恐慌情绪悄悄传染了北京的若干工地，气氛紧张，形势严峻，工地就像一个个弹药库，有个火星就会爆炸。

可以想象，一旦停工，混乱局面将更加难以控制，后果不堪设想。在紧急会议上，蒋丽云首先提出了边施工边防病的意见，集团公司副总经理焦润明表示支持，但是政府有关部门不同意，因为停工是上级的决定，他们只负责传达和执行，无权更改。

难题又一次摆在一局党委面前。SARS的突然袭击的确让人措手不及，政府的责任是确保群众的生命安全，大家深深理解政府的苦心。但是，郭宏若代表一局集团党委，坚决支持五公司党委的意见，同时决定将不停工的理由正式报告北京市有关部门。

他说：“要实事求是，停工将产生最大的不稳定因素，我们是中央企业，维护北京市的安全与稳定有不可推卸的责任。”

此时的焦润明和五公司的领导同志正在工地和上千名民工对话、沟通，苦口婆心地劝说他们：“在北京最安全，北京医疗条件好，一旦发病发烧，就能马上送你上医院，还不让你花钱。你回到家里，条件肯定不如北京。封闭工地是为了你们好，外面有病，比这个工地厉害。不是怕你们传染别人，而是怕别人传染了你们。你们是最安全的。北京市政府这么重视，你们还是留在北京吧！”民工们仔细想想，觉得有道理，情绪才渐渐稳定下来。

光说是不行的，项目部管理人员全部住进工地，开始给民工发口罩，发中药，每天测两次体温；改善居住条件，提高伙食标准，连磁卡电话都拉进了工地。民工一看，管理人员一个未撤，还是工地最安全啊！心里稳定了，施工开始紧张有序地进行了。

这时候有人给焦润明打电话：“老焦啊，你们的塔吊怎么还转啊？叫你停工怎么不停呢？”

焦润明用很谦虚的口吻说：“没问题，只要你有话，我们都办。但是我得给你提个问题。你说我把工地停了，民工往外跑，我把所有的保安拉上去还堵不住，你政府有什么办法？”

对方说他也没办法，然后问：“你到底什么意思？”

焦润明说：“我觉得，该隔离的我已经隔离了，可健康的民工上千人，得有活让他干，这样他才能稳定。”

一连三天，每天都有各个部门打来的电话责问焦润明等人为什么不执行停工命令。第三天，有关部门还下发了一份批评通报，严肃指出该工地违反停工命令的严重性。可是在工地接到批评通报的一小时后，他们又接到通知，说北京市领导看了他们的报告，认为不停工的经验很好，要他们准备一下，到会上介绍经验。原来，北京市一共有几百个工地，有数万名民工，北京市领导也考虑到这些人管理比较难，一旦失控，将是北京乃至全国的灾难。就在这时，他们看到了中建一局的报告，认为他们的意见切实可行，因此要求他们介绍经验。

在SARS病毒突然袭击面前，各级政府都缺少应对的经验，出现某种失误在所难免，正是他们的这种勇于纠正错误的精神，为后来扭转北京抗击“非典”的形势起到重要作用。

奉命参与扩建北京胸科医院

4月19日上午10点，中建一局在新城国际工地紧急处理“非典”疫情。

4月19日夜间11点，中建一局值班室接到北京市建委的紧急会议通知。

和平时期出现一系列的“紧急”字样，让笔者深切感受到了一种紧张的气氛，政府似乎在一夜间变得风风火火，大量的紧急会议都是在夜里11点左右召开的。

会上，市建委主任刘永富传达了刚刚结束的北京市防“非典”工作小组会议精神，指出，北京市防“非典”的形势非常严峻，为了有效医治越来越多的“非典”病人，市委市政府决定，对北京胸科医院进行紧急扩建，要在三天时间内增加1 000张床位。中建一局、北京城建、北京建工三大集团公司被市政府指定为主力施工单位。中建一局的任务是建造三栋两层轻钢结构板房，面积1 300平方米的办公楼，700平方米的病人食堂，75平方米的太平间，铺设700米电缆。

当天夜里，一局集团就把施工任务下达给四公司和五公司。第二天上午，四公司由年轻的副总工程师鹿山带队，五公司由副总经理曹向阳带队，拉着工人和设备浩浩荡荡进入施工现场。一局副总经理焦润明带领集团副总经济师周宇琨到现场督战。焦润明指定周宇琨为现场总指挥，协调指挥两个公司。

北京胸科医院位于海淀区温泉镇，是一家由结核病院改造的传染病医院，是北京最早收治“非典”病人的六家传染病医院之一，当时已收治了四五十名“非典”病人，是北京收治“非典”病人最多的医院。施工地点与病区距离很近，远的几百米，近的只有几米，进入施工现场的所有人员都被要求戴上口罩。首批进场的民工听说这里是传染病医院，已经收治了“非典”病人，显得神情非常紧张。

4 月 20 日深夜，刚从华东回来的郭宏若组织召开了一局集团常委会，研究面临的形势，成立了工地、办公区、生活区、抢建医院四个工作组，制定了八条预防措施，全局动员，抗击“非典”。常委会上，郭宏若一改往日的诙谐，他面无表情地说：“现在是非常时期，和打仗一样，领导要靠前指挥，临阵脱逃，‘杀’无赦！”在第二天召开的二级公司一把手参加的党委扩大会上，他讲了同样的话。公司的中层干部都是和郭宏若共同奋斗了多年的战将，处罚谁他都会心疼，这只是表示他的决心。临阵脱逃者，就地撤职是肯定免不了的。

这时候，人们看到了国有企业党组织的力量，领导带头，坚强有力，政令畅通。董事长党委书记的命令对共产党员有极强的号召力，对在老企业熏陶多年的职工同样有号召力，对民工就不起作用了，当天晚上，北京胸科医院工地就跑了十几名民工。季加铭得到消息，立刻赶往施工现场。

路上，季加铭打听胸科医院怎么走，人们都像躲避瘟疫一样用手指指不说话。在胸科医院附近的各个路口，有很多当地居民设的路障，立着一个牌子：胸科医院在前面。由此可见，这里的恐怖气氛比较浓。

周宇琨向季加铭汇报了工地的有关情况。令季加铭感到欣慰的是，施工管理人员精神状态良好，没有一人擅自离开。

第二批民工来了，在离医院好长一段路，民工就下了车，都远远地站着不过来。为了让大家不要紧张，周宇琨摘下口罩给大家做思想工作，介绍哪里是清洁区，哪里是半清洁区，使大家渐渐消除了恐惧感。

但是，民工们看到不断有救护车拉来新的“非典”病人，都紧张得满脸恐怖神情。有民工央求鹿山道：“鹿总，你就放我们走吧！”

鹿山安慰他们说：“我问过医院，露天施工空气好，没那么危险。你看我们不是也没跑么？”

民工说：“你们得了病有人管，我们得了病没人管。”

鹿山说：“谁说没人管？如果没人管你们直接找我，直接给我打电话！”说着把他的名片发给民工。大家的情绪这才稳定了一些。

为了打消民工的顾虑，现场总指挥周宇琨一直站在民工和病区之间，等于是告诉民工：你们看，我比你们离病房还近！

有一句古语：帅旗不倒，军心不摇。周宇琨站在那里，就像一面旗帜，起到了稳定军心的作用。

事后，我们问周宇琨："你当时心里不紧张么？"

他坦率地回答："怎么不紧张？可是如果我们表现出一点恐惧，民工都跑了，工程怎么办？"

他是抱着宁可自己感染"非典"也要把工程搞完的信念，站在死亡边缘，稳定军心的。

因为是紧急任务，没有图纸，全凭往日的经验，根据医院的要求进行施工，他

小汤山医院带有双层密封玻璃送饭窗口的隔离病房。（张旭/摄，图片来源：新华社）

们仅用三天时间，就完成了主体工程。

最危险的工作是铺设排污管道和铺设700米电缆。香港凤凰卫视报道了香港某住宅小区排污系统使很多人感染SARS病毒的消息，因此大家格外恐惧。而700米电缆中，有30米是从SARS病房窗前通过，电缆坑道又与病房相通，属于最危险的地段。四公司副总工程师鹿山穿上防护服，亲自带领管理人员和民工钻进坑道，在最危险的地方铺设电缆，一干就是三个多小时。

在最后的收尾工作中，负责门窗材料的供应商不来了，说是村里人不让他们出来，不知是真不让他们出来还是他们自己不敢来了。周宇琨和鹿山等人只好另想办法解决，终于在规定的时间内完成了北京胸科医院的扩建工程。后来，小汤山成为世界关注的焦点，北京胸科医院扩建工程的建设者们却被媒体忽视了……

2003年5月15日，小汤山医院第一病区的两名患者向病友挥手告别。当天，北京小汤山"非典"定点医院首批七名患者治愈出院。（王建民/摄，图片来源：新华社）

激战小汤山

4月23日早晨，按照总经理季加铭的要求，四公司常务副总经理杨春山带领40名工人浩浩荡荡开进小汤山工地。他为小汤山准备了58个盒子房。

这是小汤山开工的第一天，60亩地的施工现场一下就上去了4 000名工人、500多台设备。各大集团在自己负责的地面上破土动工。高峰期，工地人数多达7 000人，真可谓人山人海，场面极为混乱而壮观。

进入施工现场，杨春山才发现这个工程没有施工图纸，只有一张简单的平面图，没有坐标，没有水准点，没水、没电、没路，什么都没有。但是，这些都不能成为停滞施工的理由！杨春山等人在工地走了几个来回，把现场绕了几个圈子，凭着多年的施工经验和对特殊病房的独到理解，他们很快确定了施工方案。由于地势北高南低，杨春山向市建委的同志建议，顺着地势的走向，把西部作为排水沟，这样有利于施工进度。市建委的专业人士高兴地说："你们想得太周到了，就这么办！"

西区每排盒子房的长度是120米。23日晚，杨春山把58间盒子房摆上工地后才发现，他们的盒子房尺寸太小，没有达到120米的要求。他马上打电话再抽调18个盒子，要求以最快的速度拆了运来。

当天夜里，市建委的一位领导同志找到正在西区工地上忙碌的杨春山，严肃地问："你们一局怎么回事，东区别人都在干你们怎么不干啊？"

杨春山被问得愣住了："没接到指示说东区是我们的，我们季总只跟我交代装50个盒子房。我都准备了76个了。"

这位领导有些着急："谁说不是你们的？分工就是你们的，必须得干！赶紧调人吧！"

杨春山一听傻眼了，马上打电话问季加铭："季总，这是怎么回事？跟你说的不一样啊，好像是六大集团一家一整排啊。"杨春山把现场分工情况又说了一遍，问他："你说怎么办？"

季加铭说："你先接下来再说。我明天过来。"

杨春山知道，再把这个任务接下来，就要调更多的设备和人员。其他兄弟单位已经在东区干了一天了，而他们在东区还寸土未动呢！

24日上午，季加铭以一局集团胸科医院扩建、小汤山传染病医院抢建两个项目总指挥的身份，陪同北京市领导刘敬民、阳安江，以及市建委主任刘永富等人到北京胸科医院工地检查工作，随后便去了小汤山工地。这一去，就是七天七夜。

24日下午，北京市副市长刘志华与总后勤部王谦副部长带领一批军事医学专家来到施工现场。他们给这个医院进行了明确定位：这个医院第一要符合国家一级医院的标准，第二要符合传染病医院的标准，第三要经得起世界卫生组织的检查。这个工程代表了中国政府防治“非典”的一个重大决心和措施，一定要把它建成一个正规的传染病医院。

根据专家的要求，每个房间内均设有卫生间及洗浴系统；为方便病人出入，房间不留门槛；为防止医护人员被传染，治疗区内设有医护人员专用通道，将其与患者彻底隔离。原来建的是临时病房，现在要求改为标准病房，这样病房里就要有通风、上水、下水、热水、电话、电视，标准提高了，工作量增加了。

25日上午，上任仅仅12天的北京市代市长王岐山和总后副部长王谦一同来到小汤山工地。王岐山看到夜班的工人躺在草地上休息，非常感动地说，要保护好工人的身体健康。当晚，4 000条毛毯、5 000箱矿泉水紧急调送工地。

王岐山等领导在现场召开办公会。参加会议的有市建委、市规委等有关职能部门领导和参加工程的六大集团领导。王岐山在会上再次强调了这次防“非典”形势的严峻性，传达了中央领导对小汤山工程的指示精神，同时说：“我们作为地方政府，一定要在最快的时间里完成工程，交给部队使用。”

这时季建铭才知道，这个医院将由军队接管使用，1 000个病人，1 200名医护人员，加上其他安全保卫和后勤保障等人员，总共将进驻4 000人。

王岐山强调指出：“小汤山医院的建设问题，要能经得住世界卫生组织的检查，要达到这样的质量标准：环境卫生，包括风向、污水处理、垃圾焚烧等，这一系列问题全部都要考虑在内；还包括所有医护人员的休息、隔离方式，所用的器具、用品全部都要考虑。虽然形势紧迫，但是，我们不能违背科学精神，小汤山医院要以科学为前提，来决定我们接收病人的进度和数量。我们要坚决地扭转医院成为传染源这种不利的局面。”

王岐山宣布成立由北京市刘志华副市长为首的现场指挥部，要求各大集团必须由一把手坐镇现场，指挥本公司的施工，并要求他们在下午研究出一个最后的完成时间。

王岐山走后，刘志华副市长召集六大建筑集团领导开会，严肃宣布：“小汤山医院一定要在30号晚上10点具备接待病人的能力。各单位一把手负责，如项目不能按期完成，建议市委把你们撤了，同时降你们企业的资质，不让你们在北京接揽建筑施工项目。这次是对北京建筑业的检验！”

晚上6点，北京市委书记刘淇召开北京防治“非典”工作小组会议，向中央汇报，立下军令状：小汤山医院一定要在30号晚上10点具备接待病人的能力。

据说，温家宝总理此前曾给王岐山代市长打电话：“你还能坚持几天？”

王岐山回答：“根据现在疫情的发展趋势，大约还能坚持五到十天。”

温总理说：“好，给你五天时间。五天以后，中央军委将调遣1 200名医护人员支援北京。”

这将是新中国成立以来我军最大的一次医护人员紧急调动。从25日到30日，正好五天。

参与建设任务的六大集团的老总们，此时此刻才明确知道了小汤山传染病医院建设工程的定位。扩建工程开始定位不明确，任务不明确，为中建一局后来的组织指挥带来了一些影响。季加铭开始还鼓动大家说：“弟兄们，就三天，挺过去就完了！”现在看来，三天是绝对完不了的。

这个工程的最大难处不仅是事先没有设计图纸，建筑材料也非常缺乏。这样大的工程，又要在这样短的时间内完成，建筑材料的供应是个大问题。在所有的建筑材料中，只有建筑东区病房的彩钢板和门窗由市建委统一组织供应，其他材料全部由各施工单位自行解决。季加铭不得不连夜派出几十个人，满北京找材料。但是，大部分的建筑材料供应商都是外地的民营公司，北京发生“非典”之后，他们中的很多人早已“逃之夭夭”。那些在改革开放中显得非常活跃的民营企业，在国难当头之时，成了一盘散沙，政令在他们中间难以畅通。

郭宏若对此大发感慨：“关键时刻，还得靠解放军，还得靠国营企业！”

季加铭更是感慨万千：“我们这帮兄弟们，个个是好样的！”

是的，只要是工程需要，中建一局各公司要人上人，叫几点到就几点到，没有人讲条件；要材料给材料，要多少给多少，没有人讲价钱！各公司早已实行独立经济核算，每一分钱都关系到个人的利益，而此时，大家早把个人利益放到了脑后。

施工现场非常艰苦，没水喝，吃饭要从丰台总部运输，工程24小时不停，早晨、中午、晚上、半夜，一天要送四趟盒饭，每盒饭15块钱，工地上一局人员最多时达2 000多人，每天光吃饭平均要花六七万元。

还有施工难度。因为这个病区扩建要在七天内完成，要做建筑，做系统，做装修，做室外工程，做管道，整个工地到处是沟。一局东区的病房被夹在中间，开工又晚，车进不去，所有的建筑材料都是人背进去的，因此给工人格外增加了劳动强度。杨春山带领大家三天三夜不休息，工程进度终于赶上了兄弟单位。

就在胜利向他们招手的时候，现场指挥部把季加铭叫了去。刘永富主任对他说："我还得再派一部分任务给你。"

季加铭很干脆地说："行。"

指挥部又给一局追加了后勤区、病危区、护士通道、4个风机房等工程。这样，从当初50个盒子房（1 000多平方米）增加到5 000平方米，总建筑面积排在六大集团的第二位。季加铭担心他的队伍吃不消。但是在这个关键时候，他不能讨价还价，现场这么多北京市的队伍，领导把任务加给他，是对他的信任，不能让领导失望。他一点没犹豫，干脆地回答："没问题！"

走出指挥部，他马上开始调兵遣将，又从三公司和安装公司抽调了几个项目经理，每个项目经理带一帮工人，马上到现场支援。此时，由杨春山带到现场的第一批人员已经有些支撑不住了，但是没有人叫苦。

"去了那个工地，感觉就得拼命，没有理由不好好干。"杨春山事后回忆说。

这大概就是人们常说的那种"从众心理"，现场气氛让你不由得冲动忘我，人的体力和耐力总是有限度的，特殊氛围中，精神的力量可以延伸生理耐力，自然而然成为拼命大军的一员了。

作为战役指挥员的季加铭，看到自己的部下累得疲惫不堪，给奔波在其他工地排查疫情的郭宏若打了个电话："老兄，你来看看我们吧，太累啦。"事后，郭宏若说："开始，我对小汤山工程真没有太在意，接到季总的电话，我很惊讶，认识他20年了，什么样的大工程没干过，从没有听到他说过累字。我马上赶到现场，那场面，那声势，那速度，再看看我们的员工，这是干活吗？是拼命。我这人感情并不丰富，当时却像个女人，心里有种酸酸疼疼的东西。后来的四天里，我又去了两次。最后一次被解放军战士挡在外面，里面施工已近尾声，军队开始正式接管了。"而季加铭对笔者谈的却是深刻反思："如果先期就知道这么多任务，我就是另一种用兵方法了！"

季加铭的"中建一局指挥部"一开始设在小汤山疗养院的一间房子里，第三天，部队接管了疗养院，要进行消毒和人员培训，就把他们“撵”了出来，就连刘志华副市长的指挥部也不得不搬迁。

季加铭后来在外面找了一块空地，用钢管和编织袋搭起一个帐篷，把“中建一局指挥部”的牌子挂了上去。季加铭和杨春山在这个四面透风的简易帐篷里，一直坚持到最后。

指挥部的全部家当是几张桌子，没有电话，与外界联系用手机，工地上指挥用对讲机，在现场，就放开嗓子喊了。

施工机械的轰鸣声，建设者们的呐喊声，汇成了一部昂扬的交响乐，在小汤山的上空回荡。几千工人风餐露宿，轮班鏖战，场面十分感人。

《建筑市场报》记者到现场采访，他感觉自己像个多余的人，因为没有一个人有时间有心情接受他的采访，每个人看上去都是那么忙，现场看上去也有些乱，工人们像蚂蚁搬家似的熙熙攘攘，行色匆匆，可是又显得有条不紊，速度惊人。他在一篇文章中写道：“眼睛眨上几眨，工程就已经是另外一个样子了。”

把温暖送到工地上

“非典”的恐怖气氛在北京蔓延，市民们见面，已将握手改为作揖，大家忙着打针吃药，甚至还出现了抢购风潮。

一局董事长郭宏若不打针也不吃药，因为一局在全国一共有 300 多个工地，仅北京的 148 个工地上就有近 4 万工人，没有条件给大家打针吃药，想买也买不来。郭宏若说：“你领导干部打针吃药了，到工地上慰问就没有说服力。”

4 月 22 日，郭宏若到工地慰问，他第一站就来到最先发生疫情的新城国际工地。别人拦着不让他进，说有危险。他发脾气了：“不进去我来干什么？”

进了工地，项目上的很多人不敢和他握手，他就主动上前把人家的手抓过来，还在他们的手上搓几下，动情地说：“你们辛苦了！”

年轻的项目经理刘立新握着董事长的手，什么也说不出来。自从工地发生疫情，他经历了太多的磨难，很多人就像躲避瘟疫一样躲避他们，董事长不但来看大家，还和大家亲切握手。非常时期“握手”，有着非常的意义，他知道，却说不出来。

事后有人劝郭宏若:“你还真把自己当人物啦，也适当注意点。”

他说:“在战场上，共产党讲的是‘跟我上’，国民党讲的是‘给我上’，我是共产党的党委书记，这时我再不给大家点信心，那不都成洪水猛兽了？把人都吓死了！”

有人问:“你真的不怕死？”

他坦率地说:“说不怕死是瞎话。我在会上说，生命固然珍贵，责任重于泰山。这不是随便说的。咱是干这个的，得身体力行。我们集团每个领导都亲临一线。”

是的，除了季加铭坐镇小汤山，其他集团领导班子成员如副总经理焦润明、纪委书记刘绍文、工会主席丁顺龄等，都深入到一线工地检查工作。

在一份一局党委工作部提供的焦润明从4月19日至5月4日的工作时间表上，记录了他这些天去过的地方。他除了参加两次会议，每天都在工地上，有时一天要跑三个工地。与此同时，他还参与了协助季加铭为小汤山和胸科医院寻找调剂建筑材料的工作。

领导者的忘我工作精神，给广大一线员工带来很大鼓舞。

4月26日，郭宏若和季加铭同时出现在小汤山工地上。郭宏若是来慰问他的公司员工和上千名民工的。郭宏若和季加铭两个站在一起，反差极大，让人感到有些滑稽。郭宏若又高又胖，季加铭则又矮又瘦。

郭宏若膀大腰圆，戴一副近视眼镜，满脑智慧，满腹经纶。他本是一局培训中心的主任，同时兼任好几所大学的客座教授，他的兴趣和爱好是著书立说，也曾出版过好几部专著，他不喜欢当领导“整天开会处理那些没完没了杂七杂八的乱事”，可是他误打误撞竟当上了一个集团公司的董事长、党委书记。他工作上大刀阔斧，言谈中坦荡率直，再加上他人高马大，线条粗犷，如果把眼镜摘下来，一定会被人误以为是个“干粗活儿的”。

而身材矮小的季加铭精明强干，用小品演员潘长江的话说，是浓缩了人生精华。他看上去更像个知识分子，实际上他才是个真正的“干粗活儿的”出身。他是从技术员、项目经理、公司经理一步步走到集团公司总经理的领导岗位上来的。

这两位看上去反差极大的“哼哈二将”，却是中建一局的最佳搭档。在这个非常时期，他们之间似乎达到了一种无缝隙的合作境界，面对任何复杂问题，需要定夺时，他们处理起来的决心、方法甚至语气都如出一辙。如果经意一些，会隐约发现，他们做人做事做官有一种极为相似的追求，那就是“大道自然”。笔者想：这两位党政一把手的坦荡胸怀和高度默契，真是一局集团几万员工的幸事。

多了一句嘴，多了一项活

小汤山医院的扩建工程是在特殊时期按特殊方式突击抢建的，很多问题是施工过程中发现和改善的。

4月26日，季加铭发现医院所有的房间没有空调，就和指挥部领导开玩笑："这地方没有空调，进了病人，一半给吓死了，一半给闷死了。"

指挥部同志说："医生说了，发高烧的人不能吹空调。"

季加铭说："可能不行，这种盒子房，太阳一晒就透了，屋里和桑拿室一样。医生护士穿那么多衣服，谁受得了？"

指挥部同志觉得有道理，就说："马上找部队专家问问，免得返工。"

找医院的领导一问，果然要装空调。

多一句话多一项活。

4月27日凌晨4点，现场指挥部召开会议。中建一局去参加会的是一个项目经理。会上，在谈到热水系统时，他提出了关于热力管道的施工问题，市建委副主任陈永说："行，这活就给你干了。"

项目经理回来对季加铭说："季总，指挥部又给我们压了个任务，450米热力管道。"

现场指挥问是怎么回事，听他说了起因，骂他："他妈的，就你多嘴，又多了一项活！"

项目经理为难地说："时间这么紧，活这么多，哪还做得了？"

季加铭说："热水你不用管了，我叫安装公司干。"

季加铭给安装公司打电话，要求他们抽60个人，上午10点到达现场。安装公司副总经理宋志才接到命令，立即从北京邮电大学工地抽调精兵强将，准时赶到小汤山工地。

李秀平是整个保温施工队伍中唯一的女将。她既要组织施工，又要检查工程质量，还要提醒大家注意安全，忙前跑后，两天两夜没合眼。

整个热力管道均采用高架铺设，管道外要用橡塑保温，还要缠布，为符合消防要求，下面要能通过消防车，工程量很大。李秀平率领员工奋力拼搏，终于圆满完成热力管道铺设任务。

29日下午6点，离最后交工时间还有一天，季加铭又接到指挥部通知，还要增加120米的热水管道。这时候，工地上所有的材料都用完了，安装公司也没有备用材料。季加铭马上给手下的三个钢结构公司的经理打电话，要他们立即赶到小汤山。五公司的钢结构公司经理杜鸣先到。季加铭问他："有没有槽钢？"

"有。"

季加铭带他到热力管道支架下面，说："就这样的，120米，明天早晨7点钟送来，能不能做完？"

"能。"

"你马上回去办！"

这时，二公司经理来电话，说他马上就到。季加铭说："你来晚了，你回去吧。谁先到，谁的时间就充裕，任务就是谁的。"

第二天早晨7点，杜鸣经理按时把槽钢送来了。每根槽钢有8米长，地面挖得稀里哗啦，进不去吊车，只能用人抬。30名工人分两边密密麻麻排起来，老远看去像蜈蚣一样，下面有数条腿在移动。

至此，中建一局承担的工程总量已排在参加小汤山建设的六大集团之首。

最后冲刺

工程接近尾声，本来一切很顺利，就在这个时候，一件意想不到的事情发生了。

29日下午6点钟，刘志华副市长召开紧急会议，严肃指出，军方一位护士长认为，中建一局负责安装的西区病房地板不合格，说是担心SARS病毒渗透，要求30日中午12点之前把它换了。

"西区要提前移交。你如果不合格，病人就进不去，不能因为你这种情况影响了其他盒子房进不了病人。"刘志华副市长批评说，"你们这是擅自修改设计。"

季加铭已经几天几夜没合眼，听到这几句话，似当头挨了一棒，一下子蒙了。

时间紧迫，正是火烧眉毛的时候，所有的人脾气都变得急躁和火爆。

刘副市长越说越生气："你这个不合格，我只能把它废了。这栋不进病人，也不能影响我其他五栋进病人！你一局能不能干？不能干，你现在可以撤出去！"

季加铭听不下去了，"腾"站起来，推门而去。出门之前听见刘永富主任接过去说："这个事责任并不完全在一局……"

季加铭离开会场，直接去找军方的护士长，他觉得有些冤枉："你们在设计上一直没有统一要求。这个房子是我们临时拆下来的，是根据现有的结构条件来做的。下面是槽钢，如果把槽钢拆了，会对结构造成影响。现在厕所铺的是地砖，病人房间铺的是 PVC 地板革。当时我们征求过设计人员和质量监督总站领导的意见，一直到验收，没有一个人提出这个材料不合格，也没有人告诉我们什么标准，直到今天院方才提出来，我们感到非常棘手。如果把这个房间拆了重新铺地板砖，没有两天时间做不完。"

护士长听过解释，想了想说："这样吧，有一种耐酸耐碱医院专用的进口 PVC 地板革，你们找找看。"

季加铭咬了牙说："行。"实际上原来铺的就是 PVC，只不过不是医院专用的。

季加铭马上布置人到处打电话寻找这种材料。

29 日晚上，工地上下起大雨，气温下降，工人冒雨施工。季加铭和杨春山非常担心工人感冒，如果有人发烧，即使不是"非典"，也会把民工吓跑的。幸亏没有发生一例发烧感冒。这场雨对工程质量也是一次检验。中建一局所建的房子，经受住了风雨的考验。

距离 30 日下午 6 点，已经不足 24 小时了。在工地上坚持苦干几天的管理人员和民工，由于疲劳，人都傻了，木了，工人动作迟缓，管理人员也看不出问题了。有人建议，休息一下，第二天早晨重新再干。季加铭说："不行，这个是馊主意，只要躺下，就再也起不来了。"

凌晨 2 点，季加铭召集项目经理开会，他说："现在不是论苦劳讲辛劳的时候，和打仗一样，不管死多少人，那只是过程，山头没拿下来，就不是胜仗，说破了天，没有好的结果，过程再辉煌也没价值。今天你们就是壮烈了，也得扛过去。谁也不能睡，扛也要扛到天亮。"

一个项目经理哑着嗓子说："明天晚上 6 点交工，如果差一点，是判我们死刑还是死缓呢？"

季加铭掷地有声："那只有死刑，没有死缓。"

其实，季加铭已经开始组织调动替补队伍，因为最先上来的那一批人，体力极度消耗，必须强制撤下去休息。30日晚上6点，是最后的时间界限，部队开始戒严，施工现场封闭，所有的人只准出去，不准进来。从早上2点多钟，到晚上6点，还有10多个小时，可是还有这么多活，就目前这种状态，肯定完不了，必须调整方案，才有可能在十几个小时里完成所有未完成的工程。

中建一局的工地上有两名青年突击队的队长，一个叫张毅民，一个叫赵谦。他们都是被杨春山第一批紧急调来的。张毅民上工地前穿着西服扎着领带，没来得及换，一干就是五天五夜，只睡了五个小时，一身西服满是尘土，领带早不知跑到哪儿去了，脸晒得黑黝黝的，头发乱蓬蓬的，嘴唇干得直爆皮，嗓子哑了，打电话得用扩音器，不然对方听不到，最后走路都直打晃。赵谦是公司有名的帅小伙儿，平日里风度翩翩，可是在小汤山工地上，几天熬下来，人已变得面目全非，脸上没了光，头发没了型，一晃头，哗哗直掉尘土渣。作为突击队长，不但没时间睡觉，甚至连坐下来休息的时间都很少，他和张毅民一样，累傻了。季加铭看在眼里，心疼。

这时，同样疲惫的建委主任刘永富找到季加铭："刘副市长也是着急，你别往心里去。"

季加铭心里还有气："你来安慰我？你以为我会摔耙子？"

刘永富说："加铭啊，明天12点之前，你把地板革换了。我给你顺延点时间。"

季加铭语气很坚决："我已派了很多人，在全北京各大医院找这种材料。据说这种材料是从德国和日本进口的。而且这东西只有期货，没有现货。刚才在河南郑州找到一家，但是要运到北京，肯定来不及。如果我能在今天凌晨5点钟之前，在北京找到这个材料，我可以在中午12点之前把房子交给你。"

刘永富担心地问："如果找不到怎么办？"

怎么办？季加铭没有回答。他知道，刘永富已有两周没回家了，除其他公务，他每天穿梭在北京胸科医院和小汤山工地，自小汤山工程开工后，他每天现场办公到深夜。还有市建委副主任陈永、委员孙乾带领建委干部，一直坚守在工地进行现场指挥。还有刘副市长，每天开好几次会，研究各种问题，这些政府官员们也不容易啊！

想到这些，他反过来安慰刘永富说："你放心，别人能完，我也能完。"

凌晨3点，季加铭得到消息，他的部下终于在北京儿童医院找到了从日本进口的PVC地板革，他们的存货正好可以满足工地的需要。季加铭立即下令四公司、装饰公司连夜把材料送到现场，把所有的管理人员挨家挨户叫起来，把工人从床上叫起来，马上到工地上来，重新更换地板革，中午12点之前必须完成。

从凌晨4点到中午11点，只用了七个小时，就把西区病房1 200平方米的地板革全部换完了。按照正常的进度，起码要铺一天半到两天。

现场几乎所有的人都被中建一局的速度惊呆了。其实一局这些建设者自己也很惊讶，没想到他们能在这么短的时间内完成这么大的工程量。

刘永富找到季加铭，说："刘副市长找你，你怎么把手机关了？"刘永富告诉季加铭，刘副市长对他说："昨天我那样跟季总说话不太合适吧？"

季加铭把杨春山派去向刘副市长汇报。刘副市长对杨春山特别客气，说他对中建一局的工作非常满意。

医院方面也非常高兴，更换地板革后，整个病区成了医院最高级的病房，耐酸耐碱，整洁美观，而且造价是一平方米300元，铺地砖才一平方米100元。后来香港卫视台的记者来采访，拍的就是他们建的病房。

第二天早晨7点，三个项目经理，带领五百生力军，全部到达小汤山，开始了最后的攻坚战。季加铭命令张毅民："你带着你所有的人回家休息。"

张毅民知道，他们的体力已经到了极限，不能在这影响工程进度，只好服从命令离开现场。回到家里换衣服时，才发现衬裤和袜子已经粘在腿上，不小心一扯，鲜血直流。在工地上几天不脱衣服，他也不知道是什么时候受的伤。记者采访他时，伤口已经结了疤。他风趣地说："这个疤痕很有纪念意义。"

两个青年突击队撤走以后，一局在这个项目上还有2 000人。

杨春山是第一个到达小汤山施工现场的人，但是，作为现场的总指挥，撤不下去。他46岁，已经不年轻，连续几天不睡觉，他也快坚持不住了，但是工地上不能没有他。季加铭管两个工地的总协调，负责调兵遣将；而小汤山工程进度和质量，就落在他身上了。真应了一句话，他们两个，一个都不能少。

因为工地是混乱而壮观的，因为工序是多头并进的，因为材料的进场是人扛肩背的，所以现场指挥的负荷是超常规的。因为疲劳，因为说话太多，因为电话太多，因为心里有火，尽管每天金嗓子喉宝不离身，杨春山的嗓子还是哑了，后来一点声音都发不出来了。可他是现场总指挥，又必须要不断发指令。不能说就写纸条，有时还得季加铭帮他传达。季加铭开玩笑说："现在我当杨总的话筒吧！"

小汤山，建筑史上的奇迹

经过7 000名建设者七天七夜的艰苦奋战，整个工程于4月30日竣工交付使用。

经市质量监督总站抽查，工程质量总体较好。小汤山一役，创造了中国建筑史上的奇迹。中建一局受到建设部、中建总公司以及北京市的表扬和表彰……

4月30日，国家建设部向全国建设部门和施工企业发布通报，表彰参建单位和北京市建设系统广大职工，称他们在抗击"非典"斗争中团结一心，风餐露宿，昼夜奋战，不怕困难，敢打硬仗，为北京市防治"非典"工作作出了积极贡献，谱写了一曲弘扬中华民族精神的凯歌。通报号召全国建设系统的广大干部职工向他们学习，学习他们时刻把人民的安危放在心上、对人民高度负责的精神；学习他们敢打硬仗、不怕困难、迎难而上的精神；学习他们不辞辛苦、连续作战的作风；学习他们在突发事件面前振奋精神、高扬正气、团结一心、众志成城的气概。

5月6日，中建总公司党组决定，对中建一局党委进行表彰。决定号召中建系统各级党组织、领导干部、全体党员向他们学习。

有一首歌这样唱道：

经过多少坎坷沧桑，
我们依然真诚执著；
走过多少艰难岁月，
我们仍然豪情万丈……

这也是小汤山建设者精神面貌的真实写照。

中建总公司的司歌《中国建筑之歌》这样唱道：

中国建筑有力量，
建起路桥追太阳。
中国建筑豪气壮，
建起高楼揽月亮。
天南地北转战场，
脚手架上写辉煌。
万千广厦仰天唱，
神州大地添新装。
追太阳，赶月亮，
我们是中国的钢铁脊梁！
这也是中建一局广大职工的心声。

（选自2003年第7期《报告文学》，有删节，作者：李忠效）

飞天梦

2003年10月15日，我国自主研制的“神舟五号”载人飞船成功发射，杨利伟成为浩瀚太空中的第一位中国访客。“神舟五号”飞船围绕地球飞行14圈之后，于10月16日6时23分顺利返回地面。全体中华儿女都为伟大祖国取得这一辉煌成就感到荣耀和自豪。

戈壁滩的雄健强音

在酒泉卫星发射中心的边缘，我们的祖先曾在举世闻名的敦煌壁画中描述了神奇的飞天梦想。当时光进入1999年，“飞天”破壁而出，中国的第一艘载人航天试验飞船诞生，江泽民同志亲笔为飞船题写了“神舟”二字。

1999年11月20日，就在杨利伟加入航天员大队还未满两年时，“神舟一号”飞船首次起航，飞船返回舱于次日在内蒙古自治区中部地区成功着陆。这次发射全面检验了载人航天工程七大系统的功能以及各系统之间的匹配性，形成了一套完整科学的组织指挥模式，改进并完善了测试发射工艺流程。尤其是发射场系统，首次采用了在技术厂房对飞船、火箭联合体垂直总装与测试，垂直整体运输至发射场，进行远距离测试发射控制的新模式。我国在原有的航天测控网基础上新建的符合国际标准体制的陆海基航天测控网，也在这次发射试验中首次投入使用。飞船座舱内还放置有一个高1.70米左右、身着航天服的形体假人，身上装了许多传感器，用于收集返回舱在太空中的温度、湿度、氧气等各种试验数据。

“神舟一号”飞船还不是一艘正式的无人飞船，它只是一艘处于初级技术状态的电性船，但它的试验飞行成功，为中国的载人航天工程理清了一条思路：研制、发射、测控、回收……

这次完美的飞行，化解了中国航天人在长达 7 年的探索历程中承受的艰辛与忧虑，极大地鼓舞了全体参试人员的斗志和热情，也给正在进行艰苦训练的航天员们以极大的鼓励和鞭策。

一年多后，“神舟二号”飞船于 2001 年 1 月 10 日发射升空。这是我国第一艘正样无人飞船，进一步检验了各系统的工作性能。其中，飞船环境控制与生命保障分系统工作在这艘飞船中全面展开。飞船在轨飞行 7 天后，开始返回地面。美国的一家报纸发表评论说，随着中国成功发射“神舟二号”飞船，中国古老的飞天梦想将不仅仅是传说，中国航天员离飞天的日子更近了。

2001 年 9 月 30 日，“神舟三号”无人飞船进场。这次试验完全按照载人的标准实施，飞船技术状态与载人飞船基本一致。但是，测试刚进行到第三天，工作人员忽然发现飞船船舱插头有一个点不导通。尽管这只是所有同类插头 2 000 多个点中的一个，但考虑到“神舟三号”飞船要严格考核飞船的载人性能，指挥部经过慎重考虑，决定拆换飞船内所有同类插头，为此付出了巨大的代价。载人航天工程七大系统也以此为契机，展开了一场翻箱倒柜的“质量归零战”。中国空间技术研究院发现，正在生产的用于首次载人航天飞行的“神舟五号”飞船也出现了一个人为错焊问题。研究院没有去改正焊点，而是将这艘飞船作为警示放在厂房里。这些都说明了工程技术人员对载人航天工程的严格程度，而且极大地教育了全体参试队伍。为了用中国人自己制造的飞船将中国的航天员送上太空，再大的压力也要承受。“神舟”飞船试验到后来十分顺利，跟付出的这些代价是分不开的。

2002 年 3 月 25 日，因故推迟了三个多月的“神舟三号”飞船成功起航。时任中共中央总书记、国家主席、中央军委主席的江泽民亲临发射场，坐镇指挥飞船发射。“神舟三号”飞船搭载了人体代谢模拟装置、拟人生理信号设备以及形体假人，定量模拟航天员呼吸和血压等重要生理活动参数，并进行了微重力环境下的空间生命科学、空间材料、空间天文和物理等领域的实验，取得了大量数据。4 月 1 日，飞船在轨运行 7 天后，返回内蒙古四子王旗主着陆场。“神舟三号”轨道舱继续留轨运行 180 多天，成功进行了一系列空间科学实验，圆满完成了所有的预定试验项目。

2002 年 12 月 30 日，“神舟三号”飞船成功发射仅仅 8 个月后，“神舟四号”飞船发射升空。按照预定飞行轨道，飞船环绕地球飞行 108 圈，历时 6 天零 18 小时，行程 540 余万千米，完成一系列空间科学和技术实验任务后，于 2003 年 1 月 5 日返回地面。这艘飞船除没有载人外，技术状态与载人飞船完全一致。“神舟四号”飞行中，先后进行了对地观测、材料科学、生命科学实验及空间天文和空间环境探测等各项任务。“神舟四号”飞行试验的圆满成功，标志着我国载人航天工程无人飞行阶段的结束和载人飞行阶段的开始，标志着我国空间科学研究和空间资源的开发进入了新的发展阶段。

选拔大幕拉开

2002年10月17日，中央专委召开会议，原则上同意在2003年按照“1名航天员、飞行1天”的方案实施首次载人航天飞行任务。胡锦涛总书记强调指出，载人航天工程是我国2003年最重大的科研实践活动，一定要高度重视，精心组织实施。一个民族的千年梦想，几代中国人的希望，几十万航天人十多年来殚精竭虑、呕心沥血的努力和期盼，就要在不久的将来成为现实。

中国载人航天工程总指挥部接到命令后，接连召开了三次工程总指挥、总设计师参加的联席会议和各种工作会议及技术协调会议，针对任务准备工作的特点和前四次无人飞行的成功经验及所暴露的问题，对首次载人航天飞行任务做出全面、详细的部署和安排。时任中央军委委员、总装备部部长、中国载人航天工程总指挥的李继耐上将在会上宣布：我国首次载人航天飞行将于2003年10月份实施。

苏联首次载人航天飞行是“1人1圈”，美国首次载人航天飞行是在亚轨道飞行，我们虽然完全具备了“2人7天”的能力，但为了稳妥可靠、万无一失，总指挥部决定，首次载人航天任务按照“1人1天”、“白天发射、白天回收”的方案来实施。

2003年春节刚过，中国航天员大队的气氛变得紧张起来。结束了五年多的学习训练，航天员们即将面临“毕业考试”。这是航天员大队成立以来最重要的一次考评，它将对每个人从思想、学习、训练、医学评价等诸多方面进行全面综合的考评，然后根据考评成绩进行首飞航天员梯队的选拔。

俄罗斯的一位航天员教练员曾说过这样一句话：“航天员经过大量的训练，最后机会总是属于少数人。”中国航天员大队何尝不是如此？这支队伍成立以来，也一直不可避免地存在“竞争”。最初的体检在争，平时的训练在争，每一次考试也在争，选拔首飞梯队和首飞航天员更是在争。当时，14 名航天员中年龄最大的已经 41 岁，但仍要接受高强度的体能训练，承受各种生理和心理的磨炼，再加上选拔的临近，时间一长，自然感到压力重重。但不管竞争多么激烈，航天员之间有一个共识：选拔是祖国和人民在选择最适合执行任务的航天员，而不是自己争来的。对他们来说，执行首飞任务的机遇人人都是平等的。然而，从 14 人中间选出一人来上天，就意味着其他 13 人要被淘汰，这本身又是件“残酷”的事情。

在那个鲜花盛开的春天，选拔的大幕在这样一种残酷中拉开了。

对中国载人航天工程来说，航天员的价值并不仅仅体现在执行任务上，并不是说没有执行飞行任务就白当航天员了。作为中国第一支航天员队伍，他们每个人在学习训练中都积累了丰富的经验，而这些用智慧和汗水换来的经验都具有极为宝贵的“标本”意义，对国家的载人航天事业来说，意义同样重大。

2003 年春，正当航天员选拔考核工作紧张进行时，一场突如其来的“非典”疫情以迅雷不及掩耳之势，从南至北迅速蔓延。

在党中央、国务院、中央军委的正确领导下，全国各族人民万众一心，投入到共同抗击“非典”这场没有硝烟的战斗中。为了增强全国人民团结一致与病魔抗争的信心，也为了保证首次载人航天飞行任务的顺利进行，2003 年 5 月 9 日，中国载人航天工程指挥部宣告：“神舟五号”载人飞船将于 2003 年 10 月如期发射！

当时，全国人民最关心的问题就是“非典”疫情何时结束、飞船何时飞天，这条新闻一播出，无疑是中国航天人向全国人民表了态。这既是对全国人民的承诺，也是对全世界的承诺。

淘汰率为“零”的奇迹

航天员长达五年的学习训练中，经历的大大小小的考试有 100 多次，但 2003 年春天进行的这一次事关执行首飞任务人员的选拔，因为还要对每位成员是否能继续航天员生涯作出评价，所以引起了所有人的高度重视和关注。为了把五年来的学习训练效果客观、真实、不留遗憾地展示出来，航天员大队几乎进入了“一级战备”的状态，夜晚的公寓又一次亮起了盏盏“长明灯”。

这是一场不包含任何感情色彩的考试。首先进行的是笔试。从最大的原则到最小的操作步骤，三个小时的笔试无所不及。考试除了笔试是共同试卷之外，口试和操作都采用抽题的方式。口试既要考察每个人的语言表达能力，也要考察对专业的熟悉程度。面对由十多名专家教授组成的评委会的提问，大到飞行要素，小到航天食品的吃法、航天服上橡胶绳的缠绕方法，航天员都必须对答如流，不出差错，并画出流程图做讲解。

最主要的考核在模拟器中进行。考核重点针对航天员对飞行程序的判断、处理和操作来进行，有些像实战演习。其中，应急故障程序是随机的，"故障"出现后，时间衔接非常紧，容不得思考就要做出正确判断，及时排除故障。在有限的时间里，手、眼、脑，哪儿慢了都不行，反应不及时就会面临更大的故障，导致整个考试失败。就拿"舱压显示失控"这一项来说吧，发生这种故障有几种可能性。如果是泄压阀失灵，从判明故障再到处理，涉及的数据、元件、操作动作有几十个，完成时间只有几分钟；如果是数据通路失效，要涉及 35 条指令、50 个手动操作，任何一点疏漏都将是致命的。

在最后阶段的专业技术考核中，为了考察航天员的自信心和心理素质，教员设置了许多的故障"陷阱"，每一次杨利伟都能冷静判断，从没有失误。每次考核结束，教员都要问杨利伟："操作有没有失误？"杨利伟对自己的操作是有把握的，他总是自信地回答："没有失误！"每到这时，教员们都会惊讶于他的镇定与自信，满意地点点头。

当然，这些仅仅是从专业技术方面进行的考核，真正对航天员的训练情况做出评判，还要综合更多的因素。为此，考评委员会分成政治思想、专业技术和心理、医学评价三个小组，通过复核试卷、回放录像、综合各界意见，评价小组用了整整半个多月的时间，对每位航天员都作了全面准确的评价。

根据我国载人航天的计划，载人飞行任务的密度不大，是用不了 14 名航天员的，当初之所以选拔了 14 个人，主要是考虑到了"淘汰率"的问题。美国和俄罗斯在航天员训练过程中的淘汰率一般为 50%。借鉴国外的经验，指挥部决定，在最后的评定考核中，不合格者将被淘汰。

2003 年 7 月 3 日，中国载人航天工程指挥部航天员评选委员会经过严格公正的评定，最终揭晓了考评结果：

经历5年零6个月、3 000多个学时的拼搏，14名航天员全部具备执行载人航天飞行任务的能力，予以结业，并获得三级航天员资格。

这一结果，标志着我国已建成了具有中国特色的航天员训练体系，成为世界上第三个能够独立培养航天员的国家。更令世界航天界感到无比震惊的是，中国的航天员大队创造了训练淘汰率为“零”的奇迹。

祖国的利益高于一切

14名航天员虽然都顺利通过了考核，但由于执行任务的人数有限，决定了尽管他们都拥有上天的勇气和能力，却很可能没有执行任务的机会。这1/14会是谁呢？选拔开始之前，大家只是在潜意识里憋着一股劲，暗自努力着。随着任务的临近，他们之间的竞争意识愈加明显，也愈加强烈，每个人都在暗中使劲，努力表现出最好的状态。这就使得在选拔中，心理素质变得异常重要。为此，心理教员们运用了多种方法来对航天员进行心理辅导和训练。其中，意志、情绪稳定性方面的品质主要在平时进行的联合演练、射击、水上出舱、野外救生、跳伞等训练中观察。考试的时候，很多题目是书本上没有的，教员在暗中观察每个人抽到题时的第一反应，有时还会故意加大难度来增加他们的心理压力。比方说，在大型联合演练中，有首长要去观摩，这时航天员的心理就会产生压力；口试时，面对决定命运的评委，教员把录音笔摆在他们眼前、把摄像机镜头架到他们面前，故意构成压力环境，观察他们的情绪和认知能力是否会因此而受到影响。最终将他们在有压力情况下的操作和在没有压力情况下的操作进行对比，如果谁存在记忆不够全面准确、心里没谱等问题，就会在这个过程中表现出来。教员们及时掌握情况，再根据每个人的不同特点来分头辅导，让他们了解情绪变化的规律，最终表现出由里到外的自信。

首飞梯队的选拔工作由航天员评选委员会组织实施，成员是中国载人航天工程指挥部的决策者以及北京航天医学工程研究所的领导和专家。

从 2003 年 7 月开始，评选委员会根据首次载人航天任务的需要和考试成绩排名，进行了第一轮遴选，从 14 名航天员中选出 5 人。在前五次模拟程序考试中，杨利伟的成绩分别是 99.5 分、99.7 分、100 分、100 分、100 分，排名第一，顺利入选。

紧接着，被选出的五名航天员接受了近两个月的强化训练。强化训练的内容完全按照首次载人航天飞行任务的特点和要求而设置，更具有针对性，也更加严格。

在强化训练中，杨利伟的专业技术综合考评成绩始终名列第一。在第二轮“五进三”的选拔中，经过无记名投票，他和排名第二的翟志刚、排名第三的聂海胜两位战友入选了“首飞梯队”。

在中国的航天界，首飞梯队的产生并没有引起太大的震动，在所有人的眼里，他们中间没有失败者，只是谁先行一步而已。杨利伟说，这就是中国航天员的精神，是“两弹一星”精神在新时期的发扬和光大，在航天员心中，祖国的利益高于一切。

北京的秋天是最美的，结束了难耐的酷暑，人们尽情享受着秋高气爽的清凉与惬意。2003 年秋天的北京航天城里依然静悄悄的。首飞梯队正在进行新的一轮“强化训练”。

在前期的训练，特别在是模拟器训练中，杨利伟做了充分的准备，在五次考试中，取得了两个 99 分、三个 100 分的好成绩，模拟飞行专业技术综合考评再次排名第一。2003 年 9 月 6 日，距离“神舟五号”任务只有一个多月了，李继耐总指挥主持召开了评选委员会会议。根据这个成绩又进行了一次无记名投票。投票结束，虽然没有公布结果，但杨利伟心里充满自信，他觉得首飞航天员可能会是自己。

2003 年 9 月 14 日，14 名航天员来到酒泉卫星发射中心，参加首次载人航天飞行任务最后的训练和选拔。9 月 21 日至 9 月 24 日进行的首飞梯队“人—船—箭—地”合练中，杨利伟按照与实际程序 1∶1 的比例进行，而其他两位航天员的训练程序都进行了一些压缩。训练结束时，杨利伟预感到，自己距离“首飞航天员”又近了一步。

9 月 24 日，航天员们起了个大早，因为他们要在“圆梦园”举行一次升旗仪式。当国歌奏响，14 名航天员庄严地面向五星红旗行注目礼。升旗仪式后，航天员们来到“圆梦园”南侧的纪念林。杨利伟、翟志刚、聂海胜三人和工程指挥部领导一起，挥锹铲土，在纪念林中种下了一棵纪念树。此后，全体航天员们回到北京做发射前最后的训练。

“妈妈，我走了”

随着“神舟五号”飞船发射时间的日渐临近，无论是载人航天发射场还是北京航天城，大战将至的气氛越来越浓烈。责任，使每一个航天人看似平常的工作都变得庄严而崇高。他们夜以继日地为首次载人航天飞行任务进行着最后的冲刺。从2003年7月开始，来自北京、上海等地的指挥人员、技术人员相继进入酒泉卫星发射中心载人航天发射场。发射前的准备工作按照计划有条不紊地进行着。2003年7月19日，太阳能电池帆板完成测试吊装；8月5日，“神舟五号”飞船运往发射中心；8月19日，“长征2号”F型运载火箭抵达发射场；8月24日，火箭完成吊装；9月12日，飞船系统完成整船综合测试；10月5日，火箭和飞船垂直转运至发射塔架……

2003年10月12日，一夜的秋雨让北京航天城笼罩在淡淡的晨雾中。这是杨利伟生命中的一个不同寻常的日子，首飞梯队成员将要暂时离开北京航天城，奔赴酒泉卫星发射中心，中国的首次载人航天飞行任务进入了最后的冲刺阶段。

清晨7点45分，杨利伟和翟志刚、聂海胜依次走出航天员公寓，来到了送行现场。深秋时分的北京航天城，一改平日里的空旷和安谧，杨利伟、翟志刚、聂海胜的家人、战友，以及生活在航天城的老老少少们早早赶来，敲打着锣鼓挥舞着彩旗为他们送行。

航天员大队的全体成员也都来为战友送行。五年前，也是在这个地方，大家为了同一个梦想走到了一起，2 000多个日日夜夜里，他们同生活、同训练，尝遍了登天路上的酸甜苦辣。夙兴夜寐，翘首以待，盼的就是这一天啊。当14双手紧紧握在一起时，大家谁都没有流泪，也没有叮咛，14双眼睛相视而笑，这份笑容胜过了千言万语。

就要离开航天城了，震耳欲聋的鼓乐声开始助威呐喊。“祖国和人民期待你们成功凯旋”“不辱使命，不负重托”，一条条鲜红的标语表达出欢送队伍的祝福，也道出了全国人民的心声。

大约三个小时后，飞机抵达了距离酒泉卫星发射中心几十千米的鼎新机场。与北京的绵绵阴雨不同的是，这里晴空万里，阳光强烈得有些刺眼。前往发射场的路上，杨利伟看到，航天城的入口处，弱水河缓缓流过。在这条以祁连山融雪为源头的河的沿岸，杨树和灌木逐水而生，簇拥出荒漠里的一片绿洲。金秋时节，秋霜将大片的胡杨林变得一片金黄，为弱水河两岸增添了一道金色的风景。

为了配合首次载人航天任务的顺利实施，酒泉卫星发射中心专门为航天员精心设计建造了一座“圆梦园”，航天员公寓“问天阁”就坐落其中。

首飞梯队抵达“圆梦园”时，李继耐总指挥和胡世祥等工程指挥部领导同志已经在门口等候他们了。杨利伟和翟志刚、聂海胜下车后，排成三角队形，向首长走去。人们看到，进入决战时刻的激动在他们脸上并没有显示出任何异常，相反处处透露出一种超乎寻常的平静。杨利伟自信的表情、坚定的步伐中，更是透着军人特有的刚健，他站定后向李继耐敬礼、报告：“总指挥同志，首飞航天员梯队奉命来到发射场执行任务，向您报告。”

“同志们辛苦了。祝你们在发射场任务准备期间身体健康，工作顺利，精神愉快。”李继耐同三名航天员一一握手，和他们一起走进航天员公寓。坐定后，李继耐通报了任务的进展情况：“神舟五号”飞船通过一个多月的测试，已于前一天转运到发射塔架，工程各系统都做好充分准备，万事俱备，只欠东风了。李继耐还说：现在举国上下最关注的就是首次载人航天飞行任务，全国人民都在翘首期盼着这一伟大时刻的到来。首飞任务已到了最关键的时刻，希望大家调整好心态，迎接最后的挑选，完成神圣的使命。

接下来的几天里，发射场已进入最后的临战状态，从每个人庄重严肃的语气、一丝不苟的神态以及热切期盼的目光中，可以明显地感觉到那个神圣的时刻近在咫尺了。杨利伟和两位战友住在“问天阁”里，仍然每天都进行体检和训练。虽然所有的飞行程序已经牢记于心，但没到最后一刻，就决不能马虎，决不放过任何一个细节。在他们心里，还藏着一个没有解开的谜——究竟谁是首飞航天员？

一个没有梦的夜晚

2003年10月14日，是个繁忙而神圣的日子。

这一天，远在大洋深处的“远望号”测量船队到达指定任务海域，参加着陆搜救的陆海空三军就位，三艘大功率远洋救捞船在任务海域待命。

这一天，中国的航天员将首次公开亮相，而且要在三名首飞梯队成员中挑选出一名来执行首次载人航天飞行任务。

这一天，中国载人航天工程指挥部举行紧急会议，根据气象专家的建议，决定2003年10月15日9时正式发射我国第一艘载人航天飞船。

2003年10月14日下午4时，中国载人航天工程指挥部召开了又一次会议。这次具有历史性意义的会议只有一项议题——确定首飞航天员。会议在总指挥李继耐的主持下，经过每一位成员的表态，最后确定杨利伟为首飞航天员，翟志刚、聂海胜为候补航天员。然后，指挥部全体成员郑重地在"首次载人航天飞行任务指挥部决议书"上签名。这时，距离飞船发射只有17个小时了。

这次会议的情况，三名航天员当时并不知道。2003年10月14日下午5时，在"问天阁"举行的"中国首次载人航天飞行任务航天员与记者见面会"上，他们三人还都是以"首飞梯队"成员集体亮相的。

傍晚6时左右，杨利伟从记者见面会会场回到"问天阁"，北京航天医学工程研究所的负责人吴川生同他进行了一次单独的谈话。吴川生走进杨利伟的房间，开门见山地说："利伟，首先祝贺你担任首飞。"杨利伟听到这个消息时，表面上像什么都没发生似的，内心中还是感到一阵无法抑制的激动。但他清楚，这个时候不能太感性了，保持平静的心态比什么都重要。他很快让自己平静下来，对吴川生说："感谢祖国和人民给了我这样一个机会。我一定以一颗平常心去做好准备，完成首飞任务。"

临睡前，杨利伟没有忘记妻子的嘱咐，他给张玉梅打了一个电话，但却没有透露自己成为首飞的事，而是用一种极为平常的语气对她说："我要睡觉了。"后来，张玉梅告诉杨利伟，第二天凌晨1点40分左右，就在杨利伟准备起床的时候，远在北京的张玉梅不知为什么一下子从梦里惊醒了，她突然意识到，执行任务的一定是自己的丈夫！

当一切准备停当，时钟正好指向了20点，到睡觉的时间了。杨利伟躺下后，心想：五年多的训练，自己付出了那么多的汗水，从大的方面讲，是为了去圆中华民族的千年飞天梦想，履行一名航天员的使命，小而言之，也是为了实现自己的梦想，圆梦的时刻就要到了，我一定要睡好，用最好的精神状态，迎接明天的任务。想到这里，杨利伟欣慰地睡着了。

那是一个没有梦的夜晚。那一觉虽然只有短短五个小时，但杨利伟却比几个月以来的任何一个晚上都睡得更香甜、更踏实。

10 月 15 日凌晨 1 点，发射场进入发射前八小时倒计时程序，决战的时刻到了。

时间一分一秒地过去。凌晨 2 时整，熟睡中的杨利伟隐隐间听到一阵轻轻的敲门声："利伟，开始准备了。"随行的医生来叫他起床。他马上起来穿好衣服，医生开始对他进行常规检测。收缩压 116 毫米汞柱，心率每分钟 76 次，体温 36.1 摄氏度，完全正常。至此，首飞航天员这份殊荣已经非杨利伟莫属了。

接下来的时间里，一切都按照预定的程序紧张地进行着。

2 时 30 分，杨利伟和翟志刚、聂海胜一起来到餐厅，吃了顿饯行早餐。翟志刚和聂海胜特意让杨利伟坐在了餐桌的中间位置。翟志刚找来一瓶红酒，给自己和聂海胜各倒了半杯。因为杨利伟执行任务不能喝酒，他就给杨利伟倒了半杯矿泉水，滴了一点点红酒，递给他说："给你也加一点，有点儿颜色，以水代酒，喜庆喜庆。"杨利伟被深深地感动了，他知道，让他以最好的状态去飞，是这两位好战友此时最大的心愿。杨利伟接过酒杯，真诚地说了声"谢谢"，然后站起身来和两位战友碰杯，喝下了这杯饱含着祝福和期待的"壮行酒"。

早饭后，试验人员对杨利伟所佩戴的传感器、身穿的舱内航天服及通话设备逐一进行了认真的检查，一切正常。教员给他简要地讲解了去发射场的路途及进舱时的注意事项。平时做这些演练时，现场气氛非常轻松，但真正临战了，大家的表情变得严肃起来，空气有些凝滞。4 时 20 分，杨利伟在大家的配合下，完成了各项准备工作。翟志刚和聂海胜对他说："利伟，放心吧，你一定能行的。我们等着你胜利归来！"

有了祖国的托举

杨利伟就要出征了，中华民族的历史正在一步一步靠近那灿烂辉煌的一刻。

这一次具有划时代意义的伟大出征，深深牵动着党和国家领导人以及 13 亿华夏儿女的心。

2003 年 10 月 14 日下午，党的十六届三中全会刚一闭幕，中共中央总书记、国家主席胡锦涛就乘坐专机赶往酒泉卫星发射中心，于当晚19时50分抵达鼎新机场。此时，距离“神舟五号”发射还有13个小时。

2003年10月15日，是共和国历史上光辉的一天，也是杨利伟生命中最伟大的一天。

这天清晨，寥廓的戈壁滩上空晨星闪烁。5时20分，在“问天阁”会见厅，“航天员出征仪式”即将在这里举行。首飞梯队的三位航天员提前几分钟来到隔着玻璃墙的小厅。因为杨利伟穿着航天服，站着不方便，就坐在了前排。翟志刚和聂海胜身穿蓝色出征服站在后排。坐定后，他们三人在钟表前拍了几张照片，记录下了这一庄严的历史时刻。照片刚拍完，小厅左侧的门打开了。杨利伟扭头望去，胡锦涛等中央领导同志们微笑着走了进来，向他们挥手致意。

胡锦涛总书记站定后，一字一句地说：“杨利伟、翟志刚、聂海胜同志，‘神舟五号’马上就要发射了，这是你们盼望已久的庄严时刻，也是全国各族人民盼望已久的庄严时刻。一会儿，杨利伟同志就要作为我国第一个探索太空的勇士出征，就要肩负着祖国和人民的重托去实现中华民族的千年梦想。相信你一定会沉着冷静，坚毅果敢，圆满完成这一光荣而神圣的使命。我们等待着你胜利归来！”

总书记的声音通过话筒传到了玻璃罩内，杨利伟的声音也同样传了出来，他坚定地说：“请总书记和全国人民放心，我一定会聚精会神地做好每一个动作，圆满完成这次任务，决不辜负祖国和人民的期望。”

隔着玻璃墙，杨利伟看到了在场的每个人脸上激动的表情，也仿佛听到了每个人“咚咚”的心跳声。

五分钟的仪式简朴而庄重，仪式结束后，杨利伟站起身来，左手提着航天服通风箱，一步一步向通向院外的侧门走去。快到门口时，按照程序，他转过身来，微笑着向总书记和其他领导同志挥手告别。这时，杨利伟看到了他意想不到、也令他终生难忘的一幕：胡锦涛总书记看见杨利伟回过头来，又向前迈了两步，再次向他挥手送别。

5时28分，首飞梯队的三名成员通过“问天阁”的航天员专用通道，来到“圆梦园”广场。深秋的大漠，寒气袭人，太阳仍沉睡在戈壁的地平线下。广场上挤满了来自四面八方、身穿民族服装的人们。

杨利伟迈着从容的步伐，微笑着边走边向大家挥手致意。他走到预定的位置站定，向总指挥李继耐立正、报告："总指挥同志，我奉命执行首次载人航天飞行任务，准备完毕，待命出征，请指示！中国人民解放军航天员大队航天员杨利伟！"

"出发！"李继耐庄重地下达出征令。

"是！"杨利伟向李继耐再次行军礼。随着这个标准的军礼，周围一片灯光闪烁——中国首飞航天员的英姿永远定格在记者们的镜头里，记录在摄像机流动的画面里。随后，杨利伟登上了前往发射场的汽车。翟志刚和聂海胜不需要到发射场，就在车前和杨利伟告别。他们三人紧紧拥抱在一起，历史的使命、出征的号令、战友的情谊，全部凝结在了这个瞬间。

"杨利伟，杨利伟，我们盼着你胜利归来！""祖国期待着你的凯旋！"在此起彼伏的呼喊声中，杨利伟带着56个民族的共同祝愿，向着迢迢天路出发了。

晨雾中，由警车、摩托车、特护专车组成的车队浩浩荡荡驶出"圆梦园"，驶过千年胡杨林，驶过潺潺弱水河，向着中国载人航天发射场驶去。透过车窗，杨利伟远远望见，发射场上，"长征2号"F型运载火箭在晨曦中巍然挺立，犹如一把倚天神剑刺向苍穹，箭体上的五星红旗和"中国航天"四个大字格外醒目。

杨利伟乘坐的汽车停靠在了发射塔架防爆电梯口南侧的位置。5时50分，李继耐带领中国载人航天工程七大系统的负责人赶到发射塔架下。杨利伟下车后，向领导和专家挥手告别。

6时整，杨利伟在教员和医生的陪同下，走向塔架防爆电梯，登上50米高的平台，准备进入太空舱。当时塔架上除了他们三人之外，还有两位关舱门的工程师。离进舱还有十几分钟时间，大家都默默无语。不知谁为了缓和气氛说了句："我们给利伟说个笑话，让他放松放松心情吧。"可大家你看看我，我看看你，谁也说不出来。这时，一名负责关舱门的工程师打破了沉默，他说，俄罗斯曾经有一位关舱门的工程师后来当上了航天博物馆的馆长。这本来不是个什么笑话，但杨利伟看到大家那么紧张，就开玩笑回应这位工程师说："馆长同志，明天见！"在大家的笑声中，6时15分，杨利伟接到命令："'神舟五号'可以进舱。"

6时25分，杨利伟郑重地在"返回舱状态确认单"上签名，完成了连接通信头戴、生理信号插头、供氧和通风软管，以及打开航天服通风机等一系列动作后，顺利通过飞船轨道舱，到达返回舱，坐到了特制的坐椅上。讲笑话的那位工程师小心翼翼地关上了舱门，此时距离火箭升空还有2小时45分钟。

进入舱门的那一刻，杨利伟没有压力是不可能的。但压力不是来自畏惧，而是来自如何完成好任务、怎样才能无愧于全体航天员的荣誉。

杨利伟开始一心一意地在舱内做着各项准备工作。他曾经设想，自己进入舱内之后，怎么也得先舒口气，稳定稳定情绪。而事实上，他真正坐进舱内后，并没有什么特殊感觉，就像平时在模拟舱中训练的一样，轻松、熟练地完成了100多个规定动作。

历史性的时刻在一分一秒地接近。

“45分钟准备！”发射塔架缓缓展开。

“15分钟准备！”

总指挥李继耐在飞船发射前最后一次和杨利伟通话：“再过十几分钟，你将乘坐‘神舟五号’飞船飞向太空，中国人千百年来的飞天梦想即将实现。今天，胡总书记和其他中央首长亲临现场坐镇指挥，极大地鼓舞了我们每一个参试人员，我们一定会牢记中央首长的重托，以高昂的斗志、严谨的作风和你一起并肩作战，确保实现‘成功发射、精确入轨、安全运行、圆满返回’的目标，向党中央、国务院、中央军委报喜！也希望你沉着冷静、坚定执著，按照预定的程序认真做好每一个动作。任务指挥部信任你。全国人民期盼你！”

杨利伟坚定地回答道：“感谢首长的关心。我在舱内的感觉非常好，请首长放心，我一定不辜负首长和全国人民的重托，以最饱满的精神状态迎接挑战。我向祖国和人民保证，坚决完成任务！”

时间一分一秒地过去，当传来“五分钟准备”的口令声时，杨利伟关上了面窗；当传来“一分钟准备”的口令声时，火箭即将点火，杨利伟躺在了特制的航天坐椅上，安稳地注视着前方，静静地期待着那辉煌一刻的到来。

中国人来到太空了

“10，9，8，7，6……”发射场前方传来清晰的十秒倒计时声音。

杨利伟在心里默默地数着，等待那个永载史册的时刻到来。当指挥员数到“4”的时候，杨利伟心里百感交集。从科学的角度讲，再严密的工程也存在着“万一”，但杨利伟即将登上飞船的时候，很多系统的总指挥和总设计师都说他们负责的工作是最稳定、最安全、最保险的。这样的话杨利伟平时听不到，因为这些科学家平时说话都很严谨，很少说“最”，可那天他们说得最多的就是这个“最”，这给了杨利伟很大的信心。

杨利伟也知道，此时此刻，总书记正在下边注视着他，千千万万的专家在惦记着他，全国人民在牵挂着他……想到这些，他情不自禁地举起右手，做了一个程序外的庄严的动作——敬军礼。杨利伟用军礼感谢党和祖国的信任，感谢人民赋予他这样重大的光荣使命。当大厅里回响起热烈的掌声时，他感到整个中华民族都站在自己的身后。

“点火！起飞！”

2003年10月15日9时整。随着倒计时的终结，火箭的尾部发出巨大的轰鸣声，八台发动机同时喷出炫目的烈焰，戈壁滩发出一声惊天的巨响，火箭向着太空缓缓驶去，没有任何东西可以阻挡它的去路，一个民族崛起的声音在这一声巨响中响彻世界。

这一刻，中国让世界擦亮了眼睛。一位国外的航天员形容自己的职业时说：“航天员就是坐在炸弹顶端飞行的人。”当487吨重的庞然大物冲向太空时，那巨大的声响、壮观的尾焰，足以震撼每一个人的心灵。几百吨的高性能燃料在杨利伟身后熊熊燃烧，逃逸塔分离，助推器分离，一、二级分离……

在火箭抛掉逃逸塔之后近10秒的时间里，一件意想不到的事情发生了：火箭在渐渐地加速，杨利伟忽然感到自己被颠了起来，强烈的震动让他非常难受，五脏六腑都像被震碎了似的。火箭还在加速，容不得他多想。“挺住！相信自己一定能行！”杨利伟在心里对自己发出了一道命令，他努力调整呼吸，让自己尽快稳定下来。两分多钟后，助推的火箭燃料用尽，开始与火箭分离。又过了20秒，一级发动机也脱离了火箭。这时火箭才渐渐安静下来，像一只被驯服的雄鹰向着太空飞去。杨利伟恢复了平静，开始按照程序继续着他的飞天之旅。

9时9分47秒，甩掉最后一级火箭的飞船进入了预定轨道。10分钟后，北京、西安和大洋深处的“远望一号”测量船的测算结果，传来了飞船准确入轨的精确参数：近地点200千米，远地点347千米。这是中国的高度，是一个崇尚独立自主的民族以自己的方式叩问天宇的高度。

这时飞船的速度已经接近第一宇宙速度，达到每秒7.83千米左右。

2003年10月15日，我国在酒泉卫星发射中心进行首次载人航天飞行。9时整，“神舟五号”载人飞船发射升空。（李刚/摄，图片来源：新华社）

“飞船一切正常。”得到杨利伟来到太空后的第一声回答，地面指挥大厅里掌声如雷。这份欢腾是几代中国航天人用青丝变白发的艰辛换来的。

杨利伟真正来到太空了，中国的首次载人航天发射取得了圆满成功。从这一刻起，杨利伟成为浩瀚太空中的第一位中国访客，也是地球上第413位进入太空的人。太空中没有中国人足迹的历史从此宣告结束，人类的第241次太空飞行属于中国！

人类是伟大的，但在茫茫宇宙中又是那么微不足道。在杨利伟的太空之旅中，这两种感觉始终交织在一起。前者让他为自己的祖国自豪，为中华民族骄傲，后者让他的头脑时刻都保持冷静和谨慎。对航天员来说，这种辩证的感觉只有在首飞的时候最强烈，即使以后再有机会上天，也不会那么强烈了。直到今天，每当杨利伟在电视片中看到他出征报告的镜头时，心情还是难以平静，似乎比当时的感受还要深刻。

当飞船进入轨道，船箭分离的一刹那，杨利伟看到了一幅神奇美妙的景象。舱里的物件全部飘了起来，像海草似的晃来晃去。他自己也有一种腾空的感觉，像要飘起来似的。这种奇妙的感觉稍纵即逝，没多久，杨利伟就感觉自己好像头朝下脚朝上了。这是在太空失重状态下出现的一种错觉。如果不及时克服，就很可能诱发“空间运动病”。他强迫自己在意识上去对抗和战胜这种错觉，很快就调整过来，恢复了正常。正是靠着千百次的超常训练，让杨利伟把操作程序这一制度形态的东西，在头脑中转化为观念形态的东西，进而变成了自觉的行动，即使在太空人体失重的情况下，也成竹在胸。

9时31分，停泊在南太平洋的“远望二号”测量船捕获到飞船信息。飞船舱内的图像显示在北京航天指挥控制中心的大屏幕上。杨利伟向医学监督医生报告身体状况：“感觉良好！”

10时许，飞船进行环绕地球的第一圈飞行，杨利伟打开面窗。

10时31分，飞船进入喀什测控站检测区域，在接到指令后，杨利伟摘下手套，解开系在膝盖下方的束缚带。地面上的人们看到的杨利伟都是半躺在椅子上，这是为了让固定摄像机能够拍摄到他的全身。在整个运行过程中，每次通过测控区的时候，因为要与地面通话，杨利伟都把自己紧紧地束缚在座椅上。而出了测控区，他为了多体验一些失重的感觉，就放开束缚带让自己飘起来。

飞船进入太空，特别是刚刚进入轨道时，杨利伟最想做的就是透过舷窗看看外面的世界。他把目光投向舷窗外。失去大气层的干扰，宇宙第一次在杨利伟的面前露出了真实的面容：黑色的深空，明亮的天体，披着淡淡云层的蔚蓝色地球，地球上洁白的雪山，淡绿色的大海，清晰可辨的长长的海岸线。白天、黑夜交替之间，地球仿佛被镶上了一道漂亮的金边，景色十分迷人。从前在电视屏幕上看到的外国人拍摄的太空美景，如今真切地被自己尽收眼底，杨利伟无法形容是怎样的一种壮美。

杨利伟在太空要执行的任务中，有一项是要把他拍到的一段录像传回到地面。杨利伟就想把从太空中俯瞰到的祖国的画面传回去。

当飞船又一次掠过祖国的山山水水，杨利伟靠近舷窗，将摄像机镜头对准窗口。美丽而宁静的蓝色星球，第一次在中国人的直接注视下缓缓转动。飞船从测控区里通过时，他听到地面的欢呼声，知道在他的祖国，亿万人已透过他的镜头看到了太空的景象。杨利伟更加感到人类的伟大和科技的进步，心里充满了对祖国的依恋，也升腾起一种从未有过的强烈自豪感。这一刻，飞向太空的不仅仅是杨利伟一个人，他代表的是全中国人的心。“是祖国和人民用智慧的双手将我送上了太空，我为祖国的科技发展和综合国力的增强感到无比自豪和骄傲。”想到这里，杨利伟摘下手套，在《飞行日志》上郑重地写道：“为了人类的和平与进步，中国人来到太空了！”这一刻，时间定格在2003年10月15日10时10分。这是中国人第一次用汉字在太空中留下自己的笔迹。一个古老的国度的千年飞天梦想，就此被写进了浩瀚的太空。

中国人每一次发射飞船，就像是放飞和平鸽一样，放飞的是和谐，是和平。如今，中国人又用自己研制的飞船把自己培养的航天员送入太空。杨利伟这句话代表着的是每一位中国人激动、自豪的心情和追求和谐、向往和平的梦想。

我为祖国骄傲

10月16日4时19分，“神舟五号”飞船环绕地球飞行了整整14圈。4时31分，杨利伟接到北京航天指挥控制中心的命令：“‘神舟五号’，飞船即将返回……”

这时，杨利伟已经在太空中生活了21个小时，真有些舍不得离开这个美丽的世界，他多么希望自己的太空旅程能长些，再长些啊。但只有平安地回到地面，任务才算真正完成，这次太空飞行也才算圆满成功。想到这里，杨利伟再一次向窗外望去，太空还是那么安详、宁静，满天的星星似乎都在注视着他，正在向他告别。

飞船的返回虽说只有短短的几十分钟，却比上升段、在轨段更具危险性。从某种意义而言，能否安全返回才是检验任务成败的关键。据统计，人类自从开展载人航天活动以来，已经有 22 名航天员献出了宝贵的生命，其中 11 人就是在返回着陆过程中牺牲的。但杨利伟并没有丝毫的担心。从火箭点火的那一刻起，发射、入轨、飞行，一切都是那么完美，这足以证明，科学家们早已把所有危险问题都想过了。杨利伟相信他们会保证自己的绝对安全。

5 时 35 分，北京航天指挥控制中心向“神舟五号”飞船发出了“返回”指令。飞船开始返航，船体在 343 千米高的轨道上制动。

“制动发动机关机！”5 时 58 分，返回舱与轨道舱、推进舱相继分离。返回舱脱

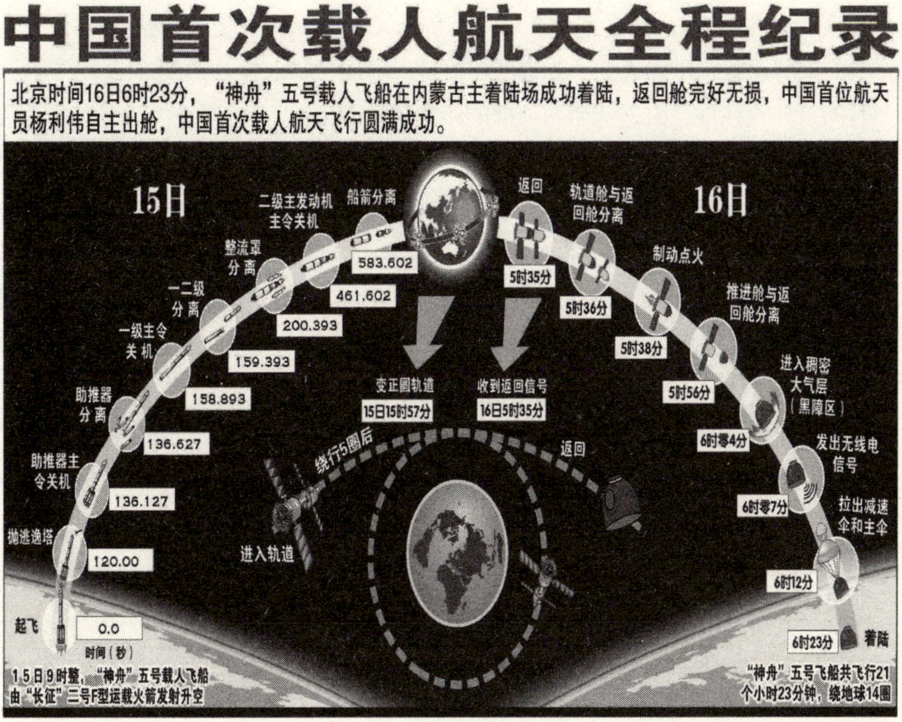

（周大庆、朱剑敏、李宣良/编制，图片来源：新华社）

离原来的轨道，进行无动力飞行，依靠升力控制技术成功地进入返回轨道，向预定的着陆场驶去。

6 时 04 分，飞船返回舱飞行至距地面 100 千米时，以超高速进入大气层。返回舱与大气剧烈摩擦产生的激波，使返回舱表面与周围气体分子呈黏滞状态，热量不易散发，形成一个高达几千摄氏度的高温区。高温区内的气体和返回舱表面材料的分子被电离成等离子体，又形成一个等离子区，像套鞘似的包裹着返回舱。因为等离子体可以吸收和反射电波，造成返回舱与外界的无线电通信衰减，甚至中断，飞船进入了这个“黑障区”，瞬间与地面失去了联系。这时，杨利伟要承受比发射升空时更为难受的载荷冲击力。他无意中向外望了一眼，只见通红的火焰在“呼呼”地燃烧，有很多又亮又白的东西“刷刷”地从旁边滑过。

十几分钟后，在距离地面 40 千米时，飞船飞出了“黑障区”，逐渐恢复了稳定，杨利伟身体的压力也在逐渐减小。但容不得他松口气，就要执行这次飞行中最后也是最重要的一个程序——开伞。杨利伟既紧张又兴奋。兴奋是因为执行完了任务，即将回到大地；紧张是因为他不知道飞船接地的瞬间会是怎样的感受。

时间一分一秒地过去，飞船与地面的距离越来越近。

接地的瞬间，因为强烈的冲击过载，返回舱在落地后又弹了起来。杨利伟准确地判断出，切断伞绳的时候到了。如果切晚了，偌大的降落伞被风吹鼓，会把返回舱带跑，其速度之快甚至连汽车都赶不上，被束缚在座位上的杨利伟也会因舱体翻滚而受伤。杨利伟当时是头向下，胸背有明显的压力，但他还是对抗住了那种比平日训练还要大许多的过载冲击，准确、迅速地在第一时间把伞绳切断。返回舱滚了两圈后，停了下来。

2003 年 10 月 16 日 6 时 23 分，杨利伟从太空回到了地球，回到了伟大祖国的怀抱，安全降落在预定的主着陆场——内蒙古四子王旗的阿木古郎牧场上，距理论着陆点仅 4.8 千米。

4.8 千米的距离，对于飞船着陆来说是非常精确的，这是一个相当于打了十环靶标的好成绩。

“我是‘神舟五号’，我已安全着陆！”杨利伟返回地面后立即打电话将“回家”的消息报告给指挥部。

6 时 31 分，返回舱还没有开舱门，工程总指挥李继耐、副总指挥胡世祥先后和

2003年10月15日，北京航天指挥控制中心内的工作人员正在紧张工作。在中国首次进行的载人航天飞行过程中，北京航天指挥控制中心担负着指挥调度、飞行控制、数据处理和信息交换等重要任务。（赵建伟/摄，图片来源：新华社）

杨利伟通了话。紧接着，一个亲切的声音从听筒里传来，杨利伟听出是温家宝总理在和他通话。温总理对杨利伟说：“杨利伟同志，祝贺你胜利返航。你完成了一次重大的历史任务，祖国和人民感谢你！”这次通话是临时安排的，温总理当时正在北京航天指挥控制中心观看飞船回收实况。当看到飞船顺利返航时，他激动地从座位上起身一路小跑来到电话旁，双眼含泪地拿起了话筒……

6时51分，搜救部队赶到。杨利伟在舱内听到外面有动静，就立即打开了舱门探出头来。守候在外面的着陆场指挥长焦急地问他：“利伟，身体感觉怎么样？”

杨利伟说：“感觉良好。”

医生马上跑过来，仔细地看着杨利伟的脸色，询问他的身体情况。杨利伟自我感觉很好，腰腿都没有任何问题，只是飞船着陆时，由于冲击太大，他嘴边的麦克

航天英雄杨利伟自主出舱，我国首次载人航天飞行圆满成功。（王建民/摄，图片来源：新华社）

风把嘴碰破了一点。医生发现后，急切地说："你伸伸手，动动腿，让我看看。"

"没问题，我能自己出舱！"杨利伟还是那样沉稳而自信，他小心地跨出舱门，向迎接他的首长和战友们挥手致意。这时，他被眼前的场景惊呆了。现场挤满了记者、警卫、公安人员和献花、献哈达的各族群众，每个人的目光中都透着一种无法抑制的兴奋和喜悦。我们终于成功了！人们紧紧地把杨利伟围在中间，无数双手把他高高地抬了起来，每个人的眼里都闪动着激动的泪花。深秋的草原已是一片欢乐的海洋……

内蒙古草原迎来了中国的第一位航天员，蒙古族群众按照传统的礼节，给远方归来的贵客献上了洁白的哈达。这时，杨利伟举手投足的每一个瞬间，都成为世界的焦点。一位记者突然让杨利伟说几句话。杨利伟愣了一下，当时真不知道该说什么。在他执行任务的时候，脑子里想的都是怎么能够顺利完成任务，怎么样安全回来，从没有想过回来之后的情况。于是，他略加思索，对记者说："我为祖国骄傲！"

"飞船运行正常，我自我感觉良好，我为祖国感到骄傲。"后来，杨利伟用这样三句话总结自己的太空之旅。有人问他，"我为祖国感到骄傲"这句话说得是不是有些"冠冕堂皇"了？杨利伟说："不是。这句话确实表达了我当时心中最真实的感受。"

这天清晨6时54分，李继耐总指挥向全世界庄严宣告："中国首次载人航天飞行圆满成功！"7时40分，杨利伟搭上直升机飞离着陆场。此刻，太阳刚刚把第一缕晨曦洒到草原。

这是一个令人难忘的黎明。这一天，中国人的飞天梦想终于成真。中国沸腾了，所有的中国人都挥舞着手臂，欢呼中华民族的又一个伟大胜利。恰在杨利伟出舱的那一刻，鲜艳的五星红旗正在北京的天安门广场冉冉升起，而在39年前的这一天，我国第一颗原子弹试验获得成功。

一个民族的智慧，一个国家的创造力，往往需要一些标志性成果来证明。千年的梦想、5年的训练、21小时的飞行，证明了一个事实：中国人飞向太空不再是梦，这项浩大的跨世纪工程，在日新月异的崭新时代，圆满竣工。

当杨利伟精神饱满地走出舱门、踏上祖国土地的那一刻，北京航天指挥控制中心里的所有参研参试人员都情不自禁地站起来鼓掌欢呼，兴奋、激动和喜悦之情，全都写在了每个人的脸上。在热烈的掌声中，温家宝总理代表中共中央、国务院、中央军委宣读的贺电中说："首次载人航天飞行圆满成功，是我国航天发展史上一座新的里程碑，标志着我国已成为世界上独立自主完整掌握载人航天技术的国家之一！"

杨利伟乘坐的专机回到北京西郊机场时，时任中共中央政治局委员、中央军委副主席、国务委员兼国防部长的曹刚川上将亲自到机场来迎接。杨利伟走下舷梯，向曹刚川报告之后，曹刚川的第一句话就问杨利伟身体感觉怎么样，杨利伟握着他的手，回答还是那样简洁利落："感觉良好。"

总装备部迟万春政委握住杨利伟的手，什么都没有说，而是用力摇了几下，所有发自内心的高兴与激动，都融进了这无言的动作之中。

杨利伟的妻子和儿子怀抱鲜花来欢迎他。杨利伟见到张玉梅时，并没有过多的情感流露，只是把手放在妻子身上，用力拍了几下。这时，军乐队奏响了高亢嘹亮的《迎宾曲》，现场爆发出一片热烈的欢呼声。身穿各民族服装的群众都在迎接自己的英雄，每一张面孔都洋溢着由衷的喜悦。不知从哪里来跑来五位身强力壮的小伙子，将杨利伟一次又一次地抛向空中……

北京航天医学工程研究所专门为欢迎杨利伟回家扎了一辆彩车。当杨利伟登上这辆车扭头望去时，忽然发现曹刚川副主席还站在那里向他挥手，他赶紧下车，对曹刚川说："首长怎么能让您送我，您先走……"但曹刚川还是坚持让杨利伟先上了车，目送他离开机场。

彩车缓缓地开回了北京航天城。一进大门，《歌唱祖国》的军乐声就奏响了。道路两旁的欢呼声一浪高过一浪。北京航天城几乎"倾城出动"，欢迎的人群热情高涨，彩车走了很久才回到了航天员公寓。杨利伟刚下车，一群记者就围了上来，他们都想第一时间把英雄的风采摄入镜头，秩序有些混乱。这时，和杨利伟一起从车上下来的总装备部副部长胡世祥灵机一动，大喊一声："大家不要挤，都准备好相机，给你们30秒的时间拍照。"记者们听到后，马上自觉地围成半个圆圈，欢迎仪式这才得以按计划举行。人群散开时，杨利伟惊讶地发现，全体航天员集体列队向他献花、敬礼，他的眼圈顿时红了，真诚地说："咱们都是战友啊，何必这样呢？"翟志刚和聂海胜刚说了一句"你真棒"，就再也说不出话了，他们顾不上"不能拥抱、只能握手"的医学隔离规定，和杨利伟紧紧抱在一起，眼泪"刷刷"地流了下来。那份不需要鲜花和掌声的自豪，证明了一个事实：在这次伟大惊世的成功中，他们也是一分子。

在航天员公寓的前厅，杨利伟的父母拉着儿子的手，紧紧盯着他，似乎有千言万语要说，但却什么都没说出口。人群中，不知道谁喊了一声："部长、政委，和利伟的家人一起照张相吧！"这个建议得到了大家的响应，李继耐部长和迟万春政委站到了两侧。杨利伟本来是被安排站在最中间的，但他的母亲却把他推到一边，让他的父亲站在了最中间。迟万春开玩笑地说："那么多人拥挤的情况下，利伟的母亲还没忘记中华民族的习惯，让老伴站在中央。利伟母亲的心理素质也真好啊！"

当所有仪式结束，杨利伟回到公寓时已是晚上，他没有忘记和他并肩而行的教员们。为实现中国首次载人航天飞行，有很多人在幕后默默奉献，成绩是大家的，当然也包括他们。虽然疲劳尚未消除，但杨利伟还是挨个给教员们打了电话，汇报自己在太空中的情况，让他们分享成功的喜悦。

"神舟五号"承载的重任圆满完成了，但对于中国的航天人来说，历史的剧目并没有进入高潮，他们的使命才刚刚开始。10 月 23 日，"神舟五号"飞船从太空返回地面仅一个星期后，杨利伟就和载人航天工程各系统的总指挥、总设计师一起座谈，他详细地汇报了自己的体会和飞船飞行的状态。科学家们最关心的是火箭、飞船飞行后获得的大量数据，特别是来自杨利伟的第一手信息。毕竟，能够了解航天员个人对太空环境和飞行过程的切身感受太难得了，对于中国航天人，这是第一次获得这样宝贵的一手资料。

同样，杨利伟也惦记着对祖国载人航天事业无限关心、对他寄予着无限期望的钱学森。总装备部首长带他去看望钱学森时，老人家一眼就认出了杨利伟，他亲切地勉励杨利伟："你们现在干成功的事情比我干的要复杂，可以说，你们已经超过我了！祝贺你们。"钱老虚怀若谷的大家风范，语重心长的鞭策激励，让杨利伟久久不能忘怀。后来，中国航天员大队形成了一个惯例，每次载人航天飞行任务成功后，执行任务的航天员都上门看望钱学森，聆听他的教诲。从老人家的殷切期望中，杨利伟和他的战友一次次获得继续前进的信心和勇气。

2003 年 10 月 15 日，人类航天史翻开了崭新的一页——探索太空的队伍中多了一支新生的力量。被誉为"火箭故乡"的中国成为世界上第三个能够独立开展载人航天活动的国家。杨利伟也成为中国"飞得最高"的人。当每一个中国人从此仰望苍穹的时候，都会为伟大祖国取得这一辉煌成就感到荣耀和自豪。

2003年11月7日，党中央、国务院、中央军委在北京人民大会堂隆重举行“庆祝‘神舟五号’载人航天飞行任务圆满成功大会”。杨利伟被授予了“航天功勋奖章”和“航天英雄”称号。这是祖国对英雄的最高褒奖。

2003年11月8日，中央军委颁布命令，授予中国人民解放军航天员大队“英雄航天员大队”荣誉称号。

（选自湖南科学技术出版社《飞天梦》，2009年10月出版，作者：兰宁远）

包机，终于起飞……

——台商春节包机返乡纪实

2003年1月26日，两岸关系史上值得永远记住的日子——台商春节返乡包机在这一天起飞。这是一个突破，必将为实现两岸空中直航带来积极的推动作用。

2003年1月26日清晨，中外77家媒体的183名记者一起涌向浦东机场，他们要用笔、话筒、录音机、照相机、摄像机等各种“兵器”记录下两岸关系史上值得记住的日子——台商春节返乡包机今天终于要起飞了。

共识：飞出了新的里程碑

寒冬腊月，空旷的机场冷风飕飕。为了让摄影摄像记者能取到好镜头，接待单位专门搭了一个两三米高的取景台，台后停着供记者休息、御寒的大巴。可是，那些年轻的女记者尽管衣着单薄，却谁也不肯到车里去避一避。她们手里握着话筒，眼睛盯着飞机飞来的方向，努力争做第一个发现者。

“来了，来了！”没等弄清是谁最先发现，只见一架尾翼喷有红色梅花图案的波音747-400型客机的起落架已经接地。那是8时52分。53年来，台湾首架执行航班任务的飞机降落在上海浦东机场。对此，两岸的民众有一个共识：包机，飞出了新的航线。

飞机还在马达轰鸣中滑行，台湾记者已经开始实况播出了。飞机在地勤人员的指挥下徐徐驶到指定位置，“上海”和“东方”航空公司的空姐们拉起了长长的欢迎横幅，上面写着“热烈欢迎中华航空公司包机首航上海”。舷梯车稳稳靠上了舱门。舷梯旁，两只象征欢庆和吉祥的狮子欢腾跳跃。舱门开了，机务人员分成两队站在门外舷梯的两边，华航总经理魏幸雄走出机舱向欢迎人群和记者招手致意。上海民航的代表向他和机组人员献了鲜花，宾主双方高兴地合影留念。

章孝严：梦想成真

在首航仪式上，台湾知名人士、中国台商发展促进协会理事长章孝严格外引人注目。2002年10月24日，他提出了“台商春节包机”的提案。回忆当时，章孝严说：“老实说，当时很少有人认为它一定行得通。因为距离春节只有三个月时间，而且台湾当局根本没有意愿。加上两岸近三四年来没有常态的沟通或磋商管道，要把这项牵涉层面极广的工程在短期内完成，没有人敢抱乐观的态度。”

但是，包机事一提出，2002年10月30日，国台办发言人李维一就表示：“我们愿意采取积极措施，让台商以各种便捷方式返乡。”同年，11月17日，中国民航总局台办主任浦照洲再次表明了祖国大陆对包机一事的基本立场，那就是“直接双向，互惠互利”，同时，希望台湾方面也接受并积极考虑大陆航空公司的申请。

然而，台湾有关机构却持完全反对的立场，以强调包机证照查验的法律问题复杂等种种理由进行干扰。执政党阵营的反对声浪占据了上风。

在两岸对待包机的态度及意见大相径庭的情况下，为了避免包机提案胎死腹中，11月21日，章孝严带着部分台湾立法机构的有关人士和六家航空公司的代表到了北京。第二天，大陆的民航部门即与他们进行磋商。大陆民航部门支持春节包机，并坚持要由双方业者参加与对飞，因为包机属于商业行为，商机应该公平分享。磋商中，章孝严认为大陆方面言之成理，无法否决，但他一再力陈当前实现的困难和复杂性。

当天下午，国务院台办主任陈云林会见了章孝严一行，对其推动两岸直接通航所作出的努力表示肯定。陈云林说：“在两岸实现直接通航之前，大陆的台商和家属希望在春节期间包机直航，返乡过年，是合情合理的要求，也是完全可以办到的事情。我们的希望和合理的要求是双向直航。如果台湾方面认为目前实行有一定困难，我们也愿意听取和考虑你们的要求。关于包机经停港澳的问题，我们认为完全没有必要。”

章孝严回顾那次长达两个多小时的会谈，感慨地说："这次和陈主任的会晤，是这次包机能否成功的关键。在整个过程中，对方展现了具体的善意和弹性，做了相当大的让步。比如，把所谓'政治问题'和'政治符号'都予搁置或淡化，对困难度极高的'证照查验'、'文件适用'等可能涉及'国际国内法'的问题均采取了灵活变通的方法。晚上，双方达成的最主要的结论有：大陆在第一次包机案中不再坚持对飞，但第二轮包机运作中，大陆航空业者必须参与；同意以'时势变迁'不引用任何过去之法律文件为审批台商包机的依据；不坚持但仍希望台北包机飞上海途中不要中停港澳；有关'三照两证'的查验，大陆主管机关人员不登机执行，而另由各航空公司出具证明书函之变通方式为之。"

11月26日，大陆将《民用航空运输不定期飞行申请程序》正式交由台北市航空运输商业同业公会转交给台湾各航空公司。

12月4日，台湾当局通过了"大陆台商春节返乡专案"，规定只允许台湾民航业者申请在春节期间以包机方式运载大陆台商回乡过年。包机的出发航点限于台北桃园机场或高雄机场，抵达机场只能是上海浦东机场或虹桥机场。包机来回都需在香港、澳门中途降落，乘客只能是大陆台商及其眷属。这天上午，章孝严与有关机构负责人蔡英文会面。章孝严说："基本上，当时她的反应是正面的，而且认为台湾业者可以即向大陆民航提出申请了，还开玩笑地说，如果包机成行，她都想搭第一班去上海。"

2002年12月23日至2003年1月初，台湾远东、华航、华信、立荣、长荣、复兴六家航空公司分别向大陆民航部门提出了包机申请。2003年1月3日至7日，大陆民航部门全部批准了台湾民航的包机申请。

章孝严说："2002年11月底，包机应当已经定案了，结果当局却在'台联党'的反对下，拖到今年元月初才正式公布。"

上海各界：大力支持包机

尽管这次台商返乡包机是台湾航空公司单飞的仍绕停港澳的"曲航"，但是上海各有关方面还是十分重视这次包机通航活动。

民航华东管理局夏兴华局长说："为了做好台湾六家航空公司的包机飞抵上海的准备工作，我们组成了领导小组，加强了组织协调，拟订了具体方案，确保台湾包机安全正点。参加这次包机保障工作的，基本上是APEC会议保障各国首脑专、包机的原班人马。应该说，我们已经把为台湾航空公司提供保障服务看成为献给台湾同胞的一份情谊。"

"上海"和"东方"两家航空公司这次承揽了台商包机的地面代理业务。机务方面，他们对机场、空管、油料等方面都做了精心准备，并对包机的航路问题、备降机场的选择、客梯车的要求以及机务维护等各方面的细节做了周密安排；客运方面，他们从购买机票、办理登机、客舱卫生、行李托运等各个环节着手，力争为台湾同胞提供最周到、热情、温馨、满意的服务。

2003年1月26日上午8时52分，执行台商春节包机首航任务的台湾中华航空公司的客机平安降落在上海浦东机场，大批媒体记者前往采访。这是50多年来首架降落在祖国大陆的台湾民航客机。（张明/摄，图片来源：新华社）

为了做好春节期间台商包机的通关验放，浦东机场海关关长李善芬介绍说，海关已为台胞的出入境准备了快捷便利的通关服务，确定了“专用通道、集中验放、优先办理、视情方便”的验放原则；对包机上空勤人员的行李物品给予集中申报的方便，并根据需要派员到机坪或登机桥办理通关手续；旅检现场设置专用通道，优先验放、办理包机台胞出入境物品的通关手续；对随行采访记者等有关人员的专业摄影、摄像器材等物品，海关也优先办理验放手续；同时，还制定了备降虹桥机场的验关方案。

因为这次包机方案出台较晚，许多台商怕春节临近机票难求，已经订购了其他航空公司的机票。为了让更多的台商享受到包机的便利，大陆民航部门破例通知各航空公司，凡有台商因改乘包机而退票的，不收退票费。

上海市台企协会秘书长谢力军介绍说，自从两岸确定包机方案以后，他们协会的会议室便成了台湾这六家航空公司的售票处。他们每天提前上班，推迟下班，周末也不休息。协会工作人员为了在接电话时能对答如流地回答各种问题，每人都做到了熟练掌握航班情况。为了保证包机的乘坐率，市台协还向台商发出了2 000多份关于包机购票方法的通知。这次确定包机的时间太仓促，1月初才决定，以致后来三次推迟截止时间：第一次，台湾有关方面要求他们15日截止报名；第二次，推迟到20日；第三次，推迟到了每架包机航班的前三天，也就是说，最后的截止时间到了27日。27日以后仍然有台商来订票，他们只能做解释工作。在这不到一个月的时间里，他们协会光传真纸就用去了17箱。不过，最值得欣慰的是，有1 315名台商及其眷属在他们的服务中乘坐包机回家乡过年了，乘坐率达到了77%。

为了确保春节台商返乡包机的地面配套服务，上海大众交通公司配备大巴、中巴和轿车，随时满足台胞去浦东机场的需要。凡是乘坐26日首航班机的台胞，只要电话预约，公司都提供上门接送机场的免费服务。当天早上，大众公司出动了67辆轿车为台胞提供免费服务。

台商：绕来绕去都是中国地方

“尽管迟到，还是春天，总比冬天要好。”上海市台企协会会长叶惠德说，“经过各方努力，这次包机终于起飞了，虽然经济上的诱惑很小，时间也没有节省多少，但是，其意义仍然是不言而喻的。”

台商吴婉娴女士是这次包机的第一个购票者，她说：“1月7日下午，听说包机事已成定局，十分开心，夜不能寐。第二天一早，就赶到市台企协会为一家四口买好了包机票。包机虽然仍要停港澳，但是不需要换机了，手续也略有简便，时间上比以往省了一个来小时，经济上便宜了500来元人民币，应该说确实进了一步。”

上海佳佳食品公司的负责人今年原本不打算回台湾过年的，听说有了包机，她改变了主意，买了四张1月30日回台湾的包机机票。讲到回家难，吴女士讲述了十年前的一段经历：“我1992年从大陆回台湾时，因为旅客多飞机少，很多人被迫滞留在香港机场。我也是其中之一。当时我看到很多台胞吃睡都在机场，最长的竟然已经七天了。我们滞留的有200多人，都围着华航的售票专柜静坐抗议。一直到华航方面出来处理，增加了航班，我才于第三天登上飞机。”

但是，也有台商对包机并不满意。笔者采访一位陈姓台商时，他说：“包机仍要经停港澳，这样至少多出一半的路程。其实，香港也好，澳门也好，绕来绕去还不都是中国的地方？再绕还是在大陆与台湾这两岸之间，真是毫无必要。另外，虽说包机票价略微便宜一点，但是清规戒律太多。比如必须哪班去，哪班回，不能改签，不能退票，乘机台商除了身份证件以外还要登记公司名称。这些麻烦与节省一小时和几百元钱相抵，几乎把包机的意义全都抵消了。”

台湾的航空业者也坦陈，台湾方面规定包机只是接台商回家过年，飞机首飞上海的去程和送台商回上海的回程必须是空机，不能载人。这样一来，单程成本将提高30%多，再加上一些其他费用，开包机对于航空公司来说，完全是“赔钱赚吆喝”。眼下所有航空公司踊跃申请参加开包机，那都是着眼未来。大家都明白，“三通”是早晚的事，即便今天赔本，也要早早“卡位”，以免错过明日分航线航班这个“大蛋糕”的良机。

“特殊代表”：既要乘包机，还要回上海过年

上海元祖食品公司总经理张秀婉女士兴高采烈地来到了浦东机场。今天她的身

份真有点特殊，既是来欢迎首航包机的台商代表，又是乘坐包机回台湾的乘客。

笔者问她这次何时回来。没想到她回答道："过一两天就回来。"笔者有些纳闷地问她："不在台湾过年？"她说："是啊，这次我坐第一班包机，是刻意的行为，其目的就是支持这次包机通航，也是表明我自己的态度。对于两岸之间的'三通'，我们台商最着急，因为是迫切的需要。这个问题讲了这么长时间都没有进展，今天的包机通航使我似乎看到了一缕光芒。"

笔者问张总为什么一定要回上海过年。她笑着回答说："自从到上海创业以后，这十多年来几乎都是在上海过的年。选择在上海过年，一是习惯了；二是觉得上海过年比较热闹和可爱，放鞭炮，会朋友，过节的气氛比较浓；三是公司这段时间生意特别忙，这基本上是食品业的特色，我需要及时掌握情况，为今后的生产和发展打好基础。"

谈到公司的成长与发展，张总说："这几年来，每年的利润的递增速度都在20%到30%，各方面都比较顺当。我每个月都要回台湾一次。十多年来，上海、港澳、台湾，我飞了120多个来回，经历了上千个起落。因为我的前庭功能紊乱，所以每次起落都很难受，耳膜胀痛，恶心。这些年来，我一直在想，如果实现了直航，我起码可以减少一半的痛苦。"

首班乘客：这是一次难忘的"彩虹之旅"

因为这次包机在时间、票价上都没有占多大优势，台商们认为包机的意义大于经济利益，乘坐包机似乎有点像参加纪念活动，因此，他们称这次乘包机返乡为"彩虹之旅"。

1月26日上午11时许，258名台胞在欢乐的乐曲声中陆续登上华航班机。舷梯旁，一位妙龄少女手中的绣球逗引得两只彩狮翻滚、腾越……许多乘客离开登机队伍和"狮子"照相，和飞机照相。他们要见证这个具有历史意义的日子。

叶惠德会长也是第一个航班的乘客。他携太太及两个孙子来登机时，特意叫笔者在飞机旁为他们留个影。

叶会长于1月28日又从台湾回到了上海。我问他这次"彩虹之旅"的感觉。

中华航空公司有关人士和机组人员走下飞机。
（张明／摄，图片来源：新华社）

他说：“我乘的是华航开的第一班。华航为这次首航做了大量而周到的准备。他们调度了最大最好的飞机，特别安排了驾驶技术优秀的两男两女正副机师。乘客们喜气洋洋上了机，华航准备了一些‘节目’，给每位乘客发了首航的飞机模型和纪念封，机上台商朋友互相签名，首日封成了历史的见证。在飞机上，大家都觉得很兴奋，有的在摄像，有的在拍照，真正休息的人很少。我还和华航总经理等人一起向同机的台商朋友问了新年好。我们这个包机里孩子很多，这样的气氛给孩子留下的印象也很深。”

华航包机下午 3 时 40 分到达台湾桃园机场。叶惠德会长说：“台湾的欢迎仪式没有上海那样浩大，也没有舞龙舞狮。机舱门一打开，只看到很多记者。华航送给每人一份年糕，按台湾的习俗，过年是要吃年糕的。机场上没有欢迎仪式，只是相关机构和各党派都有代表来接机，和大家握握手，就各自回家了。”

台湾记者：敢问路在何方？

首航的包机起飞之后，台湾的媒体朋友也松了一口气。晚上，他们约笔者去吃火锅。虽然围着热气腾腾的火锅，可大家的话题却仍然是包机。台湾媒体朋友对笔者说：“这次包机，大陆处理得很主动，很得分，有肚量，有姿态。台湾提出要单飞，

2003年1月26日晨，执行台商春节包机首航任务的台湾中华航空公司CI585的机组人员在台北起飞前早早来到机舱内做准备工作。2003年是羊年，机舱背景是以羊为图案的各种春节剪纸。

（洪圣飞/摄，图片来源：新华社）

要绕航，都显得十分理亏。”“包机，难道就做这么一次‘秀’吗？台湾说以后再也不飞了。台商有意见，认为是要弄他们。如果再飞，这种单飞、绕航的无理要求也势必遭到台胞的反对。我们台湾的许多媒体已经在问当局：‘敢问路在何方？’”

是啊，包机终于起飞了。中国民航总局负责人杨国庆认为，台商包机返乡尽管在许多地方不尽如人意，但毕竟是台湾航空公司的飞机在两岸断航53年后在上海浦东机场起降，是一个突破，必将为实现两岸空中直航带来积极的推动作用。他希望：在春节包机后，很快有其他的客、货包机申请；在不定期航班后，会有定期航班开辟；在台湾航空公司单飞后，会有大陆航空公司的航班飞过去；在中停港澳后，会有真正意义的直航；在飞行上海一点后，会在更多的航点之间架起更便捷的空中桥梁。

（选自2003年第3期《两岸关系》，作者：葛凤章）

修建宜万铁路，就是那么难！

2003年11月12日，国务院总理办公会通过宜万（宜昌至万州）铁路可研报告。2003年12月1日，宜万铁路奠基仪式在湖北恩施举行，拉开了建设序幕。宜万铁路位于鄂西、渝东山区，基本呈东西走向，线路途经湖北宜昌、长阳、巴东、建始、恩施、利川和重庆万州七个县市（区），全线运营里程377公里，沿线设12个车站，是中国“中长期铁路网规划”里“四纵四横”快速客运网中的沪汉蓉快速通道的重要组成部分，也是贯通中国东、中、西部的重要纽带。宜万铁路所经地区绝大部分是喀斯特地貌山区，遍布岩溶、暗河等不良地质，是世界上最复杂的地质，因此，宜万铁路是我国铁路史上修建难度最大、公里造价最高、历时最长的山区铁路。

铁路办新来的土家人

2003年元旦切切到来，土家人的新腊肉尚未熏好。

宜万铁路确立为国家重点项目，已有半年光景，要争取工程早上马，就必须发动最后冲刺。新任州委书记汤涛，年轻的州长周先旺，加上四大班子成员们，一个年度工作总目标，就是要在自治州成立20周年大庆期间，隆重举行宜万铁路开工典礼。如果开工典礼落实不了，就等于州庆活动很不成功——空空洞洞没味道，腊肉不如往年香，各级领导不满意，全州百姓不满意。

跑腾工程立项，恩施人没有被动等待；推动工程开工，又岂敢丝毫放松？而落实开工绝不比争取立项容易，向一道道壁垒般的“衙门”高墙发起冲锋，工作将更加艰难具体。在许多地方，工程立项之后，最终没有上马，反而流产了，并不是什么稀罕事。可怜天下盼路人，还要跑断腿。偏在这时，原先本州最英勇的铁路战将们，面临着种种人生变动。原先的副州长徐静黎，是个中坚人物，即将调往武汉，回到省里工作；另一位老主任刘吉录，劳顿半生建树多，现在也要放下指挥旗，交班休息。宜万铁路促开工，急需一代新土人。

知人善任，伟业始成。当此紧要关头，一位土家族干部，名叫周昌发，接替了徐静黎、刘吉录的未竟职责，肩起了推进宜万铁路开工的重担。

把这副重担交给周昌发，事出有因。他本是恩施州宣恩县一位县委常委，分管工业的副县长。宣恩县有个“生命工程”，叫洞坪电站，是该县“水电强县”构想中第一大项目。电站总投资 8 亿多元，当时在恩施州尚属先例，因而引得上下瞩目。洞坪电站与恩施铁路两大项目，曾经双双在 1993 年前后踏上漫漫申办之路，又双双在 2002 年开云破雾同时取得突破：洞坪电站开工上马之日，正是宜万铁路国家立项之时。而周昌发，则是推动洞坪电站变图纸为现实的关键功臣之一。这位周副县长中等身材，圆乎脸，分明一个普通人。但是他具备一个显著特色，就是爱钻研新理论，吃得了农家苦。这两条合并于一身，是改革年代新型人物的共同素质。放眼望去，30 年来，在政坛文坛理论界科学界，凡是“可持续”之佼佼者，十有八九是这样的人，爱思考，能行动。事实上，少数在市场经济大搏杀当中真正站稳了脚跟的豪商，也是这样的人。这其中暗含着思想方法的先进性与扎实无怨的操作性；进而言之，西方社会的个人价值观与中国社会的传统荣辱观融为一体，既要认准方向，还能处处务实，决不轻言放弃；他们可以独立思考，也可以群体合作。

2002 年 7 月 17 日，周昌发从北京奔波水电站疲惫归来。先飞到宜昌三峡机场，再转机飞恩施。未料恩施狂风暴雨，小飞机不能降落，因而飞返宜昌，要等天气转晴后再飞。适逢县里一大堆事情亟待处理，周昌发不愿这样盲目等待，便在宜昌借了一辆小车，风雨兼程往回赶。读者早已知晓恩施山区道路状况，坡陡弯急，山大沟深，风雨暗夜，险情频发，外乡司机，如入虎口！待此车纵深山岭之后，急弯处冲来一辆大车，司机躲闪不及，又怕坠入深渊，但听轰隆一声巨响，两车相撞，周昌发当场昏死过去。他头部裂开巨大口子，血流如注。另外两名干部双双身负重伤，血浸公文包。三人在抢救中万幸留下了性命，那位宜昌司机却再也没有醒来。

周昌发头上一连缝了 28 针，仿佛象征他经年奔忙洞坪电站闯过了 28 道难关。

“土家人跑路拿命换。”这不是一个泛泛形容，而是一种实际情况。

那时，周昌发头上裹着绷带，五官肿得像面包，嘴也张不开，还感慨地说：咱山里通了火车就好啦！谁能想到，当他出了医院，去掉绷带，脸部消了肿，头上重新长出黑发的时候，他真的奉调来到恩施铁路办工作。

2003年元旦，州领导与周昌发正式谈话，先问他：伤好了吧？周说：伤好啦。领导说：伤好了就好，为了大山里早日通火车，你上铁路办接着干吧！

周昌发闻言，情不自禁地摸着自己的脑袋，头发浓密了，伤疤隐隐作痛，谁的伤痛谁知道。领导说：洞坪电站干得好，现在上马了，你也活过来了，可是宜万铁路啥时候上马？《国际歌》唱得好，说趁热打铁才能成功啊！

周昌发没有话说。工程立项之难，上下珍惜之深，他最有体会。立项不开工，等于吊半空；立项不上马，等于汗白洒。不定哪天，好菜凉啦，好事儿黄啦。这其中变数太多。想当年，“三线”铁路工程早就在毛泽东那里立了项，这段路的模型都在大会堂展示了，最后也没能开工上马！这不，听说北京方面热议机构改革，风声日紧，真令人担心啊……

周昌发前往热火朝天的洞坪水电工地，眼睛酸涩，默默地转了一圈。他告别宣恩古县，来到恩施大城，出任州计委副主任，主持铁路办工作。老主任刘吉录留任顾问，刘与周紧紧握手，把深切希望寄托给后来人。

刘吉录与周昌发，两人少不得一场细致交接。那么，用什么方式交接？到底怎样进行交接？这是寻常读者们猜想不出来的。一般讲，前任后任交接工作，无非是机关开会大伙见面，各个科室谈谈话，大小宴会举举杯，好言善语讲上一箩，也就差不多了。而恩施铁路办新老交接，却远远不是这样。行道不同了，情况变化了，交接方式亦需随之变化。

只见老主任刘吉录，铁路办老人廖宗珩、余治清，加上周昌发等人，大伙儿打起行装来，登上汽车、轮船、飞机、火车，向着省城武汉，向着北京城里一大串部委办，出发了。

老关系、老感情、老项目、老领导，必须一一介绍。前任后任稳妥交接，极尽礼数，始能诸事照着老路行，芝麻开花节节高；如果做不好这项工作，情况立生变故。生客进衙门，哪有热脸迎？你说你的事儿，我办我的公，末了给你一句：刚才你说什么事？

噢，你们重新写个报告来吧。

好，有消息我们通知你们吧。

对，我一定向上面反映反映。

哈，有机会我们一定去看看。

唉，你们应该找谁谁批一下嘛。

啥，吃个饭？下次吧下次，今晚有约了。

在北京，多少人，提着猪头找不着庙门。

等你跑了一年整，唉，新换首长把令行，只好明年看行情，尔等重新找捷径……

平心而论，宜万铁路办立项，年年呼唤声声急，确是上下公对公，确无交易在其中。只有一种老派的情感投资，实是一种珍贵的力量维系，远山的人们最爱惜这种力量。只有老关系、老朋友、老首长才知晓偏山一隅的真实景况，才比较了解这条路前前后后的立项过程，才比较懂得贫困山乡的人心渴盼，因而才能一定程度地分解你的苦衷，一定程度地多替下面人着想。你带去一点儿山茶，一点儿粗粮，一点儿土特产，不过就这么点儿东西，也只有老朋友才稀罕，看重的是一份儿深厚感情。你到部委办大门口，填了进门单子，只有老朋友才会下楼接你。京城里这种难得的老友，资源宝贵，为数不多，你太行山人，湘鄂西人，沂蒙山人，陕甘宁人，一切老少边穷地区的人，怎敢轻易丢失？

老人刘吉录，新人周昌发，就是手牵手走到这些老关系面前，进行一次次诚恳交接的。他们见过了武汉的省铁路办、铁四院、省计委多位负责人；进而见过了北京的铁道部某某司、工程管理中心、国务院办公厅、国家计委、中咨公司等等相关首长。——是公共事，有挚友情。

此次千里出动大交接，还是顺利的。周昌发那张黝黑的圆盘脸，十分自然地流露出一种憨厚与本分，敦敦实实的身段，精练谦虚的谈吐，衍生出一片亲和可信的气氛来。他性情深处无疑是聪明幽默的，但他却不像有些商务来客那样，精明外露，欲望鲜明。他不会让你感到为难，你却已经在为他做很难的事情了。

我跟他开玩笑：周昌发？周润发是你哥还是你弟？

他便憨笑道：哦，润发呀，我们不是亲的，走动少些。

我闲聊着：刚接班那时，压力很大哩。

他说：压力肯定有，也会体现在数字上。你看，原先我们跑水电，是8个亿的项目，不小了吧？而现在上宜万路，最少投资200个亿，从量变到质变，压力自然增大，工作方法也会变化。但从根本上讲，在中国跑项目，情是一样的，理是一样的，规律也是一样的。

话说得颇随意。我从这些话语中感悟到一种灵通进取的上升感，而不是喘不过气来的苦难感，这很不一样。但是，真正采访周昌发却有些困难。他反复推辞，说他个人在这条铁路上的作用可以不谈，反复让我去采访其他老同志，去采访施工者，去采访州县领导和土家百姓，说只要修通这条路，就是唯一心愿……

这一次，刘吉录和周昌发，还有廖宗珩、余治清，他们一口气在外面跑了20多天，该见的人都见了，该说的话都说了，该走的道儿都走了，诸长官的联系方法有了，与在京乡党的“内线”关系也接上头了。再往后，就轮到周昌发独当一面“耍单帮”了。

新年腊肉熏好没有？还得再等等。

州长见首长

又要说到北京“两会”。山里人要见大首长，想讲事儿，最便捷的方法就是依靠“两会”机缘。这是第几次了？土家女代表向兴平于1995年恳请过江泽民；2000年州长郭大孝向李鹏含泪陈情；2001年郭大孝再次向江泽民、吴仪进言；2002年江泽民对湖北代表明确表态支持。一连四次，都发生在全国人大会议分组座谈中。到2003年，宜万路急盼开工，恩施人还得抓“两会”，算作第五回吧。

3月6日，机会来了。中央政治局常委、国务院副总理温家宝，在农业部领导陪同下，前来湖北代表团参加讨论。恩施州年仅40岁的新州长周先旺，是继郭大孝之后的新“土王”。他在会前已和州委书记汤涛商量出一个重点，就是要毫不犹豫地把握机会，向温家宝汇报宜万铁路准备情况，表达全州人民盼望工程上马的急迫心情。今天，周先旺的汇报语言精练，表达准确，效果很好，当下吸引了温家宝的注意力。

接下来，温家宝向这位新州长亲切问话：你这个州长很年轻啊，一个自治州，担子可不轻哟！

周先旺脑子相当好，急忙谢过总理关心，又说：总理，央视报道除夕夜您到辽宁阜新煤矿，深入720米井下看望工人，和矿工一起过年吃饺子，给我们留下深刻印象。

温家宝谦虚地挥挥手，周先旺趁势把话题转回自家：总理到过全国很多地方，可是您还没时间来过我们自治州。也许您对我们那里还不熟悉，其实我们恩施却和您有很大关系呢。

温家宝：哦？是这样吗？

周先旺从容不迫：我们不会忘记1998年大抗洪，当时您六下荆江坐镇指挥。特别是8月下旬，荆江到了是否分洪的最危急关头。您经过亲自调查后，审时度势，在最关键时刻作出了“不分洪，顶过去”的正确决策，保住了分洪区人民免遭灭顶之灾。当时为了减轻荆江压力，我们在长江上游恩施境内的清江大坝上，坚决配合下游决策，冒险超水位蓄洪错峰，明显地减缓了荆江水位的继续上涨。为确保“不分洪，顶过去”，在您的指挥下，我们恩施人也做了大量工作。

一说“九八抗洪”，温家宝振奋起来，双方立刻有共同话题。温家宝感慨地说：是的是的，我当然有印象，清江就在你们境内，当时确实承担了风险，鄂西人民作了贡献啊！请代我转达对恩施人民的问候……1998年抗洪，太难忘啦，几百万抗洪大军，历时三个月，荆江达到历史最高水位45.22米，真是旷日持久，惊心动魄，伟大的胜利来之不易啊！

周先旺言说抗洪，目的还在于说铁路。这时他拉回话题说：总理，我刚才向您汇报宜万铁路，您可能没有听说过，但是早年的川汉铁路，您一定知道，这段铁路就是川汉铁路的一部分。

温家宝：原来是这样！

周先旺：川汉铁路在百年前就动工了，可是现在还没能修成。

温家宝：你说这是为什么呢？

周先旺：还不是因为清政府腐败嘛！

温家宝笑道：你说得没错，那是一段屈辱的历史。因为有了川汉铁路出卖主权，才爆发了四川保路运动；又因为保路运动成为导火线，才带来了辛亥革命的成功！这么说，川汉铁路可是有功之路哩！

周先旺适时提出要求：我们恳请总理多多关心这条路啊！

温家宝略作沉思，收回激情，进入办公状态：我记得这个项目在去年已经立项。

周先旺急忙应道：是的，是立项了，可惜至今还没有开工。我们担心，现在面临大的机构改革，会不会影响……

温家宝清清楚楚地答复：建设这条铁路，不会受到机构改革的影响！

这下子轮到周先旺亢奋了，他险些失态，急急说太好啦，太好啦！忽然，他拿出一个大盒子，说是要把自己带入大会堂的一份土特产送给温家宝。温家宝居然破例收下。什么土特产？就是一件古色古香的土家族服饰短褂，上面有土家妹娃儿细密的绣花。恩施人也管它叫大红袍。周先旺说他代表土家族人民送给总理，温家宝便说谢谢，高兴地把绣衣接了过去。周先旺进而欢迎温总理到恩施做客，说是请总理“做一次生态旅游”。温家宝留下一句活话：有机会一定去那里看看。

皆大欢喜，喜出望外，这个“两会”没白来。

想不到，更高兴的事情又发生在六天以后。周先旺运气确实旺，并且是“先旺”。

3月12日下午，中共中央总书记胡锦涛，前来湖北代表团参加讨论，陪同者仍是农业部领导。而恩施州汤涛和周先旺两位党政领导，对于此次进京有可能见到胡总书记是有所准备的——这又是湖北人无比精明之一例。周先旺首先在发言中报喜：一连多年的全国人大会议，我们恩施代表都在恳请建设宜万铁路，结果怎么样呢？结果非常好，去年，这条铁路已经在国家正式立项了。山里人的提案得到了圆满落实，这不仅是全国人大重视代表意愿的结果，也充分说明了党中央、国务院对于老少边穷地区的深切关怀！我代表恩施州340万各族人民，对党和政府表示感谢！

周先旺这么一说，胡锦涛十分高兴。

谁也想不到，周先旺随身取出一片纸来，并由此产生了特殊效果。周先旺把这片纸拿在手中，向总书记也向诸位代表们说：同志们啊，早在20年前，也就是1984年，当年的共青团中央第一书记胡锦涛同志，和当年中共中央总书记胡耀邦同志，深入我们恩施考察。那一次，他们在农民家里过夜谈心，还和农民们一起吃饭。更可贵的是，他们还带头交付了考察期间的伙食费！同志们啊，这就是总书记当年在恩施交纳伙食费的发票，我们一直把它保管到今天！这次开会，我把这张发票带到北京来，交还给总书记吧。

只见胡锦涛接过这张20年前的伙食发票，仔细察看，显得既意外又欣慰，然后，真诚地对周先旺说：谢谢你们啊！难得你们这么细心！好，我收下了。

掌声，热烈的掌声。这掌声送给新书记胡锦涛，也包含着对老书记胡耀邦的怀念。一张伙食发票？说明吃饭人是交了钱的。这分明是共产党人优良传统的真实写照呀。这位州长是一个有心人哩。

周先旺抓住时机表心愿：总书记，您在20年前，就关心我们恩施人民的生产生活，现在，我们恳请您，关心一下我们那里的铁路建设吧！

胡锦涛笑道：好啊！我听说你已经向温家宝汇报过了？

周先旺答：是的，我们着急的是，虽然工程立了项，但是还没有批准开工啊！

胡锦涛当即明确表态：你们放心吧，国务院和铁道部会落实的。

掌声大起！湖北代表们完全听清楚了胡锦涛的话。热烈鼓掌，是对这颗“定心丸”的真诚回报……

更加令人意外的是，本次“两会”尚未结束，铁道部就给周先旺代表送来了书面答复。如此迅捷的回复现象，实在不多见呀。很显然，这是胡锦涛、温家宝直接关照的结果。说明周先旺两次汇报力度之大，效果之佳。铁道部致周代表书面答复，相当令人满意：

> 周先旺代表：……您提出的万宜铁路要尽早开工问题，农业部已转告我部。……万宜铁路已列入我部2003年新的开工计划，待国家批准后开工建设。

太好了！已经“列入我部2003年新的开工计划”了，只“待国家批准后”即可开工建设了——前头温家宝说，此路不受机构改革的影响，后边胡锦涛说，国务院和铁道部会落实的，这不，全都落到实处啦。同时，铁道部还告知说：铁路项目筹备组已经迅速成立，并将正式前往恩施州，做开工前的最后考察。这真是好上加好啊！

恩施人直谏最高层，已达六次之多。现在，我们是否可以长舒一口气？宜万铁路，就算2003年开工不成，2004年总该差不多了吧？铁道部项目筹备组都宣告成立了。

但是，另一位土家汉子，他不仅不敢长舒一口气，而且尚需运足了这口气，去拼命战斗。这个人，便是周昌发。

非常时期的京城记忆

越是有了胡锦涛、温家宝支持表态，越是有了铁道部明确答复，全州干部群众越是欢欣鼓舞，这一边，铁路办周昌发的压力就越大。铁路开工，配合本州今年大庆活动，断然无法推迟。汤涛书记逢会必讲，两件大事必须放在一块搞，没有余地。一年总共12个月，“两会”开罢就到了4月，三分之一时间已经过去。即使州庆活动放在全年最后一个月搞，他周昌发也只剩下半年多光景了。责任与压力，全部集中在铁路办。

人的社会角色不同，喜怒哀乐便会不同。

周昌发进入倒计时！他一夜一夜睡不着觉。眼瞅着到了4月6日，他半夜爬起来写日记：

> 铁道部宜万铁路项目筹备组的负责同志，已经前来我州考察，这对恩施来说无疑是个大好事。州委书记汤涛和分管铁路的副州长徐建，前往宾馆与筹备组郑重座谈。我到新岗位后，第一次面对州委书记。汤书记神情严肃地说：“噢，你就是周昌发啊！我们在讨论铁路办人选时，大家都说你不错，都推荐你了。不过，咱可说好，如果铁路今年开不了工，你们不能为州庆二十周年献上这份大礼，照我看，你就别干这个事儿了！”

别干这个事，就是说别做这个官了。铁定了毫无退路。州中头等大事，诱发周昌发痔疮又犯！疼痛在屁股，急火在心头，谁也替不了他。周昌发全程陪同项目筹备组考察完毕，便立即和余治清急速开赴北京。当头一道难关，又是中咨公司，去年管了立项，今年还管开工，该公司必须召开专家专项评审会。这份评审会可行性报告出不来，国家发改委就不能最后审批，铁道部就不能成立项目指挥部，更不能启动资金，宜万铁路就只能再等待。

一份评审会可行性报告，相当于重大项目启动前最后一道通行证。中咨公司专职把守这道关。

出发！周昌发和余治清到了祖国首都。4 月的北京。土家人奔波在沙尘暴里。

情况既糟糕又痛苦：中咨公司本月评审日程全部排满，近期亦未安排宜万铁路。何时组织专家评审，尚在未知，最快也在五六月吧。真是紧病慢大夫，让你干着急。

中咨公司很权威，具体负责项目评审的官员，是赵东经理。每开一次专家评审会，赵经理首先要做大量前期准备，然后召集顶级专家集中开会讨论，每次会议，少说也得三四天。会后总结专家意见，形成正式报告上交。或可行，或不可行，各大项目动不动投资数百亿元，绝非一个简单过程。

赵东经理望着周昌发那张痛苦的圆脸，不由得自己也生出了痛苦表情。赵经理颇清楚，今年以来，这位从鄂西大山里奔波而至的土家汉子，已经给京城各大机构留下奇特印象。他朴素到无畏，憨直到斗胆，什么样的大衙门他都敢闯敢进敢直言，一张口先来一套“以情动人”，反反复复恳请京官们：请帮助恩施各族人民实现自己的百年梦想吧！京城里许多人一开始没记住周昌发这个名字，无意间送他一个外号，叫做“百年梦想”。人们交流时这样说：那个谁，就是那个百年梦想，他又来啦！或者说：那位百年梦想还没走啊？乃至于当面开玩笑说：百年梦想呀，你的美梦到底啥时候实现啊？周昌发便央告说：只有在您的支持帮助下，才能很快实现呀。

渐渐地，百年梦想，以情动人，真正起作用了。到后来大家会这样说：咱们今天加个班儿，甭让人家“梦想”明儿再跑一趟了——梦想啊，您就多待会儿吧，我们快给您弄完啦！周昌发赶紧给人家茶杯里频频续水，连说谢谢谢谢，真是太感动我们了！

其实是他感动了人家，感动在沙尘暴的肆虐中。

现在，赵东经理安慰周昌发：梦想啊，你不要着急，4 月底 5 月初，我们一定想办法挤进议程去，尽量提前给你安排，我们对你是讲真话的。

土家人就激动地重复：真是太感动了。

周昌发到处打电话，到处对人说，落实不了开工，我们就不回去啦！

也许，他一旦空手回去将可能丢官卸职，我想，这只是一方面的忧虑吧；须知更重要更深层的精神内核，还是土家儿女血脉中传统的巴蔓子情结，男儿在世何所惧，愿为热土献头颅。

可是，人们万万想不到，一场远比沙尘暴更加可怕的大祸灾降临首都北京。

宜万铁路奠基后，开始了艰苦卓绝而漫长的建设施工过程。这是中铁工程总公司四局四公司员工在宜万铁路八字岭隧道施工。（李峰/摄，图片来源：新华社）

起初，周昌发埋头苦干，为百年梦想日夜奔走，其他事一律顾不上。忽然，他发现道路上行人渐稀，匆匆过客们个个神色慌张，还有许多人戴起了口罩。待他来到一座机关大楼前，迎面出来几个朋友对他高呼：好你个百年梦想，都这时候了你还瞎跑！周昌发大惑不解，说你们为何不办公呢。人家告诉他：连卫生部长都下岗了，谁还办公？你这个外地人随时可能被隔离！

事态相当严重，周昌发弄清楚了，一种不那么典型的小小病菌，击倒了伟大的北京人。简单的称呼居然叫做“非典”。一场瘟疫，浸染京城，殃及全国，摧毁了宜万铁路最后的专家评审会，几乎把周昌发头上那28针的疮疤震裂，直抵脑髓。

4月22日晚，周昌发以手抚头，写下一篇忧烦日记：

今天，又打电话给赵东经理。面对“非典”，赵经理一点办法都没有，说最近疫情严重，整个北京已经不允许召开任何全国性的会议了。宜万铁路专家评审会，肯定要被迫推迟。推迟到何时谁也说不好。从电视新闻中得知，“非典”疫情正在严密控制中。怎么办啊！真让人揪心悲痛。不，我们还是要想办法，一定要设法把工作进行下去！宜万铁路到了最后关头……

还能想出什么办法呢？一边是“百年梦想”周昌发，一边是中咨公司赵经理，二人哪里也不敢去，只能困守各自房间，通过电话和网络，沟通感情，重复话语，表示理解，等待时机。全体北京人，一律都回家。

我们必须说，恩施党政任用周昌发，算是选对了人。人到逼急时，就会凭借自身本领出招制敌。这急招儿，是一个人最后的绝招儿，是全面素质的总和。

大瘟疫从来不曾毁灭人类，生活必将继续。而当前，周昌发整日整夜在电脑网络中熬神，头痛时用手掐一掐太阳穴，口渴时浓茶大口灌，他快要疯癫过去。而疯子是敢于创新的，只有疯子才敢发动世界大战。突然间，周昌发神思飞动，梦幻出一个百年未有的绝招办法来，这一定是湖北西南部深山大河中积智千年的祖先们帮助优秀的后辈儿女逼出了一个了不起的新思路。周昌发疯狂地抓起电话，急急拨叫：赵经理赵经理赵经理赵经理，喂，赵经理呀，我是周昌发，喂，我有话跟你说，你一定要支持我，对，你一定要支持我，支持我们的百年梦想……

周昌发的办法，就是充分利用网络，在非常时期，开创性地举行前所未有的高端专家网络评审会议，推进宜万铁路开工！

赵东经理受到猛烈的震动：网络评审，这何止是非常时期的好办法？执政党，政府机关，选举，投票，征求意见，寻求公意，平时何尝不可为？节约办公经费，减少人际摩擦，提高公务效率，计票真实可信，公平公正公开，避免群体事件，抑制暗箱黑幕，斩断腐败机缘，好得很，很先进，很民主，代表着先进事物前进的方向，代表着……代表着……

赵东经理在电话中向周昌发表示：多难兴邦，可以考虑搞一场非常实验！虽说利用网络评审在过去从未做过，但我们坚决支持你这个想法，相信专家们也一定会支持这个好办法。我立即向领导汇报，立即向专家们征求意见。百年梦想，你可真不简单啊！

建设在深山峡谷边上的宜万铁路巴东火车站。（郝同前 / 摄，图片来源：新华社）

人类在灾难中前行。网络评审的创举，自宜万铁路始。

一个月以后，在所有专家共同支持下，网络评审意见从多个家庭的写字桌前陆续出台。赵东经理电告周昌发：评审有效，正在汇总，大功告成！

周昌发把自己关在家里，自灌半斤苞谷酒，热泪沾巾，哭泣有声。

2003年7月2日，“非典”之战尚未结束，中咨公司便向国家发改委正式上报了网络评审会议的第一个成果——《关于新建万州至宜昌铁路可行性报告的评审报告》。

据此，铁道部宣告成立宜万铁路建设总指挥部筹备组。

我还记得，在那个“非典”肆虐的日子里，我自己中断了一个陕西会议，然后长时间滞留在山西作家协会寓所内。而我的妻子和女儿却被闷在北京房中，与所有的首都百姓一样。娘俩电告，一日六集收看北京台电视连续剧《孝庄秘史》。

家舍附近的宣武门越秀宾馆被救灾征用，成为北京“非典”之战一个指挥中心。我有一种诉说不清的激动，宜万铁路开工的号角，竟然是在这种非常情况下吹响的……

那时节，整个北京，路旷人稀，戒备森严。

周坚卫面对重重壁垒

中国古典名著《西游记》，说唐僧携徒儿前往西天取经，历经九九八十一难而不悔。西天路上，艰苦备尝，扣人心弦。

九九八十一难，一难少不得，应是中国国情的象征性写照。神幻文学作品，深根仍在大地。

前面说，2003年7月2日，中咨公司成功开创网络评审会议，将宜万铁路可行性报告上报国家发改委。据此，铁道部施工指挥部宣告筹备成立，恩施城20年州庆活动全盘准备完毕，这条铁路就要开工兴建，百年梦想即将实现，腊肉蒸出了香气，苞谷酒可以醉人。是不是这样呢？

还要怎么着？周昌发在喝过苞谷酒之后，头部那28针疮疤反而更加疼痛。

敬告读者诸友：还要煎熬五个多月呢。

五个月里难关多，一道一道咱慢慢说。

所谓九九八十一难，实质在于难以冲破的一座又一座地盘壁垒，集团壁垒，实权壁垒，门户壁垒。只要你半改革、半转型、半和谐、半开放，壁垒就是普遍现象，是共性问题。政府转型势成改革关键点，政府转型的深刻意义在于，通过一系列综合性改革，使各级政府逐步从利益的制约和束缚中走出来，重返公共利益的服务地位。

周昌发他们所遇到的一道道难关，正是现实中的重重壁垒被人为地具体化了，他不头疼才怪。

修建铁路，包括修建高速公路等国家基础设施，首当其冲第一条，少不得要占地，要拆迁，要补偿农民以钱粮。湖北省政府与铁道部，早在宜万铁路立项前，就签署过协议条款：由铁道部补给筑路征地资金每亩7 000元以及拆迁每平方米240元，由湖北省政府具体协助完成。那么，干工作总要有个政府责任主体——比如说省国土资源厅去具体负责实施。好，偏是在这里卡壳了，湖北省国土资源厅，根本不想当这个“责任主体”，谁也不想接过这副沉重的担子。这不，周昌发陪同铁道部新成立的宜万铁路总指挥部筹备组诸君，前往武汉落实此事，事情却无法进行下去。简单说，省国土厅认为几年过去，地价房价猛涨，原定资金太少，如今，每亩地最少需要万元以上，说缺口太大干不成，实施起来太困难。这点钱，也不符合《土地法》——难题又来了。

铁道部不可能再拿钱来，而湖北国土厅迟迟推手不上阵。周昌发陪着铁道部几位来宾，一位是筹备组负责人董弘毅，一位是工程管理中心副主任潘厚德，还有一位王建国，正式与国土厅洽谈失败，交涉不下去。三双眼睛一齐望着周昌发，说：你们湖北怎么这样？原先签好协议，现在却嫌钱少，你们到底干不干啦？总不能让我们筑路人去直接征地拆迁吧？我们铁道部没事儿干吗？紧迫工程多得很，如果你们湖北自家协调不好，我们铁道部只能放放再说。

周昌发头上那28针老疤，马上就要爆裂。

铁路办的人，除了一腔热血，啥权力也没有。他们只能一会儿诉诸本州领导，一会儿请示省铁路办主管领导，寄希望于省长、副省长，出面主持协调。

那段时间，周昌发等人长驻武汉了。最支持他们工作的一位官员，是省发改委交通处处长兼铁路办副主任潘幼成。周昌发在日记中痛苦地写道：

> 又向潘幼成同志汇报，说我们已将宜万线的征地拆迁费用与长阳高速公路、长荆铁路和宁西线随州段三套方案做了比较，并按照《土地法》测量出一个标准，然后匡算，认为铁道部给宜万线的包干经费虽然不多，但只要省直部门不截留、不揩油、不收费，把这些钱真正用到农民身上，还是可行的。……潘幼成同志据此向国土厅反复讲解，而国土厅仍然不干。

能有什么法子？宜万铁路果真干不成吗？不，周昌发振作精神，和潘幼成一道走向省政府，请求副省长周坚卫再度出面牵头，和国土厅谈下去。

周坚卫副省长，对这条铁路知根知底一往情深，他主持召开各方联席会议，寻求解决问题的办法。周昌发强睁着布满血丝的眼睛，上会煎熬。

——省国土资源厅坚持说：国家法规有明文规定，我们必须收取一定费用，而且少了不行。

——省林业局也说：宜万铁路沿线属长江南岸防护林带，按照国家法规，是不能修筑铁路的。

——省水利厅当然也有说法：按照国家法规，开工修路，每平方米必须收取水土保持费。

——省电业局也有说法。

——省农业厅也有说法。

——省地税局也有说法。

——省交通厅也有说法。

所有这些问题的提出，源于立场，均无大错，体制未改，谁当家都是这个样。倘若我这个作家在会上，倘若一定要让我谈谈看法，我肯定会说：农民付出太大，补偿却太少太可怜。早在 1998 年，中央就提出要“赋予农民长期而有保障的土地使用权”。实际上，农民们哪里有土地产权，他们与土地是债权关系，不是物权关系。农民是被动群体。诸位都有权收费，唯独农民们失去土地，不知向谁伸手索要。法律保障各个政府机关的权益，却忽略了农民与土地的权益……

看，书生只会为农民发发牢骚：人人想到自己，谁去关照农人？方才行政主官提出许多难题，却只有行政主官才可以解决难题。下面的行政主官听中层的，中层的行政主官听上面的，省里的局委厅室办，要听省委省政府的。

最后，还是得益于周坚卫副省长坐镇，使诸多难题有所化解。周副省长面对各方激烈诉求，也动了真情实感，他坚持要求大家必须站在全省一盘棋的立场上，顾全大局，牺牲奉献，一切为了宜万铁路顺利开工。明摆着的事，总共就这么几个钱，大家收费越多，广大农民和用于筑路的钱就越少，于心何忍啊！情感加权威，国情加省情，周坚卫副省长统一把握会议，最后拍板决策三条：

属于本省的各项收费，一律减免，以集中财力修路。

属于国家部门的种种规定，由省政府出面，到北京各部委去陈请放宽，请求给予照顾。

属于征地拆迁的事，省国土厅有难处应予理解，改由宜昌市和恩施州作为责任主体，分段包干负责完成，自解难题，绝不能影响铁路开工，只能为工程鸣锣开道。

各方人士，不再坚持己见，先后表态同意此议。

周昌发这类干部，与领导者之间，始终保持着一种上下级应有的距离和尊重，这是规矩，已形成长期习惯。这时候，他却险些扑上前去，热烈地拥抱这位副省长。

两大部争端难摆平

一波未平，一波又起。一难刚过，一难复来。

省城联席会议，周坚卫副省长主持成功。这仿佛为周昌发做了一个脑部按摩，使他头痛稍缓。未料北京那边，国家发改委突来一份急电，让他再度跌入痛苦之中。发改委那边出了什么问题？中咨公司专家网络评审报告早已呈上，发改委各个司局的可研报告也一一会签，单等主任会议一开，即可批复，最后呈总理会议签字便是。偏偏就是这个要命的发改委主任会议，却因为缺少一份关键性材料而开不成。什么关键材料？哪个材料不关键？

原来，国务院早有明文规定：凡在长江上建造大桥，必须由国家交通部批准，最后由交通部至少是交通部水运司形成正式批文，才算合法。彼宜万铁路，先从宜昌向南第一次横跨长江，驶过恩施山区之后，进入万县境内，向北第二次横跨长江。两座铁路大桥，两跨长江主航道，没有国家交通部批准，岂敢修建？

然而，在周昌发以及前任们储备的所有材料中，却没有这份重要批文，只有宜昌市交通局一个文本，如此级别根本够不着高端会议。国家发改委因而不能批复宜万铁路开工。准确地说，不能列入主任会议议事日程，即便上了主任会议也批不下来。一句话，必须搞到交通部的正式批文。

须知铁道部与交通部，却完全不是同一机关。

要等待行政式的、老一套的公文旅行吗？湖北人等不起，恩施人等不起，潘幼成、周昌发他们当然更等不起。改革开放几十年，中国人摸着石头过河，其最大特征，就是下面的积极性推动上面的各项方针政策，上下互动发生变革。现在，周昌发一行必须再度扑向北京，推动另一座国家大部的恩准，尽管周昌发他们对于这个机关相当陌生。陌生并不可怕，铁道部和其他国家机关，周昌发他们原先也是陌生的呀。只是时间太紧太紧了。

周昌发及时将情况向本州汤涛、周先旺等主要领导汇报后，即由分管副州长柳望春带队，一行人于 2003 年 9 月中旬紧急赴京。他们首先求助自家熟悉的铁道部计划司，想请人家出面帮忙说服交通部。计划司的朋友真诚相告：老梦啊——人们觉得“老梦”更比“梦想”亲切，干脆把周昌发简称“老梦”——老梦啊，咱们是铁道部，管不了人家交通部，我们已经出文出函发送交通部了，你们要想快，还得自己跑啊。

是啊，眼下已是秋季，全州人民的州庆活动盼望铁路同时开工，还来得及吗？

一个偏远山区的小干部，级别不过在科级与副处之间，他周昌发只能凭借鼻子下头一张嘴，到国家最大机关去宣讲他们的百年梦想。仅仅一个“以情动人”，就想推动大机关要害部门为这个梦想转动起来，还要赶上他们自定的州庆“好日子”，这张嘴能行吗？不幸的是，那副圆胖脸上的厚唇嘴巴，一到北京便急出了满圈圈燎泡。须知，交通部一下子批准修建两座跨江大桥，是必须郑重召开专项评审会议的。

周昌发等人毅然来到交通部水运司，刚刚说明来意，人家便说：“这事儿找司长吧！”——此话太正确了，没有半些错误，可惜司长去哈尔滨出差了。

于是这张布满燎泡的嘴巴，开始启动以情动人工程。这一次，虽未产生明显效果，但总算获悉交通部可能在10月份组织项目评审，一篓子好话也算没白说。

10月评审？周昌发于9月24日在京写出如下日记：

> 交通部对铁路大桥的批文未下，以致无法召开发改委主任会议；又在铁道部外资中心得知，宜万铁路要充分利用亚行贷款5亿美元，谈判的前提必须是国家正式批复开工的项目，否则就是一个技术性谈判。现在，只要一个环节卡壳，就卡住了一大串儿；书记州长们又来电话催，说距离州庆活动只剩下一个月时间了。……我们每天在各部委之间乱转，给方方面面到处磕头。办法还得自己想啊！今天一大收获，是通过两位好心人悄悄指点，我们得知一个特别重要的信息：一周后，交通部长张春贤将陪同已卸任的李鹏委员长前往湖北三峡等地考察，这个机会可不能放过。应迅速建议州领导商请省领导牵头，以省交通厅为主，千方百计向张春贤部长做一次当面汇报。请求张部长亲自过问宜万铁路跨江大桥的批复，也许可以加速批文的下达。

情报，情报最重要。周昌发他们悉知交通部长张春贤将在一周后到湖北去，便立即向汤涛书记禀报，盼抓住时机，晋见部长当面陈情，推进大桥审批……

10月3日，张春贤部长在湖北听取恩施意见，果然深受感动。这段故事因篇幅较长而略过。总之是汇报效果颇佳，交通部长亲自催办此事，促使宜万铁路两座跨江大桥评审会在京提前举行。

部长一催办，确实比较快。不出一周，即10月9日开会，大桥评审得到通过。交通部对两座大桥的江段选址、通航净跨度和净高度宽度，予以认可。

消息传来，周昌发当然高兴！但他仅仅高兴了数日，复又跌入深渊。新的问题是：交通部虽然认可了跨江大桥方案，但同时提出一大难题，说长江向称黄金水道，你铁道部在江上修建两座大桥，施工期间势必影响大船通航，这段时间亦不会短，那么，损失了、减少了我们的航运收入，谁来赔偿？所以，你们铁道部要出一笔钱，补偿给我们交通部才行，否则不下批文。

兄弟两家，由此像京剧舞台上两位老生，发生了争吵——

铁道部苦笑道：此乃为国架桥，如此巨额补偿，吾等哪里会有？

交通部相讥：尔等修得起两座铁路大桥，出不起区区散碎银两？

铁道部：有钱无钱，此地不论，盖因航运补偿从未纳入史上铁路预算也。

交通部：如今改革开放，纳入预算为时不晚矣！

铁道部：贵部财大气粗，看在吾等同朝为官面上，不妨减免此议罢。

交通部：忆往昔峥嵘岁月，贵部尊为长兄，铁老大美名驰天下，若论财大气粗，如何言及吾辈。

铁道部：天下大事，分分合合，同根相煎，何以太急？

交通部：市场经济，损益必究，往日大锅，今日小锅，贵部解囊补偿，势在必行。

铁道部急了：补又如何，不补又如何？

交通部坚守：航运补则批文出，航运不补，批文难出也！

台上一分钟，台下十年功，主角从容演，观众心绞痛。最难熬者，莫过于百年老梦盼路人……

两部僵持不下，直接影响到宜万铁路项目与亚洲银行的贷款谈判。当时，由国家财政部主持这场谈判，涉及当年亚行对中国最大的一笔贷款即5亿美元。铁道部和交通部打嘴官司，情将中断可研项目审批，财政部着了急。此贷款关乎我们国家的利益与面子啊。末了，还是由财政部出面，携手发改委，召集铁道部和交通部两位老兄弟坐下来，好一番协商调停：

铁道部当前无须出资补偿给交通部，也无须承诺在将来给予补偿。大家都把国家大事放在第一位相互理解吧。此乃公有制国家一大优势，社会主义可以集中力量办大事。

还是财政部面子大。交通部在接受了财政部的苦心调停后，做出较大让步，这笔钱不要也罢。该部终于发出允许修建两桥的批文；这场国家两大部之间的“航运补偿”纠纷，总算摆平。

现在，距离预定的州庆之日——12月1日，只剩半月光景。至此，宜万铁路似乎可以开工兴建了？州庆活动似乎可以如期举行了？

错，还有最后一大难关未过呢。

全州大庆降福音

这最后一大难关，就是由总理温家宝主持召开国务院常务会议。

国务院常务会议可不简单。在如今和平年代里，每周逢星期三召开一次，所要研究的议题，俱是重大国事。议题规定必须在上周五报送，不允许提前，也不允许推后，报什么，上会研究什么，外人均未可知。一般来讲，不是急件，都必须依次排队，不得“加塞儿”。国家大事太多，要讲究先来后到。宜万铁路的议题文本，照惯例应是国务院下通知给发改委，发改委在某个周五报上去，然后等待以后若干个周三的消息。是否上会研究，谁也说不准。

恩施州干部群众的心情，该是何等焦虑！

离州庆吉日只剩下最后半个月！州长周先旺，亲自带队奔赴北京，与周昌发等人会合后，向国家发改委、国务院秘书局，发动全面攻势，争取尽快上会告捷。

在这里，还有一个独特的现象，要顺便告诉读者。恩施州长和老梦等人，要向上述三大机关推进工作，如果没有内应配合，必是很难很难。谁来做“里应外合”的配合呢？万幸的是，恩施州一位副书记，名叫戴贵洲，正巧在国家发改委上挂职务，在京工作；湖北省某地市一位副书记，正巧在国务院秘书一局，上挂副局长，也在京工作；还有一位恩施籍干部，名叫向东，作风干练而倍重乡情，也正巧在国务院研究室宏观经济司做处长，后来担任了信息司副司长。这三位湖北干部为了家乡的铁路，在京城大机关内部积极配合，出了大力，发挥了不可代替的“内应”作用。如果不是他们动情实干，许多事情极不好办，恩施来客还是一个干着急。中青年干部挂职，既有向下挂职锻炼的，也有上挂国家机关的，两种情况，都是组织部门一项长期工作。总之，事情因此而提速——

发改委办公厅副主任董贺义告慰恩施州长：我们已将宜万铁路文件做出特急报送的准备，单等国务院通知一下，即刻发送。

国务院副秘书长汪洋也告慰恩施州长：只要发改委的文件一到，我们一定加快办理。

周昌发几头奔走，和那位国务院研究室的向东处长拧成一股劲儿，扳着指头数日子。

就在距离州庆活动只剩四天的时候，即2003年11月26日，在温家宝总理主持下，国务院该年度第30次常务会议，正式审查通过了宜万铁路可研报告。

通过了，国务院通过了，终于通过了……

次日，阳光格外明亮，天空格外晴朗，飞机格外舒适，旅客格外亲切，恩施人怀着无边的喜悦，胜利返回欢腾的故乡。三天后，自治州大庆活动如期举行。

接着又传来好消息：宜万铁路征地拆迁费用，由原先的每亩7 000元，增加到每亩9 000元包干，与重庆万州区拉平取齐——每亩地由国家多投资了2 000元，合算下来可不是个小数字。

双喜临门了。土家苗寨有福音。

前任总理朱镕基曾经说：咱们国家的铁路太少了，在哪里建都是合理的。我们则可以理解为：各地的铁路项目不能靠等待，等是等不来的，各个地方政府只有主动争取，穷尽一切办法获得国家支持，从而推动区域经济发展和地方利益拓宽。

周昌发又写了一篇日记：

今天，是州庆20周年的大喜日子，我们永远不会忘记这一天——2003年12月1日，恩施州枫香村锣鼓声声，热闹非凡。未来的恩施火车站将在这里拔地而起。铁道部副部长孙永福从北京率队前来，和我们一道举行宜万铁路奠基仪式。礼炮声声，许多干部群众洒下了欣喜的泪水，我自己也忍不住热泪长流。透过欢乐的人群，我仿佛看到了家乡光明的前景。我们也为家乡父老百年梦想的实现出过一份力，往日的苦恼一扫而光。那句年轻时常常记取的老话又出现笔端：“当我们回首往事时，不因虚度年华而悔恨，不因碌碌无为而羞愧！”

我还想到，宜万铁路虽然比渝怀铁路晚开工了几年，但是，我们却大幅度提高了铁路标准，还要设想建成优质复线，还不是更好了吗？早几年，是不可能达到这个标准的。

我意识到，铁路开工在即，新的更大的困难就要到来。更多的难题在等待着我们……

周昌发写得真好。

一百年前，詹天佑先生在这里破土动工而失败。今天，铁道部直属的宜万铁路

正静待通车的宜万铁路巴东火车站。（郝同前/摄，图片来源：新华社）

总指挥部再次成立。为首两位正副总指挥，都很年轻，一位是铁道部技术委员会副主任、工程管理中心主任张梅，一位是铁道部工程管理中心副主任朱鹏飞。这两员大将都曾有过显赫战绩，不久前刚刚从青藏铁路指挥岗位上凯旋。他们以国家大部司局级职能部门正副主官，直接组建一条铁路总指挥部，直接担任正副总指挥，此前还很少有过，足见重视。张、朱二人都是科班出身，身经百战，正是人生好年华。如今，率部挺进十万大山，打下了宜万铁路的第一个木桩，他们充满信心，斗志昂扬，要继承并且完成先辈詹天佑的未竟大业——他们会不会成功呢？

前方，莽莽群山气森森，等待他们的将是怎样的命运？难道又会遇到九九八十一难吗？

是的，是的。张梅和朱鹏飞，遇到了前所未有的巨大挑战。

他们遇到了什么困难？是什么样的妖魔如此厉害？

重复一遍，宜万铁路可不是一般的铁路，所谓国情与社会的因素肯定是第一大难题，而自然生成的地质地理因素，又是一大难题。这里先将后一大难题公示一下：

胡子平，是铁四院的高级工程师，他担任着宜万铁路勘测指挥部的副指挥长，兼宜万铁路的“设计总体”。胡工说：宜万铁路的修建，其复杂的地质情况，集中国山区铁路——艰、险、难之大成，全路形成了典型的地质博物馆，其勘测设计和施工难度，在世界铁路修建史上是十分罕见的。

宜万铁路虽然只有377公里的长度，国家总投资却需要225.7亿元——它是中国所有铁路当中，桥隧比重最大的铁路。其中，有一多半的火车站建设在桥上；另一半的火车站，竟然建设在隧道里，多达21座，令人无比惊异。全路隧道桥梁两项总计，占全路总长74%；就这么一段路，国家级重点工程和控制工程居然有25个之多，包含8座Ⅰ级风险隧道，有5项铁路桥技术创“世界之最”。还要告诉读者的是：宜万铁路竟然是中国铁路“平均公里造价之最”，例如，众所周知的青藏铁路，施工环境极其艰难，每公里造价不过1 000万元，而宜万铁路，每修建1公里，耗资达到6 000多万元。

修建宜万铁路，就是这么难。

（选自作家出版社《火车头震荡：宜万铁路始末》，
2010年9月出版，作者：赵瑜）

2003：中国互联网的豪门盛宴

2003 年，以网易的“咸鱼翻身”为标志，中国互联网经济在经历了两年多的沉寂之后，重又回到了井喷时代。上半年的“非典”，让电子商务得到了长足的发展：从阿里巴巴到易趣，从易趣到携程，都对电子商务进行了完美的诠释；网易之后，新浪和搜狐也相继实现盈利；百度、分众等一批日后引领中国互联网经济发展的公司也如雨后春笋般蓬勃发展起来。与此同时，根据 CNNIC 发布的第十三次《中国互联网络发展状况统计报告》显示，截止到 2003 年年底，中国网民数达到了 7 950 万，cn 下注册的域名数、网站数分别达到了 34 万和 59.6 万。互联网的根基在中国已经越来越深厚，笼罩在互联网头顶上长达两年之久的阴霾也终于慢慢消散殆尽，一个新的互联网时代已经到来。

阿里巴巴因“非典”得福

2003 年，一场突如其来的灾难让全中国陷入一片恐慌。“非典”，就像一个幽灵闯入了人们原本安静祥和的生活。北京、广东因出现多例病患而成为全国最重的疫区。

本来，阿里巴巴所在的杭州并非重点疫区，而且防范措施也十分得力，整个杭州只有四名“非典”病例，但不幸的是，四名之中有一名就是阿里巴巴的员工。这名员工是因为参加 2003 年广交会而不幸被感染的。接下来，阿里巴巴迅速被杭州市政府确定为重点防范对象，公司办公区域被完全封锁，几乎所有员工都被隔离在家。一时间，混乱和恐慌笼罩着全公司。

其实从理论上来说，隔离对阿里巴巴这样的电子商务公司并不会构成太大的影响，因为员工可以在家里通过互联网办公。但问题是，对于这种管理模式，马云毫无经验可借鉴，只能摸着石头过河。“五一”长假过后，公司高层便开始着手整理通讯录，同时安排电信部门给所有员工家里安装电脑、宽带和通信设备。全体阿里人都积极投入到这场战斗中，可是对公司最后能否渡过这一关，所有人心里都没底。

业务上的压力还在其次，最重要的是，马云和阿里巴巴还要承受更严重的一种压力，那就是来自员工以及员工家属的心理波动。阿里巴巴的许多员工都不是杭州本地人，他们多半租住在杭州城外偏远的民房内。隔离期间，他们的活动范围仅限于狭小的住房内，食物和水由当地的社区工作人员提供。此种情况下，很容易产生心理问题。另外，来自员工家属的质问也让马云陷入窘境："为什么要在这个非常时期派员工去广州（疫区）？"种种压力和指责之下，马云写了一封言辞恳切的信，向所有阿里人和阿里家人表示了歉意，主动承担了不应该让员工去广州出差的责任，同时鼓励所有阿里人共同努力，渡过难关。

"突发性公共事件"发生时，关键在于及时的沟通与澄清。阿里巴巴在"非典"期间的这一遭遇即为典型的"突发性公共安全事件"，而马云的这封信无疑是一针镇静剂，起到了沟通与澄清的作用，在安抚了所有员工情绪的同时，也获得了所有员工的支持。最后，阿里巴巴的这次被隔离事件以全部员工被解除"嫌疑"为结局落下帷幕，而那位最初被确诊的员工也很快恢复了健康。另外，虽然员工们被隔离了八天，但阿里巴巴的业务却并未因此中断。而且在这个特殊的年份里，在全体员工的共同努力下，阿里巴巴创造了日收入100万元的奇迹。

而"非典"之所以成为阿里巴巴业务增长的一个契机，与马云之前实行的一些战略不无关系。

2003年年初，伊拉克战争爆发在即，此前一直在积极扩大阿里巴巴国际市场影响力的马云意识到，可以利用这一全球聚焦的事件把将目光投向中国的西方商人拉到阿里巴巴这个平台上来。于是，阿里巴巴在美国CNBC电视台投放了大量广告。从之后的成效来看，这一战略无疑取得了意料之外的成功，而这正是因为中国国内"非典"疫情的出现。

"非典"的到来，几乎中断了国内所有外贸企业和国外客户之间面对面的联系，互联网便在此时发挥了巨大作用，电子邮件、网上即时通信工具开始备受青睐，电子商务的发展进程也因此得到了某种程度的推动。而阿里巴巴之前在美国投放的广告也在此时发挥了效用：西方客户在关注伊拉克战争的同时，阿里巴巴自然也进入了他们的视线。与此同时，中国政府对电子商务的推广和宣传也加大了力度，媒体上关于电子商务的介绍逐渐增多，阿里巴巴自然也是受益者之一。

就这样，在“非典”横行的2003年，在各方面的推力的作用下，阿里巴巴的业务同比增长了5倍~6倍，进入爆发期。

回过头来看，从某种意义上来说，这一场不大不小的灾难让阿里巴巴因祸得福：获得社会的普遍信任以及业务的快速增长只是一个方面，更重要的是，此次事件使阿里巴巴的企业凝聚力得到了空前的加强，而这才是一个企业生存发展的根本。

从B2B到C2C：淘宝网横空出世

2003年5月，阿里巴巴的内部网站上出现了这样一则帖子：“请注意，一个制作和经营思路与阿里巴巴极其相似的网站出现了，叫做淘宝。”接下来，员工们对这件事的议论从网上移到了网下。但让大家都感到奇怪的是，公司高层似乎对此十分麻木，既不表态也未采取任何行动。于是，有些员工坐不住了，“谴责”高层的声音越来越多。而当2003年7月阿里巴巴宣布投资1亿元打造中国最大的个人网上交易平台淘宝网时，员工们才明白，那个困扰了大家很久的“对手”，其实是出自自家之手。

早在2003年4月7日，马云便将公司里的七八个骨干员工集合在了阿里巴巴的“根据地”——杭州湖畔花园的家里。随后，他们组成了一个独立的团队，任务就是筹建一个新的项目，而所有人在签订保密协议之前对该项目的具体内容都一无所知。当大家签好那份保密协议之后，马云告诉大家，新项目是一个C2C（个人对个人）网站。

当阿里巴巴把淘宝网推到前台之后，所有人都认为马云“疯了”。因为当时的情况是，在本土的C2C市场上，易趣早已占据了80%以上的市场份额。易趣的背景相当深厚，早在2002年3月，eBay（全球最大的电子商务公司）就以3 000万美元收购了易趣33.3%的股份（2003年6月，再次以1.5亿美元收购了余下股份）。与此同时，当时的中国互联网还没有完全从第一个寒冬期中退出来，所以在此时投资

1 亿元挤进一个几乎饱和的市场无疑是在进行一种“豪赌”，而且在大多数人看来，阿里巴巴的这场“豪赌”必输无疑。

eBay 全球总裁惠特曼更是毫不掩饰地预言：“它（淘宝网）最多只能存活 18 个月。”但事实是，18 个月后，eBay 易趣 COO（首席运营官）郑锡贵宣称：“我们在中国要打的是一场‘持久战’，做的是 100 年的计划。”而这一场仗的对手就是淘宝网。

其实在此之前的很长一段时间里，马云对 C2C 并不看好。在一次互联网论坛上，他甚至还试图说服 8848 的王峻涛相信 B2C 和 C2C 都没有前途。但时隔几年之后，马云却越发感觉到了市场的变化有些让人目不暇接。

在阿里巴巴把更多的精力专注于 B2B 的 2000 年～2003 年，互联网在中国的发展日新月异，截止到 2003 年 1 月，中国网民的数量已经达到了 5 910 万。与此同时，国内互联网公司的盈利模式也悄然发生了转变，从广告变成了短信和网络游戏。而从国际市场来看，从事电子商务的亚马逊（Amazon）也迎来了第一个盈利季度。公开消息宣称，2002 年第三季度，亚马逊的营业额达到 85 130 万美元，比上年同期增长 33%，纯亏损只有 3 500 万美元，比上一季度减少 13 500 万美元，股价也比一年前涨了 2.7 倍，与纳斯达克平均指数同期跌幅 30%形成了鲜明对比。国内、国外互联网中的这些形势让马云意识到，电子商务市场将发生巨大的变化，到了该有所突破和创新的时候了，于是淘宝网应运而生。

关于淘宝网的诞生，还有一个比较民间的说法：一位美国朋友在给马云发的电子邮件里描述了这样一件事：网上“淘”货，已经在美国年轻人中成为一种时尚，自己的许多衣服都是从网上“淘”来的，而且价格实惠。对电子商务本就敏感的马云自然从中捕捉到了许多信息，对 C2C 自然投入了更多的关注，于是就有了淘宝网。

推出淘宝网时，马云重新定义了 C2C，由 eBay 的“个人拍卖”改为“个人交易网站”。淘宝网应当算是中国电子商务界的一个神话，它在从零开始同时面对强劲对手的情况下，仅仅用了两年时间便坐上了国内网上交易的头把交椅。

不过，从现在的眼光来看，马云推出淘宝网似乎并不仅仅是与 eBay 易趣争夺 C2C 市场。这是因为，虽然当时阿里巴巴已经几乎垄断了国内的 B2B 市场，但 B2B 还只是停留在信息流交易的层面，而淘宝网的 C2C 则有助于完成资金流层面的交易，这对于志在电子商务领域一统天下的马云来说，才是最关键的。

2001年~2003年："非典"之前的阿里巴巴

2003年对阿里巴巴来说似乎是一个转折点，在此之后，一切似乎都开始顺风顺水，无论是阿里巴巴的B2B，淘宝网的C2C，还是在线支付平台支付宝，都开始茁壮成长，引领中国电子商务进程的发展，并且随着时间的推移，霸业渐成。但在2003年之前，从融资成功到海外扩张再到回归中国，阿里巴巴也走过一条崎岖的道路。

阿里巴巴初始创业的时候，恰逢中国互联网风起云涌之际，吸引了大批国际风险投资商的目光。新浪、搜狐、网易三大门户先后融进国际风险投资，并在此后不到两年时间内先后登陆纳斯达克。那时的阿里巴巴也很缺钱，而且名不见经传，但马云对风险投资却非常挑剔。因为马云希望阿里巴巴的第一笔风险投资除了能带来钱以外，还能带来更多的非资金要素，如进一步的风险投资和其他的海外资源，因为1999年创立之初，马云就给阿里巴巴定下了走向全世界、成为"全世界网站前十名"的目标。因此他曾先后拒绝了38家投资商。

这时候，耶鲁博士出身并在华尔街混迹多年的Invest AB（瑞典Wallenberg家族主要投资公司）副总裁蔡崇信决定加盟阿里巴巴，马云自然求之不得。在蔡崇信的积极运作下，1999年10月29日，由高盛公司牵头，富达投资（Fidelity Capital）、Invest AB、新加坡政府科技发展基金（Technology Development Fund of Singapore）联合向阿里巴巴投资500万美元。

接下来，1999年12月8日，马云与雅虎最大的股东、被称为网络风向标的软银老总孙正义会面。早在一个多月之前，二人已经见过一次。那次，孙正义只听马云讲了六分钟就决定投资阿里巴巴，这次会面的目的是敲定投资的细节。整个会面过程不过三分钟，马云便获得孙正义3 500万美元的投资，占阿里巴巴30%的股份。而签约之前，马云却决定只要2 000万美元，原因是保证阿里巴巴的管理团队的绝对控股权。孙正义同意了。后来蔡崇信说："这是他（孙正义）投资经历中让步最多的一次。"

拿到了高盛和软银的投资，马云决心大干一场。2000年，他把阿里巴巴的摊子很快铺到了美国硅谷和韩国，并在英国伦敦、中国香港以相应的速度拓展业务。

然而，阿里巴巴的海外运营之路却并不平坦，很快便遇到了管理和资金的问题和压力。

海外扩张之后，成立一年的阿里巴巴一转眼变成了跨国公司，马云手下云集了一批分别来自13个国家的世界精英。他们每个人都有自己的一套商道哲学，并纷纷向马云灌输。阿里巴巴美国硅谷研发中心的同事对马云说，技术是最重要的；而另一个坐镇香港总部、出身一家全球500强企业的副总裁则告诉马云，向资本市场发展是最重要的。本来就是纳斯达克草木皆兵的时代，两种截然相反的观点使马云很难作出抉择，对于未来的发展没了主意。“50个聪明人坐在一起，是世界上最痛苦的事情。”后来回忆起当时的情形，马云总结说。

除了管理方面的危机之外，高昂的海外运营开支也渐渐让阿里巴巴陷入窘境。虽然之前马云得到了高盛和软银2 000多万美元的投资，但在互联网疯狂烧钱的那个年代，这些钱并不算多。居高不下的运营成本，加之迟迟没有盈利，让阿里巴巴越来越吃紧：在中国香港、美国、欧洲、韩国，每月的花销都是天文数字，而且这些网站几乎都是只出不入，没有一分钱收入。此外，由于当时阿里巴巴在13个国家和地区建立了办事处等分支机构，进入当地市场以后，自然少不了做大规模的市场推广和广告宣传。据后来统计，阿里巴巴在海外扩张的一年时间里，平均每月要烧掉近200万美元！另外，马云还犯了一个策略性的错误，他将阿里巴巴的英文网站放到了全是技术人才的硅谷，而网上交易需要的是贸易人才，这些人只好从纽约、旧金山空降来硅谷上班，导致成本奇高。

管理的危机、资金的短缺，让阿里巴巴处于风雨飘摇之中。宣布“危机”后不久，马云组织了一批高管在西湖边的一家宾馆召开了一次闭门会议，连续三天商讨公司未来大计。日后，马云把这次会议称作阿里巴巴的“遵义会议”。“遵义会议”后，阿里巴巴最终决定“回到杭州、回到中国”，同时进行全球大裁员。

回归中国之后，马云的当务之急是全面提升企业素质。2001年1月，关明生从通用空降至阿里巴巴，就任COO（首席运营官）。

关明生在一天之内，就把阿里巴巴美国团队从40人减到3人，随后相继关闭掉了公司在香港、北京、上海的办事处，以避免继续支付高昂的租约。三个月后，阿里巴巴的运营费用从每月200万美元缩减到50万美元。按照这样的烧钱速度，阿里巴巴还可以存活18个月。这让阿里巴巴赢得了喘息机会。“节流”很顺利，但更重要的是必须“开源”。马云和关明生所领导的团队很快讨论出五六个业务方向。确定业务方向之后，接下来就是培训和形成业务团队。关明生在2001年4月成立了一个管理人才培训计划，实行优胜劣汰制度。

此后，马云还带阿里巴巴做了三件大事，即推行了三种“毛泽东式”管理运动：利用“延安整风运动”方式统一价值观、统一思想；以“抗日军政大学”方式来培训干部团队的管理能力；以“南泥湾开荒”的方式来培养销售人员在面对客户时应有的观念、方法和技巧。

2001年~2003年，是阿里巴巴最为艰难也最为关键的三年，也是中国电子商务最难熬的三年。日后成功的电子商务网站，一部分来自熬过这三年的阵营，一部分来自创办于2003年之后的阵营，由此可见这三年对电子商务网站的摧残。

用现在的眼光来看，如果没有2000年的回归战略和自2001年起的内部整顿，阿里巴巴能否安然渡过“非典”的难关，从而更上一层楼，或许还是一个未知数。

阿里巴巴：从信息流到资金流再到物流

阿里巴巴在创建初期就有着明确的市场定位。它不同于早期互联网公司以技术为驱动的网络服务模式，而是要建立全球最大、最活跃的网上贸易市场，即只做信息流。

“中国供应商”是阿里巴巴打造的第一种业务模式，B2B中的第一个“B”即指“中国供应商”。阿里巴巴在创建初期的很长一段时间里，做的唯一一件事就是吸引更多的商家进入阿里巴巴这个“网上市场”。阿里巴巴的准入门槛很低，以免费会员制吸引企业登录平台注册用户，从而汇聚商流，活跃市场，这样的结果是，会员在浏览信息的同时也带来了源源不断的信息流并创造了许多商机。

而要想把B2B的信息流做好，解决诚信问题是必须面临的一个问题。众所周知，诚信在中国商业界一直是道“难解的习题”，对于电子商务这种强调信用的经济运营模式来说，诚信则尤为重要。为解决这个问题，阿里巴巴于2002年3月推出了一个解决网络贸易信用问题的软件产品——诚信通。

诚信通是一个很有效的电子商务活动档案，上面如实、详细地记载了所有会员的有关第三方认证、合作商反馈和评价、在阿里的活动记录等多方面信息，同时这些信息全部对外公开。对于在交易中迫切想了解对方诚信状况的交易者来说，诚信通的作用和意义非同一般。

解决了基于诚信基础上的信息流之后，阿里巴巴推出了淘宝网，接下来，资金流和物流的解决便成为摆在面前必须要渡过的难关。

从电子商务出现伊始，电子支付问题便成为其发展过程中十分重要的一个环节。相关调查表明，在电子商务时代，用户在选择电子支付时考虑的首要两个因素就是安全和是否快捷。然而，正是出于对这个环节的安全顾虑，使得电子交易的普及与发展受到了巨大阻碍，而“网银大盗”和“证券大盗”（两者皆为木马病毒程序，以盗取用户的账号和密码，侵犯用户利益为目的）的出现，更使电子支付蒙上了一层阴影。

为彻底解决这个问题，阿里巴巴于 2003 年 10 月首先在淘宝网推出了独立的第三方支付平台——支付宝，正式进军电子支付领域。支付宝的运作流程是：买家在确定购物后，先将货款汇到支付宝，支付宝确认后通知卖家发货，买家收货并确认满意后，支付宝将货款汇给卖家完成交易。买卖双方通过支付宝进行交易不收取任何费用，在交易过程中，支付宝作为诚信、中立的第三方机构，起到了保障货款安全及维护买卖双方利益的作用。

阿里巴巴一路走来，逐步解决了电子商务发展过程中有关支付、物流以及诚信问题，从而使 B2B 和 C2C 业务都取得了长足的进步。

从易趣到 eBay 易趣：另一个传奇

全球最大的电子商务公司 eBay 先后于 2002 年 3 月和 2003 年 6 月分别出资 3 000 万美元和 1.5 亿美元收购了易趣的全部股份。所以，在阿里巴巴推出淘宝网之前，易趣已经在中国 C2C 市场上占据了 80%的份额。

在易趣与 eBay 的这次商业结盟中，最大的获益者当属易趣的创始人邵亦波。

他用手里大约30%的股份套现了7 000万美元，按当时外汇牌价折合成人民币约为6亿元。从1999年创业到2003年套现，四年时间，邵亦波便从白手起家到身家6亿元，互联网不可谓不神奇。

邵亦波是互联网催生的又一位沪商。上海从来就不缺商业人才，但从邵亦波的履历来看，他无疑是其中最优秀的人才之一。父亲是中学数学老师，邵亦波在其调教下从小数学成绩就十分优异，从小学到高中，邵亦波参加过无数次大大小小的数学竞赛，每一次都是第一名。

1991年，17岁的邵亦波取得了哈佛大学全额奖学金，免读高三，直接跳级进入哈佛本科读书。他是新中国成立以来第一个获全额奖学金读哈佛本科的中国人，也是该届所有哈佛新生中获全额奖学金的四人之一。1995年，邵亦波以最高荣誉毕业。

早在写给哈佛大学的申请信里，邵亦波就给自己定下了一个创办一间国际大公司的理想。在哈佛读书的大一的暑假，邵亦波曾在美国高盛投资银行打工，开始在纽约总部学习基础能力，后来到香港实地考察亚洲经济危机。毕业之后，邵亦波顺利进入美国最好的咨询公司之一波士顿咨询公司工作。两年后，因业绩出色，被公司送进哈佛攻读MBA。在哈佛进修期间，邵亦波认识了后来成为他妻子的鲍佳欣。鲍佳欣在台湾曾以780分的高分打破托福成绩世界纪录，英语奇佳，曾出版过二十几本书，同时还是著名的电台节目主持人。

在波士顿咨询公司工作的两年，邵亦波的主要工作是帮助大企业解决策略问题，这为他日后运营易趣奠定了商业理论与管理方面的基础。

1999年，互联网热潮涌来，邵亦波凭借优异的背景很快便从瑞士信贷银行和IDG融到了创办公司需要的第一笔钱——60万美元。而之所以选择做电子商务，缘于1996年6月帮新加坡政府做的一个调查。调查的结果显示，新加坡不适合做电子商务，这也让邵亦波看出了电子商务在中国的机会。1999年6月，邵亦波辞掉了工作飞回上海，创办了易趣。

邵亦波经常挂在嘴边的一句话是：Follow your passion，做自己想做、喜欢做的事。“易趣”这个名字很好地体现了这一点。邵亦波在易趣的公司简介上这样写道：“易趣网是中国第一个综合性网上个人物品竞标站。网友可以借助它来出卖或购入任何物品，大到计算机、彩电、电冰箱，小至邮票和电话卡。你也可以通过它来结交新的朋友，如有着相同兴趣的收藏爱好者。”

创办不到半年，易趣就获得了“国内拍卖网站之冠”的称号，2000 年 1 月，CNNIC 发布的第五次《中国互联网络发展状况统计调查》显示：易趣网以最高票数位居国内拍卖网站之首，成为中国最受欢迎的拍卖网站。随后，易趣网的连续动作给当时苍白的中国互联网增添了不少亮色：1999 年 11 月和 2000 年 10 月，邵亦波先后拿到了 150 万美元和 2 050 万美元的投资；2000 年 2 月，易趣在全国首创 24 小时无间断热线服务；2000 年 3 月至 5 月，易趣与新浪结成战略联盟，并于当年 5 月并购 5291 手机直销网，开始展开网上手机销售，并使该业务成为易趣特色之一；2002 年，与 eBay 结盟后，更名为 eBay 易趣，并迅速发展成国内最大的在线交易网站。

在中国的 C2C 领域，易趣早期的主要对手是联邦的苏启强和吴铁联合创办的一家叫雅宝的 C2C 网站。但雅宝很快便退出，易趣开始一家独大。

虽然 eBay 与易趣强强联手，但这桩本该美满的姻缘，结局却不尽如人意。随着淘宝网的入局，激烈的竞争使 eBay 易趣在中国的处境日益困难，市场份额开始不断下滑。

对 eBay 易趣的逐渐落败，业内专家普遍认为，虽然从表面上看，这源于竞争对手淘宝网的免费服务（eBay 一直坚持收费），但其根本原因却是美国公司 eBay 主导下的 eBay 易趣缺乏对中国本土市场的深入研究，导致未能及时迎合本土市场的需要所致。

虽然易趣后来的发展无法与之前相比，但可以肯定的是，易趣的创办揭开了中国电子商务发展史的重要一页，也填补了中国电子商务 C2C 领域的空白。而易趣最初的成功有很大成分在于创始人邵亦波有着很好的投资人关系，而这也似乎正是具有海归背景的互联网创业者的独特优势所在。

携程的完美亮相

在中国互联网界，最赚钱公司的业务大多都集中在广告、搜索、游戏和电子商务这几个领域，而且大都是两强甚至多强并立的局面，相互之间的差距也基本在逐渐缩小，如新浪和搜狐的广告，百度和谷歌的搜索，盛大和网易的游戏，以及支付宝和财付通的在线支付等。同时，这些公司也大都经历过起起伏伏的多番变化：人事变动、业绩不稳、业务转变……一路顺风顺水走过来的几乎没有。但是，在这个风云变幻的市场中，有一家公司却是个例外，创建至今，它创造了许多历史，其中包含许多其他公司一直未能超越的高度：其一，在上市之后连续4年16个季度，总收入保持50%以上的增长。其二，创始人先后辞去了公司的管理职位，手中的股份几乎套现一空，其中保留最多的一个人，也只剩不到1.5%，但这家公司却仍在这几个创始人的掌控之中。股权分散向来被认为是一家公司的致命弱点，所以从这个角度上来说，不得不说这家公司创造了一个奇迹。其三，将其最大的对手一举击败，置对方于连续四年亏损的境地。这家公司就是携程旅行网（以下简称携程）。

陈天桥、邵亦波等互联网创业英雄的出现，提升了上海在整个中国互联网业的比重和地位。不过，在所有关于互联网和上海的创业故事中，最精彩的一个应该属于携程。携程的四个创始人都来自上海高校，三个来自上海交大，一个来自复旦，而且其中有三个人还是在上海长大的。

梁建章，1969年出生于上海，13岁时以"计算机小诗人"闻名，15岁考上复旦大学少年班，半年后就读于复旦计算机本科。他在复旦没毕业便赴美国留学，20岁获得乔治亚理工学院计算机系硕士学位。此后于美国硅谷从事技术工作多年，领导了多项开发项目，并曾任美国Oracle（甲骨文）公司中国咨询总监，是信息技术行业的高级管理人才。1999年回国，创办携程。

沈南鹏，1969出生于浙江海宁，上海交大毕业后，先后就读于美国哥伦比亚大学和耶鲁大学，获得耶鲁大学MBA学位。曾先后任职于花旗银行、雷曼兄弟公司、德意志银行等国际大公司。1999年，通过在美国的中国朋友认识了梁建章，后合资创办了携程。

季琦，1966年10月出生于江苏如东。毕业于上海交大机械工程系，获硕士学位。先后任职于长江计算机集团上海计算机技术服务公司以及北京中化英华智能系统有限公司。出身名校，留美经历，相近的背景让季琦和梁建章很容易便成为朋友，合伙创业自然也是情理之中的事情。

范敏，1965年6月出生于上海，毕业于上海交大，获管理学硕士学位。他先后任职于上海新亚国际旅行社、上海新亚集团公司、上海海仑宾馆、上海新亚（集团）酒店管理公司、上海旅行社（上海新亚国旅）、上海大陆饭店，2000年2月至今任携程 CEO。

1999 年 3 月，梁建章和季琦坐在一起，开始研究做一家网站。最初，网站的类型并没有确定，网上书店、在线招聘、网上宜家他们都考虑过，最后，他们决定做一家在线旅游网站。确定了创业方向，二人便开始考虑扩充创业团队。这时候他们共同想到了一个人——沈南鹏。沈南鹏是梁建章在美国的旧相识，同时也是季琦的同届校友。刚好，沈南鹏当时正在四处寻找投资项目，听了二人的创业构想，立即决定投资。1999 年 10 月，携程正式上线，注册资金 100 万元，其中梁建章和季琦各出 20 万元，各占 30%股份，沈南鹏出 60 万元，占 40%股份。

携程团队中最后一个加入的是范敏。当在线旅游网站的计划在梁建章、季琦、沈南鹏的研究和讨论中越来越成熟的时候，他们发现了一个问题，那就是在这个团队中还缺少一个行业资深人士，于是，时任上海大陆饭店总经理的范敏被梁建章和季琦邀请加入。

这四个人中，梁建章偏理性，具有海归背景，并通晓全球通行的商业逻辑和法则，出任 CEO；季琦有激情，技术过硬，敢闯敢创新，出任总裁；沈南鹏，个性老练，是资本运作的行家里手，出任首席财务官；范敏个性沉稳，善于经营，方方面面的关系处理得当，出任执行副总裁。就这样，人称“携程四君子”的创业团队开始了运转。

最早投资携程的风险投资家是 IDG VC 合伙人章苏阳。章苏阳与沈南鹏同在一个圈子，是旧识，但与季琦最熟悉。之前，季琦曾帮助 IDG 投资的一家南京做系统集成的公司渡过了管理危机，二人因此较熟。章苏阳毕业于上海大学，获电子工程专业学士学位，后赴德国进修企业管理，并在华东师范大学进修国际金融，曾先后任职于上海贝尔公司、上海电话设备制造公司及上海万通工业公司，1994 年成为 IDG VC 合伙人。他在技术及国际金融方面有坚实的专业背景，并与中国的创业者群体有着密切关系，曾成功地完成了电子、通信及软件等领域的一系列投资项目。1999 年 10 月和 2000 年 3 月，章苏阳代表 IDG 两次向携程投资。

两轮融资之后，携程拿到了来自软银、IDG、上海实业、美国兰馨亚洲基金、晨兴创投基金总计 500 万美元的投资。凭借这些融资，携程先后收购了国内最大的传统订房中心现代运通以及北京海岸航空服务，业务从网上订房延伸到机票预订领域。

2000年11月，携程第三轮融资到位。之前的投资者追加400万美元，美国凯雷投资800万美元。2001年10月，携程宣布盈利。

美国东部纽约时间2003年12月9日上午10时45分，即北京时间9日晚11时45分，携程登陆纳斯达克，开盘仪式由首次以国务院总理身份出访美国的温家宝主持。携程的发行价为每股18美元，开盘价24.01美元，当天收盘价为33.94美元，涨幅88.56%，一举成为美国资本市场三年来首日表现最好的IPO。第一个交易周结束时，携程股价的涨幅已达到118%。中国、在线旅游和盈利是携程IPO大捷的三个关键所在。

携程之所以取得如此骄人的成绩，创业团队的优势、业务方向的正确自然功不可没，但与公司的几项核心优势同样密不可分。

优势一，规模管理。

携程拥有亚洲旅行业首屈一指的呼叫中心，同全球134个国家和地区的28 000余家酒店建立了长期稳定的合作关系，其机票预订网络已覆盖国际、国内绝大多数航线，送票网络覆盖国内52个主要城市。规模化的运营不仅可以为会员提供更多优质的旅行选择，还保障了服务的标准化，进而确保服务质量，并降低运营成本。

优势二，技术领先。

技术的研发和提升一直是携程得以快速发展的源泉。携程建立了一整套现代化服务系统，包括客户管理系统、房量管理系统、呼叫排队系统、订单处理系统、E-Booking机票预订系统、服务质量监控系统等。依靠这些先进的服务和管理系统，携程为会员提供了更加便捷和高效的服务。

优势三，体系规范。

携程将服务过程分割成多个环节，以细化的指标控制不同环节，并建立起一套测评体系。同时，携程还将制造业的质量管理方法——六西格玛体系成功运用于旅行业。目前，携程各项服务指标均已接近国际领先水平，服务质量和客户满意度也随之大幅提升。

优势四，企业文化。

携程一直秉持“以客户为中心”的原则，以团队间紧密无缝的合作机制，以一丝不苟的敬业精神、真实诚信的合作理念，创造“多赢”伙伴式合作体系，从而共同创造最大价值。

目前，“携程度假”提供数百条度假产品线路，包括“三亚”、“云南”、“港澳”、“泰国”、“欧洲”、“名山”、“都市”、“自驾游”等20余个度假专卖店，每个“专卖店”内拥有不同产品组合线路多条。客人可选择由北京、上海、广州、深圳、杭州、成都、南京、青岛、厦门、武汉、沈阳十一地出发。

携程的成功对于中国经济的意义不仅仅是贡献了一家纳斯达克上市公司，更重要的是，利用互联网创造出了基于传统产业之上的创新服务行业。另外，“携程四君子”相互合作、共同创业的故事也成为中国互联网业值得称羡的一幕。

互联网“大跃进”时期的到来

2003年，对于整个中国来说，“非典”应该是让人最刻骨难忘的记忆，但对于中国互联网来说，丁磊和网易却是最大的话题之一，因为丁磊在这一年成为第一位网络资本催生的“中国首富”。

2003年10月10日，网易股价升至70.27美元的历史高点，比2001年9月1日的历史低点攀升了108倍，丁磊的纸面财富超过了50亿人民币，因此荣膺“2003年福布斯中国富豪榜”第一名。在感叹丁磊和网易的“年轻”之外，人们更多的是第一次如此近距离地感觉到了互联网公司的创造财富的价值。同时，这也是互联网的财富价值第一次以数字的方式被清晰而准确地呈现出来。对于中国互联网产业来说，这绝对是一个具有标志性意义的事件，它宣告了年轻的互联网创业者们已经逐渐成为名副其实的商业主流力量。

当然，造就2003年中国互联网精彩的绝不仅仅只有网易，三大门户中的新浪和搜狐也在这一年相继实现盈利。与此同时，一些在日后主宰中国互联网经济的重要力量也都在这一年初现雏形。

2003年上半年，“非典”虽然严重影响了人们的正常生活与商业活动，却在无意间促进了电子商务的长足发展。由于人们足不出户，很多正常的交易和商务活动被迫中断，互联网交易因此受到青睐，其中最大的赢家是阿里巴巴。在这一年，阿里巴巴每日新增供求信息量比2002年同期增长了5倍~6倍，尤其是在“非典”时期，在阿里巴巴上达成交易的企业占总数的42%，业绩逆势上升的企业达52%。

看准了历史机遇的阿里巴巴随后相继推出了个人网上交易平台淘宝网以及独立的第三方支付平台——支付宝。两年后，淘宝网成为全球最大的个人交易网站，支付宝成为全国最大的独立第三方电子支付平台。

2003年，在搜索引擎领域也发生了一件大事。此前，一直引领全球搜索业务并在中国占有绝对市场优势的谷歌遭遇了“伏击”。挑战它的是一家年轻的中国互联网公司——百度。这一年的6月，由《中国电脑教育报》举办的“百度VS谷歌——两大搜索引擎对决搜索之巅”万人公测落下帷幕，结果显示，55%的人选择了“百度比谷歌好”，这是百度第一次在第三方评测中首次超越谷歌。由此，百度成为中国网民首选的搜索引擎。

也是在这一年，有一家公司实现了互联网与传统楼宇广告的完美对接，它就是江南春的分众传媒。在此之前，江南春在传统广告行业浸淫多年，小有成就。2003年年初，他突发奇想：是否可以把两部电梯之间的图片广告换成一台可以播放广告的电视机？同年5月，分众传媒成立。此后的两年时间里，江南春把2万台电视播放器挂进了全国45个大中城市的电梯间。这年年底，江南春被中国新闻出版总署主管的《传媒》杂志评为年度传媒人物。入选理由是：2003年遍布写字楼、公寓、商场等中高档场所的楼宇液晶

据2003年8月6日的统计数据，我国互联网用户数达到6 800万人。（周咏缗、冯印澄/编制，图片来源：新华社）

电视（分众传媒）灼热了人们的眼球，分众传媒某种意义上颠覆了人们传统的媒体观，成为中国传媒业和广告业的一匹黑马。

就这样，互联网在这一年创造出了许多奇迹。除此之外，在这一年的中国互联网当中，融资并购消息更是接连传出：

2003 年 3 月，盛大与软银亚洲签订了战略协议，以不到 20％的股份融到了 4 000 万美元；2003 年 10 月，卓越与美国老虎基金签订了融资协议，以 20％股份融到了 5 200 万元；2003 年 11 月 25 日，搜狐接连收购 17173 网站及房地产网站焦点网，两次并购金额为 3 650 万美元；2003 年 11 月 21 日，雅虎控股（香港）出资 1.2 亿美元购买香港 3721 网站的股份。在这些融资合并案中，有一个细节值得回味。在卓越与老虎基金就投资价格进行谈判时，卓越一口开出了 5 000 多万元的价格，本想讨价还价一番，没想到老虎基金一口应允。事后，境外投资家给出的评价令卓越网高层大跌眼镜——即便开价 2 亿，老虎基金也很可能接受！由此可见当时资本对电子商务的极度宠爱。

在大好形势的激励之下，中国互联网第二轮上市的浪潮汹涌而至。12 月 10 日，携程登陆美国纳斯达克，当天股价暴涨近九成；12 月 17 日，慧聪国际资讯（慧聪网，B2B）在香港创业板正式上市交易。随后的几年时间内，百度、腾讯、盛大、TOM 也将纷纷登上大洋彼岸的股市。中国互联网产业的“大跃进”时期正式到来。

（选自机械工业出版社《中国互联网风云 16 年》，2011 年出版，作者：武帅）

华为与思科的商业游戏

2003年春节前夕，世界著名的IT公司思科起诉中国著名的IT公司华为多项侵权。一时间，舆论大哗。这场一年半以后以和解告终的官司此时才刚刚拉开帷幕，但互联网上围绕这个诉讼案已经展开了“浪涌式”的讨论，各类媒体刊载的报道、评述和评论已有万余条，参加讨论人数之多、议论之广，堪称史无前例。有人从企业规模和影响面的角度，认为这个案件是“中国IT业第一案”。这是对一个企业的考验，更是对一个系统的考验。

缘起——

华为，曾被《财富》杂志比喻为“中国的思科”。现在，美国的思科和这个“中国的思科”真的“死磕”上了。美国时间2003年1月22日，思科在位于美国得克萨斯州东部的一个边陲小镇——马歇尔镇的联邦法庭正式起诉中国华为公司，罗列的罪名涵盖了知识产权法的几乎所有方面。在诉状中，华为被描绘成是“连抄袭中最明显的马脚都懒得去掩饰的懒惰而愚蠢的强盗”。

据说，这是思科17年来第一次主动的侵权诉讼。

同时，这也是一向重视知识产权的华为成立15年来第一次被起诉侵权。

美国律师分析思科之所以选择这样一个诉讼地点时说：“该法院以快速审结知识产权诉讼案见长，以判罚严厉著称，而马歇尔镇民风则保守排外。”由此赞叹道：思科在诉讼策略上可谓“精益求精”。这场显然是准备充分的诉讼，透露着思科的志在必得。

于是，2003年春节前夕，华为平静地被迫加入了这场跨国公司已经玩得炉火纯青的商业游戏——知识产权诉讼。所谓侵权，华为认为自己只是为满足用户需求在有限范围内使用了思科的“私有协议”，而私有协议名为标准，却拒不向他人授权使用，实为垄断。

法庭只是市场的延伸，是跨国公司间争夺利益而短兵相接的第二战场。只是发展中的中国企业还不熟悉这个战场。

作为后来居上的竞争者，“侵权诉讼”是一场无法回避的战争。思科也曾经被数十家公司以侵权、抄袭等各种理由起诉过，罪名多达67项。

1998年，处于市场份额绝对优势的朗讯起诉思科侵权。身为后来竞争者的思科当时称，朗讯这种举动是一种试图“阻挠业界领袖脚步”的“纯粹的市场策略”。并讥笑说：“这是一种在过去才会使用的竞争手段。”2002年，思科的人员提交给美国联邦贸易委员会（FTC）的一份报告，狠狠地抨击了现行专利制度，明确指出：获得专利实质上已经成为许多人和公司的终极目标，不是为了保护研究和开发过程中的投资，是为了给其他企业设置雷区并从中牟利。

那个时候，思科的痛恨是正常的，因为他代表着进步中的创新者。

今天，思科也拿起了“侵权诉讼”——这个“过去才会使用的手段”，同样是正常的，因为思科已经成长为市场份额高达80％以上、毛利率超过70％的市场领导者。他要坚守、要维持既得的利益和市场地位。

选择华为做对手，是因为华为的低价格并且日益完善的数据网络产品线正在狙击思科的垄断地位。在全球电信寒冬里，面临运营商对产品品牌和高技术性能的迷信，逐渐让位给“更肯为他们考虑，节省成本并带来更多收入的低价格解决方案”，产品价格不到思科一半的华为获得了可以打败思科的微妙契机。而这个契机不仅仅存在于中国，也存在于国际市场，甚至是美国。

终于，华为继3COM、HP、康柏、朗讯等公司之后，成为思科的第四代对手，思科最重视的敌人，以至于思科在其全球业务系统中成立了“Beat Huawei（打击华为）”的专门机构，专门针对华为的市场行为制定针对性策略。

这样来看，思科起诉华为就具有了必然性和合理性。实际上，这不过是商业游戏中最普通的一幕。用知识产权来打击对手，或者以此换取谈判桌上的筹码，是跨国公司可能每天都在设计和应付的事情。中国的企业、民众、媒体、产业和政府都应该用理性和平和的态度来面对这起案件。华为案既不是第一次中国企业被起诉侵权，也不会是最后一个。

华为在应对这起案件时所表现出来的理性和平和的心态，应该是一个企业成熟的基本判断。美国媒体在有所倾向的同时，也有媒体呼吁进行理性思考。《商业周刊》发表评论，建议美国业界注意，一批中国本土的高科技公司正在成长起来，他们的科技实力已经使得跨国公司再不敢小瞧。也就是说，给中国企业所下的那个结论“凡是劳动密集型企业都是靠低廉的劳动力，凡是技术密集型企业都是靠剽窃侵权”，似乎已经无法成为说明中国企业快速成长的理由。

华为败诉，可能会被一纸禁令赶出美国甚至是更多的市场。但是，这并不是最后的胜利或者失败。事实证明，高垄断、高成本、高毛利、最大化地满足股东利益的商业模式，在目前全球用户都在寻找低成本、高增值、高收益、优质服务的解决方案来提高盈利能力的趋势下，已经必须寻找新的出路。垄断者与后来竞争者的战斗也不会由于前者的激烈反抗而作罢。

纵观媒体报道，由事件本身的表象，逐渐深入到华为、思科案的背后，《谁阻断了投标路》、《私有协议的危害》等长篇报道使得私有协议、垄断、单厂商供货带来的信息安全隐患等核心问题浮出水面。如果以理性的思考为依据，我们会看到，在貌似平常的法律诉讼背后，隐含着创新与垄断、挑战与霸权、进入与壁垒等问题，同时也迫使我们对知识产权、盈利模式、国家利益、商业伦理、参与者责任等更深层次的问题进行反思。有关人士指出，某些行业的垄断者正在以一己之利，对垒整个行业的利益。在后来的媒体报道中，已经开始揭示，思科和华为一案表面上看是两个企业单纯的知识产权纠葛，实质上是客户利益导向与企业利益导向之争，垄断与反垄断之争，私有协议保护与发展中国家利益之争，并引发了电信、网络行业对知识产权保护的特殊要求等更高层面问题的激烈讨论。

与美富（MoFo）律师事务所北京办事处首席代表涂文炫握手作别，华为技术有限公司常务副总裁费敏于农历年的前一天匆匆赶回深圳总部。

和刚刚得知华为被起诉的1月23日相比，这位受命负责诉讼事件的华为高管，此时已经不再觉得这场从未遭遇过的诉讼有多么不可思议。从美富那里，他听到不少日韩企业在二三十年前曾经历的大量包括知识产权诉讼在内的贸易争端案例——那时正是日韩企业成长到足以冲击既有国际市场格局的时候。

美富就是一家曾受许多日本企业委托，打过诸多跨国知识产权官司的全球最大的律师机构之一，在知识产权服务方面最负盛名。美富1883年成立于美国旧金山，目前在全球有19家办事处，900多名律师，1998年在北京设立办事处，是目前少数几家获准在中国从事法律服务的美国律师事务所之一。美富北京办事处在与中国的高科技企业打交道方面尤为擅长。

作为征询对象的美富并没有介入这次华为诉讼案，但这个案件又一次印证了这家律师事务所的判断：中国企业的跨国商业游戏开场了。

此时的华为，就像一个刚上牌桌的初学者，冷眼观瞧，座中既有老牌“赌王”，也有历练不久者。牌进牌出拆解之间，互有输赢、互为妥协都是常事。一上桌就接一猛招，初入游戏圈的华为已被视作对手。尽管华为还嫩。

利益之战

最近一个多月来的每天晚上，华为高层人士都要参加与美国律师——华为聘请的律师和思科方面的律师——的电话会议，接受调查取证。按照在代表亚洲公司打美国知识产权诉讼方面有丰富经验的美富律师事务所北京代表处晁毅军律师的看法，从思科向联邦法院提出诉讼的美国当地时间1月22日起，华为能否成功为自己辩护，接下来的60天到90天将起决定性作用。这段时间内的调查取证是否充分及效果如何，将直接影响未来官司的进展。

思科是先发制人，有备而来，因此在诉讼的前期将处于相对有利的地位。华为就更需要加紧，以弥补自己在时间上的差距。

这种准备上的时间差距可追溯到2002年12月，甚至更早。

2002年6月，华为的北美子公司Future Wei在美国亚特兰大举办的Supercomm2002商展会上登台亮相，宣告正式进军北美市场。美国的很多媒体以“中国的电信设备巨人华为”为题加以报道，并对华为和思科性能极为相似而价格差异巨大的产品，以及华为“唯一的目标就是在北美市场站稳脚跟”大加评论，同时向思科发出预警。美国媒体在预测思科将对华为“动武”时说：“有知情人士认为，思科正在考虑对华为动用法律手段。”

2002 年 12 月，思科就侵权一事与华为正式交涉，双方高层曾有过几次磋商，华为的高层飞过美国，思科的高层也到过深圳。思科方面由此为庭审留下了曾努力争取和谈的事实。至少在 2002 年年底，华为就应该意识到谈不拢的结果是诉讼。因此华为采取了防御措施：在美国市场暂停含有可能被指为侵权思科专有协议的相关路由器和交换机的销售。但这场官司来得如此之快，还是有点出乎华为的预料。

其实华为早该想到，思科不可能再继续容忍这个对手长大了。

思科的第四代对手

华为主管数据通信产品的高级副总裁孙业林记得，1998 年，华为与思科头一次正面交手，是在接入服务器产品上。此前，华为一直在做电信级的设备，还未触及到思科在中国独霸的领地——数据通信产品。孙业林表示，仅用了一年时间，华为就占据了接入服务器新增市场的 70%。随后，华为沿着接入服务器、路由器、交换机一路前进，逐步进入了主流网络产品领域。

自 2000 年开始，华为把路由器作为自己的主打产品，推出了 Quidway 中低端路由器，还发布了 Netengine 高端路由器。统计数字表明，当时华为已在国内市场的高端路由器上排名第二。

华为的某代理商曾分析说，预计今后几年，除非思科在路由器和交换机以外的新领域取得重大突破，否则思科在中国市场的份额将急剧下降。原因在于，思科卖到中国的是标准化的产品，开发几乎都在国外完成，升级等额外服务依然是美国式思路，刻板且往往收费高昂。同时，华为针对思科产品性能好但价格也高的特点，逐渐引导用户改变价值观，提出“可管理、可增值、可盈利”的网络才是 IP 网络发展的关键，并迫使行业价格下调。根据华为的市场分析，思科 2001 年中国市场的整体价格平均降低了 15%。于是业内有人把“思科在你身边，世界由此改变”的广告语戏改为“华为在你身边，思科由此改变”。

长期研究华为的中国人民大学商学院杨杜教授分析说，华为与思科的差别不光在价格，还有商业模式。正是这种模式上的差别，使思科备感不利。

华为所代表的“低成本、低利润、业务适应性开发策略”的商业模式，在全球经济和电信业萎缩下滑之际生正逢时。Crowell Weedon & Co. 经纪公司分析师 Chris Sessing 认为，思科公司约 90%的收入来自企业客户，另外 10%来自电信运营商，而目前这两类客户的日子都不好过。用户不再需要性能和价格“双高”的产品，美国“高昂的人力成本和高成本、高毛利”的商业模式，已经难以适应这样的需要。

华为内部人士分析说，2002 年下半年，华为与思科在中国市场占有率上的差距正在缩小，而国际市场上，思科核心路由器的市场份额已从 2002 年第三季度的 80%降至第四季度的 73%。2 月 20 日的《商业周刊》也分析了思科高利润背后隐藏的潜在危机，指出思科的高价策略给了后进竞争者瓜分市场的机会。

不仅是在中国市场上对思科产生威胁，华为还打入了东南亚、非洲、南美、东欧等“落后市场”。在南美，华为推行的 HCIE（华为网络专家认证），其影响力已经不亚于思科的 CCIE（思科互联网认证专家）。2002 年，华为的数据通信产品出口额增长了 200%，预计 2003 年将增至 10 亿美元。感受到威胁的思科于一年半以前成立了“Beat Huawei”团队，将华为列为阶段性竞争对手，对华为的营销策略和产品进行详细分析。此前，思科已用并购等手段战胜了三代竞争对手：第一代是 3COM；第二代是康柏、惠普、DEC；第三代则是电信巨人朗讯、西门子、北电、阿尔卡特等。而在 2002 年，思科 CEO 钱伯斯称，华为是思科全球范围内的第四代对手。

应对之策

深圳华为坂田基地刚刚度过了一个紧张的春节。一个应对诉讼的团队已经开赴美国一个月，知识产权部、法律部、公关部以及数据通信产品研发团队 7×24 的全天候奋战状况稍有缓解，但他们依然每天晚上都需要和美国方面开电话会议，在翌日清晨还要准备各种文件资料，而这一切的结束看来遥遥无期。因为美国的知识产权诉讼打上几年甚至十几年都很正常。华为对此的策略是，尽可能不让业务部门过多地搅进去，维持正常经营。

思科的诉讼策略设计精巧。作为最早全面分析思科 77 页诉状的国内律师，北京潮阳律师事务所胡钢的分析颇具代表性：在中国春节放假之前起诉，公众注意力分散，在诉讼时间选择上非常巧妙；起诉地点选在位于马歇尔小镇的联邦法院，该地民风保守（思科要求陪审团参与庭审），而位于该镇的法院却十分出名。在该法院打过官司的某知名律师事务所分析说，这个法院有名的原因在于它向来偏向知识产权所有者，对知识产权诉讼的判罚严厉，结案快速，大多数被告侵权的外国公司都在这里输掉了官司。2002 年 10 月裁决的美国 Intergraph 公司诉 Intel 专利侵权案，从递交诉讼到最后裁决只用了短短的一年零两个月。据说，思科华为案的主审法官正是这起案例的主审人——T. John Ward。

美富律师事务所晁毅军律师认为，华为所选定的律师事务所除了应当具有丰富的知识产权诉讼经验外，还应有能力帮助华为全面地设计和实施各种不同的法律策略。对于这种跨国的高技术含量的诉讼，语言和文化的差异也将是不可忽视的障碍，对华为来说，甚至可能决定诉讼的成败。其所选定的律师事务所应有能力克服这些障碍，了解华为的技术，掌握有关事实，理解华为的公司文化和管理层的决策风格。

晁毅军还介绍说，以美富代表日本公司处理这类诉讼的经验，日本公司通常认为美国是一个重要的市场，它们不会轻易放弃。一旦决定不放弃，不同的日本公司可能会有不同的整体策略。从诉讼角度讲，日本公司会聘请有专业经验的有名气的美国律师事务所，按照美国法律的体系逻辑、美国法律界的行事习惯，认真地为诉讼做准备。

关于华为将要面对的诉讼程序，晁毅军认为，美国知识产权案的诉讼程序与中国相似，首先是送达诉讼状，之后在一定期限内（各案情况不尽相同）送答辩状。华为需要在这段时间完成所有的取证、调查等的准备工作，如有缺陷和漏洞会对今后抗辩非常不利。随后是庭审，庭审前法官会询问双方律师是否愿意和解，不和即战。最后开庭的次数由案件进展决定。由于华为案涉案包括版权、专利、商标以及商业秘密等多项内容，可能需要针对每个项目开庭多次。另外，美国庭审中的证人制度很重要，华为寻找证据的工作量将会很大。各个程序进行完毕，持续两三年很正常。

另外，日韩企业的经验表明，应诉核心是在美国还是在中国差别很大。在进入美国市场的早期，日本公司一般不会把诉讼工作团队都放在美国，因为大量的技术分析和事实取证工作需要在本土公司完成，例如，研发人员的每一项文件和资料是如何产生的等等。日本公司会把工作中心放在本土，这样可以充分利用各种资源，公司高层决策者也能够更好地管理诉讼工作，把握进程，及时作出策略性决定。

美富认为，和解也是解决争议的方法之一，特别是在诉讼费用高昂的美国，但是一般来说，日本公司会先做好诉讼的准备，至少让对方看到自己有能力在美国的法律体系和商业规则中处理一件时间长、费用高昂的诉讼，并且准备认真处理复杂的法律和技术问题。如此自信，对对方也是一种压力，对方也会认真考虑费用、时间、日本政府的态度、股东想法和股票价格等诸多因素。这样，被告公司在和解谈判中就不会处于不利位置。所以，美富不建议现在就谈和解，现在结下“城下之盟”就等于输了。

虽然美国90%的知识产权诉讼案都以庭下和解告终，但这个案件是否能达成和解，美富认为关键在于思科想要什么。有关律师提醒说，思科的起诉书没有标的，也就是说具体赔偿数额不详。他们据此认为，思科志不在赔偿，而在于市场，是想拿到禁销令，把华为赶出美国和其他国际市场。另一层意思是，思科想打一场有限战争，弹性很大。据华为透露，他们在诉讼发生几个月前曾和思科有过交涉，希望能得到授权有偿使用思科的某些专利，但是交涉未果。很显然，思科并不希望获得专利费而丧失市场。对于华为来说，输掉官司的后果很严重，可能十几年进不了美国市场，也会极大地挫伤信誉和品牌。其他国家的代理商和客户可能会担心思科将继续在该国起诉而使自己牵涉其中，因而放弃与华为的合作。

最后，华为要对诉讼费用有心理准备。期间发生的费用将包括律师费、证人费、法庭诉讼费等。如果败诉，还有赔偿。美富认为，美国法律最关键的是惩罚性赔偿，知识产权侵权的惩罚性赔偿尤其厉害，很可能是上亿美元。略过赔偿一节，律师费可能是其中最大的项目，美国最好的律师大概每人每小时350到450美元。精于此道的美国律师说：“美国诉讼全世界最贵，一旦输了官司，费用就更让人惊讶了。”有消息说，华为可能会就“私有协议”等问题反诉思科“垄断”，并可能在中国就类似问题另行起诉思科利用垄断地位和事实标准限制竞争者进入，进行垄断定价，牟取暴利。就此，北京康信律师事务所律师余刚认为，这些可以同步进行，但无法对美国的诉讼产生直接影响。华为需要直接面对的是对版权、专利、商标等内容的抗辩。

美国法律最重证据，并且每一条指控都要答复。思科列举多达21项罪名的原因就是要增加哪怕是一条罪名成立的可能性。华为要做的是证明没有抄袭，或者把思科的专利“无效”掉，即证明其专利权的获取是无效的。对此，很多技术专家认为是有可能的，因为思科和华为产品的很多源代码都来源于一些共享软件。华为北京研究所总监舒骏针对国外媒体普遍指责的华为“反向工程”表示，任何一个写过程序的人都清楚，小程序可以“反向”，但如果想要把类似Windows这样复杂的操作系统“反向”过来，确保它能安全运行，还要保证能够随时满足用户特殊要求下的更改和反应，这无异于天方夜谭。至于华为采用了和思科相似的命令行接口和屏幕显示，这属于版权范畴。有关人士认为，这只是为了照顾用户已经形成的使用习惯，方便他们很快学习操作新的设备。但在律师看来，这一说法恐怕很难说服法官。在1985年Intel反诉NEC侵犯版权的案件中，美国法官William Gray曾判决，NEC不构成对Intel的侵权，理由是“两家公司微程序之间的相似性是使两种处理器相互兼容必不可少的，不足以认定后者是对前者的侵犯”。但该法官的理由后来引起了美国各方的强烈批评，认为他的结论混淆了法律概念，将“可选择性”的制约作为版权侵权的例外是美国法律所不承认的。

总结以前的众多侵权案，康信律师事务所律师余刚说，一个企业拥有专利的多少，已经成为市场竞争的准入门槛和游戏筹码。你有100个专利，我有60个，你告我3项侵权，我也反诉你1项侵权，最终结果往往就是和解、互相许可或者后者再补贴前者一些专利使用费。这就是知识产权的游戏规则，也是90%的知识产权侵权案以和解告终的主要原因。

正因如此，韩日企业在国际化过程中学到的第一个经验就是拼命在本国和海外注册专利，获取游戏的筹码。在美国专利局的统计表上，日韩企业连续多年排在最前面。2001年美国专利商标局统计的前十位获得私属专利最多的企业中，日韩企业占据了绝对多数。

到2002年年底，华为已经累计在境内外申请专利2 300多项。在世界知识产权组织公布的发展中国家申请PCT（专利合作条约）的排名中，华为从2001年的第十位上升到了2002年上半年的第三位，在电子类企业中位居第一。华为是中国企业专利申请和知识产权保护方面做得最好的企业之一。另外，华为和海尔这样较早走进国际市场的企业，也是少数最先想到要利用知识产权保护自身利益的中国企业。据悉，海尔花重金在100多个国家申请了多项商标和外观设计的专利。

但是，在这样一场复杂的商业游戏中，华为仍然没有足够的筹码。

孤军奋战?

有法律人士建议华为联合政府部门对思科施加压力，争取庭外和解。思科则竭力想让业内外认为，这只是两个公司间纯粹的商业纠纷。

美国的过去和现在都证明了，以知识产权为名的商业游戏需要多种博弈工具：司法工具、媒体工具、资本工具、机构工具。而所有这些主体，在中国都还严重不足。

华为思科案一出，信息产业部、国家知识产权局、相关通信和IT业协会，甚至参加ITU大会中国标准团的相关负责人，都认为此事敏感，现在不是表态的时候，或者认为应该相信法律，商业纠纷应该由法律去解决。

但反观美国，知识产权绝不是个把企业的商业纠纷问题。1982年的IBM和富士通一案，正值日本计算机业大举进军之时，美国政府立即在反垄断和保护美国企业利益间做了取舍，修改了美国著作权法，于1982年将IBM的操作系统程序列为保护对象，IBM随即状告富士通侵犯其软件版权和手册著作权。

思科华为案爆出，《华尔街日报》立即为此案定调。“两个企业间纯粹的商业纠纷”立即成为考验“中国政府是否言行一致，是否执行WTO关于知识产权承诺之决心”的试金石，并纷纷明示思科正在为“是否会影响中国市场而忧心忡忡”。钱伯斯也于1月份在公开场合“适时地”称赞中国政府保护知识产权的决心和功绩。康信律师事务所余刚说，在美国，无论是行业协会还是政府部门，如商务部、美国专利局，与企业的利益从来都是高度一致的。比如说，中美知识产权谈判之前，美国商务部就会在报纸上打广告，征集各行各业对这些问题的看法。接着，行业协会把各企业希望得到的利益搜集上来，作为政府部门谈判的要求。国际上的大小知识产权会议，美国专利局都会派人参加，就是美国硅谷一个普通公司的会议，美国专利局局长也可能亲自到会。

美国为什么会如此重视知识产权?

中国人民大学杨杜说，美国大量工厂外移，已经呈现出制造业的“空壳化”趋势，而知识产权贸易是美国的关键经济利益所在。杨杜认为，知识产权的重点并非

“知识”而是“产权”，而产权是一种持续获取收益的机制。美国先把这种战略以文化和价值观的方式传导到各国，让人们相信“偷窃”知识比偷窃物质更卑鄙可耻，再把拥有知识的阶层和群体的利益以法律的形式固定下来。

上个世纪80年代开始，美国企业开始了“圈知运动”，到各国去申请专利。美国某著名咨询公司将“知识管理”、“知识空间”申请了商标；思科把命令行、接口、界面申请了版权；某银行将具体的业务运作方式申请了专利。美国对基础性专利的定义已经扩展到了概念原理和操作方法，知识产权的概念被大大地扩大了，因此，围绕知识产权的纠纷也越来越多，越来越复杂。

随着中国企业的发展，知识产权的纠纷也将越来越多地降临到中国企业头上。华为之后，很可能就是大唐电信。

2月10日，美国 *RCR Wireless New* 杂志发表署名文章《高通声称他们持有 TD-SCDMA 的知识产权》，称如果大唐电信对 TD-SCDMA 坚持其有知识产权的结论，就必然要引起一场专利战争。实际上，高通在很久以前就说过，TD-SCDMA 无论怎样加限定语，也是 CDMA，只是他们没必要现在就去和大唐电信较真，因为产品还没有商用化。此次舆论哗然，高通国际战略与法律事务高级副总裁汪静适时表态：作为一个大公司，如果大唐电信在研发和生产中发现涉及了高通的专利，一定会和我们主动取得联系，当大唐电信获得 TD-SCDMA 的授权后，就和其他公司一样，也是 CDMA 技术的被许可方。

几乎在同一时间，舆论爆出日本丰田状告吉利集团商标侵权。

面对不断爆发的知识产权纷争，仅靠企业的孤军奋战既不符合国际做法，也不符合我国作为发展中国家在知识产权保护中的经济利益。

华为思科一案牵涉广泛，思科是否“利用私有协议”等事实标准限制后来竞争者进入市场，从而进行垄断定价，是否在标准上“拒绝许可”，违背了国际标准组织对于“标准必须公开、开放”和电信网络必须互联互通的基本原则，等等，这些问题及利益的协调和平衡，都是行业监管部门义不容辞的责任。

此外，虽然美国法庭的判决完全取决于华为严肃的应诉策略，但是从目前的诉讼环境看，华为处境不利。国内政府和行业监管部门的适时表态和引导，能够促成双方的庭外和解，甚至可能藉此机会解决一些深层次的行业问题。

此案还引起了各方对我国《反垄断法》的尽快出台以及发展中国家知识产权保

护程度和范围如何确定、通信等特殊行业的知识产权应该如何保护等深层次问题的激烈讨论。国家知识产权局等相关政府部门在山雨已来的知识产权纷争中扮演的角色将非常重要。

华为，只是个引子。

解析“私有协议”

围绕华为思科诉讼案，目前舆论讲得最多的是“私有协议”(思科自称为“专有协议”)，并以此指思科利用事实标准形成行业垄断，阻碍新兴厂商发展，从而获取高额利润。

“私有协议”到底是什么？原信息产业部标准处副处长黄尚贤说，“私有协议”实际上就是未经国际标准化组织认可的厂商的事实标准。由于互联网发展迅速，国际标准和中国国内标准一开始都未及制定，思科作为最早的网络产品供应厂商，占据了80%以上的市场份额，其“私有协议”成为事实上的标准。私有协议只受美国法律保护，在中国、日本、韩国及欧洲等多数国家并不受保护。

华为常务副总裁费敏说：“华为是国内最早和高通、诺基亚、爱立信签署3G专利授权许可的中国企业。”但是出钱换取专利许可这条路在思科这里行不通。思科的“私有协议”与一般专利不同，目前是不公开、不授权使用的。

华为数据通信产品线总工李贺军和路由器产品线总监吴钦明说，虽然在1999年时数据通信产品已经有了国际标准和国内标准，但思科已有的市场已经很大，要和思科的产品兼容，就不得不使用思科的“私有协议”。

黄尚贤介绍说，通信网络投资巨大，运营者一般不愿废弃原有老设备，致使同网运行的设备在购买时间上可能相差十几年，所以要求后来设备必须和先前设备兼容，这就要求电信产品必须严格标准化。国际标准化组织ITU以前的原则是反对将专利放进标准中，就是为了能最大程度地促进竞争和创新。现在，将专利放进标准并付费授权使用已经成为一种趋势。但做了一辈子电信技术和标准工作的黄尚贤认为，既然是标准，就应该和纯粹的专利有所区别，要满足标准先天而来的公开性，至少应允许付费授权使用。

日本、韩国和欧洲的一些国家为什么没有能够出现华为这样能威胁到思科的公司？有人分析说，这些国家本土市场很小，不足以支撑企业的发展。同时，日本、韩国和欧洲的国家都非常重视在本国的行业中采纳国际标准和国内标准，不允许使用“私有协议”。日本的行业标准组织 TTC 和韩国标准组织 TTA 从上个世纪 50 年代开始就在通信行业中执行严格的标准制度，招标书非常严格，制造商一般很难钻到空子。但是，中国目前的网络产品采购非常分散，采购者的各地分支机构往往标准意识淡薄，易被制造商左右。

针对“私有协议”如何解决的问题，标准专家认为，首先国家应宣布和重申国家标准，企业招标必须采用国家标准（现有国家标准与国际标准相同）。其二，采用“私有协议”的老设备限期升级（欧洲各国在采购之初就明智地将日后必须免费升级到国际标准写进了合同里）。其三，严格入网检测，用“私有协议”的不允许进网使用。其四，严格规范招标。通信行业中的知识产权保护应该在遵循 ITU 等国际标准组织的“标准化”前提下进行，把知识产权的保护纳入国家标准的轨道。

任正非面对第一次诉讼

2003 年正月初六上午，任正非忙中偷闲，在即将完工的深圳坂田基地的数据中心绕了一遭。下午，他又在深圳一家酒店的咖啡厅与公司几位经营管理人员开了一个小会，并在会议间歇和碰巧也在咖啡厅的记者聊了起来。

谈到《IT 经理世界》2002 年的一篇封面文章《华为：土狼向狮子的演进》，任正非说：“华为其实既不够土狼，更不像狮子。前有跨国公司，后有中国公司，华为在夹缝中能生存下来，还是多听批评好。其实公司的内部运作比优秀公司还差好远，并不如外面评价的那么好。”

任正非说，在 IBM 的咨询顾问花了四年时间帮助华为推行 IPD（集成产品开发）、ISC（集成供应链管理）之后，华为建设了新的数据中心。春节后，华为将正式从原数据中心切换到这个新的数据中心来，这会使公司运作越来越规范，也是华为为国际化做的重要准备之一。华为高管们像陀螺一样连轴转，过了一个战斗的春节：白天要忙着切换数据中心，晚上与美国的电话会议一开就是几个小时。这两件事对此刻的华为都很重要。

第一次面对国际诉讼，任正非说，此时的情景真像平时华为人自我解嘲时说的那样："我们是武工队，头上包着白头巾，腰里拴着两颗地雷，手里拿着盒子炮，刚从青纱帐钻出来，就走向国际市场，离正规军还差得远。"这一次面对思科的官司，是一堂受益匪浅的课，能使华为逐步成熟起来。任正非平和地说："公司重点还是借此机会整改自己，使自己更加符合国际化要求，同时会认真应诉。"任正非认为，华为是一贯尊重知识产权的，每年也投入了巨资用于研发，所以不会有大的问题。

被诉与诉讼中的钱伯斯

1998年6月18日，朗讯向特拉华州美国地方法院提请了对思科公司专利侵权的法律诉讼。讼状指出思科侵犯了朗讯在数据网络方面的八项专利。

思科CEO钱伯斯就朗讯起诉思科专利侵权一事反击说，朗讯这种举动是一种试图"阻挠业界领袖脚步"的"纯粹的市场策略"，"是绝望公司的绝望举动"，"这是一种在过去的年代才会使用的竞争手段"。他进而强调，迄今为止在数字网络工业中已经谈不上什么侵权和交叉授权的问题了，由于互联网而变得愈加公开的标准，将使朗讯在这场自己挑起的侵权战争中自食其果。

钱伯斯还称，朗讯在诉讼中提出的八项专利都已申请十年以上，"现在的互联网年代就如狗年（狗的寿命约为人的七分之一），所以那些专利就像70年前的专利一样"。

思科第一副总裁Kevin Kennedy则说："互联网是一个建立于公开标准与新经济思想上的产业。这个案例不是一个思科对垒朗讯的案例，而是一个朗讯对垒整个产业的案例。我们希望朗讯能够认真考虑由于他所处的地位而可能带给数据产业、芯片供应商、标准化组织以及客户的影响。"

在思科发展的17年中，曾遭遇几十次各种名目的诉讼，其中不少与知识产权相关。1998年的朗讯诉思科案于1999年6月达成和解，双方相互许可对方有关专利技术。朗讯旋即收购Ascend（思科竞争对手），以增强竞争实力。回顾历史，朗讯在提起该诉讼的18个月之前也试图与思科以谈判方式解决，再看今天的思科华为案，不由令人觉得一切都有可能重演……

系统性考验

没有永恒的朋友，也没有永恒的敌人，只有永恒的利益。知识产权诉讼是企业利益争夺尤其是既得利益者藉以防卫的一种绝佳武器。

既然是利益争夺的武器，什么时候用、以多大代价用，就取决于利益博弈的进程。和解，还是坚持把官司打上十几年，本没有一定之规。美国90%的知识产权诉讼都以庭下和解而告终，从诉讼对象到盟友，也许只在朝夕之间。今天的原告也许就是昨天的被告。本次诉讼的起诉方思科，其实也是在知识产权诉讼的枪林弹雨中走过来的。当思科还是后来者的时候，也曾经认为朗讯诉思科侵权是“一种在过去的年代才会使用的竞争手段”。而如今，当被问及为什么要起诉华为时，思科答复说：“思科在科技领域的领先地位是思科在研究和开发上长期大量投资的结果，思科有责任保护自己的知识产权。”

2002年2月德州AUSTIN–Saifun半导体公司起诉AMD和富士通专利侵权就是一个瞬间翻云覆雨的例子。仅五个月后，这场原以为将旷日持久的官司就发生了戏剧性的变化。三家公司宣布，AMD、富士通将使用Saifun的技术，并承诺给Saifun一笔投资。而对于之前的诉讼，三方均表示：只谈未来，不谈过去。

法庭成为市场外的第二个战场，就像“战争是政治的最后手段”。围绕知识产权展开的诉讼、反诉、谈判、和解、交叉许可等各种攻守方式，已经成为跨国公司之间的商业游戏中不可或缺的部分。市场上得不到的，可以挪到谈判桌上；诉状上的赔偿标的也许只为了增加谈判的筹码；而反诉恰恰是争取和解、挽回损失的必要一击。法庭上施压，私下里还接着谈判，这也正是此次华为与思科剑拔弩张之际还不忘为对方留一扇门的原因。

但是大多数中国企业对这个战场还十分陌生。最高人民法院民事审判第三庭庭长蒋志培对记者表示，中国企业将在未来的日子里被迫参加这场游戏。为防患于未然，也为事发时能够据理力争并予以反击，就必须扎扎实实地研究国际条约和他国法律，以纯熟的司法对策应对才是上策。他认为，华为目前低调且未作详尽表态的做法，表现出了一个成熟企业的理性。

日立、富士通、三菱、松下、佳能，几乎所有日本的知名企业都遭遇过侵权诉讼的堵截。但在日本高速发展的六七十年代，美国的企业注册的专利数远没有现在多，当时的知识产权保护环境也没有现在这么完善。因此，中国企业今天面临的挑战比当时的日本企业更为严峻。时至今日，许多日本和韩国公司已经深入美国市场，而且不会因为它是家日本或韩国公司就输掉官司。他们已经拥有了一套可以与美国司法体系对接的强大支撑系统，你来我往已是家常便饭。日本还成了全球注册专利数最多的国家。如今日本企业的知识产权诉讼案与二三十年前一样频繁发生，但早已不会像当年那样成为新闻焦点。而思科对华为的发难，也并非因为它是一家中国公司，仅仅因为它是一个值得重视的竞争对手。

不过，心态上平和，并不等于事事被动。美国专利局的局长可以被一个硅谷公司请去介绍知识产权保护的新趋势，也随时愿意倾听企业在知识产权保护方面的新要求。日本和韩国的政府部门以及行业协会、标准制定机构等，更是紧密配合企业发展的现实，主动寻求应对之策。具体到华为所面对的这次诉讼，国内相关政府部门和行业组织所表现出的对已进入司法程序的诉讼持谨慎评价态度自然无可非议，但这并不意味着大家可以不研究此次诉讼所揭示出的意义，不意味着有了几项法律条款就能以“照法律执行”一言以蔽之，更不意味着政府部门在帮助中国企业掌握规则进而影响规则方面无所作为。参与全球竞争，必须学会尊重规则，但也不能被规则吓倒，被“高帽子”压倒。

知识产权保护存在很大的讨价还价空间，谁在这方面研究得更多，谁就会在竞争的博弈中占据更多的主动。“多算多胜，少算不胜。”因为今天美国的经济越来越多地依赖知识产业，所以，它在这方面的研究必然更加重视。相比之下，中国的经济增长还主要依赖加工制造业，知识产业对经济增长的贡献还比较小，对知识产权方面的研究也必然落后，如果顺其自然，在这些方面我们就必然受制于人。如果中国认为自已发展高科技产业具有战略价值，就必须做出资源和政策的倾斜，让“水往高处流”。

在这个意义上讲，这是对一个企业的考验，更是对一个系统的考验。

（选自中国言实出版社《思科与华为之争》，2003年3月出版，作者：孙丽）

今日中国大学教育之是与非

2003年，中国高等教育规模首次超过美国，居世界第一。自上世纪90年代末开始实行高校扩招政策后，今天的中国大学教育已从精英教育时代走向大众教育时代。在精英教育时代，人们对大学的关注，更多的是外部的，是站在城外看城内的风景；而在大众教育时代，大学已不再是炫目的风景线，民众有了更多的教育选择权，开始关注大学城内的风景，关注所接受教育的质量。作者从教育热点入手，充分而立体地展示了来自大学教育前线的第一手信息与资料，系统地反映了民众所关心的问题，读来发人深思。

从挣扎在“生死线”上的民办大学，到踌躇满志建设世界一流的名牌高校，中国高等教育既经受着产业化后遗症的困扰，又都面临着国际竞争的挑战。

教育圈地运动

立足于通过教育消费拉动经济而提出的高等教育大扩招观念对中国高等教育大发展做出了卓越的贡献。由于扩招，2003年，中国高等教育规模首次超过美国，居世界第一。

提出高等教育扩招建议的，是亚洲开发银行驻中国代表处首席经济学家汤敏博士。从他的身份看，扩招打着强烈的“经济”烙印。这对于家长和学生来说最为明显：扩招是与钱连在一起的，最强烈的感受是学费涨了，以前上大学只需交很低的学费，现在却每年要开支至少五六千元。

扩招建议的提出，正值中国教育表现出十分紧张的供不应求状态。据统计，在

1999年高等教育扩招以前，我国每年有1 400多万名初中毕业生，其中一半上不了高中；每年有350多万名高中毕业生，其中70%上不了大学。因此可以说，无论是上高中还是上大学，都是“千军万马过独木桥”。

改变“千军万马过独木桥”的局面，必须扩大教育资源，而前提是需要经费。钱从何来？以前大家把眼睛盯在国家财政上，现在却在盯着国家财政的同时，又瞄准了受教育者的钱包：教育经费原来可以从受教育者身上而来！以前把办教育的任务几乎全部交给国家，而现在大家意识到国家财政难以支持教育的大发展，应该吸引更多的社会力量办教育，要加速民办教育的发展。

面对如此旺盛的教育需求，有敏锐商业眼光的人，发现教育可以作为一个庞大的产业来加以运作，他们把教育市场看成一块等待众人切割的大蛋糕，纷纷摩拳擦掌。

上海一家民办学校的负责人告诉笔者，虽然《教育法》明确规定办学不得以赢利为目的，但是，有的民办学校还是纯粹以赢利为目的，把办学作为赚钱的手段，收取过高的学杂费。由于民办高等教育的主要收入来源于学生收费，为了能获得利益，办学者在收费标准不能无限提高的情况下，便想方设法降低办学成本，这就导致校舍条件、师资力量等达不到要求，从而影响教学质量。

在民办学校力图用较低的成本争夺教育市场的时候，中国排位靠前的公立学校，也加入了这场市场竞争，抢占教育市场份额。

“记得当初有人提出，名牌大学实行产业化更容易，原因很简单，它们的声誉好，报考的学生多，只要对学生实施高额收费再辅以相应的高额奖学金制度，就能很大程度改善学校办学经费紧缺的困难。但这一想法并没有得到响应，一是来自老百姓的阻力，二是国家出于对社会稳定大局的考虑。后来，重点高等学校对其热门专业的收费进行了20%～30%的上浮，要进就业形势好的热门专业，多出一点钱，大多数人表示接受。另一方面，很多重点院校在当年扩招中也大幅增加了本科学生的招生数量，这一是响应国家的号召，另外就是办教育产业的考虑。”谈起高等学校近年来的扩招，教育部有关管理人员说。他还补充道，一些重点大学近年来由于办研究型学校，调整了招生策略，维持本科生招生规模，扩大研究生、博士生招生规模。

但是，对本科生招生规模的压缩是局限在“计划内”的，也就是国家下达招生计划部分，对于计划外的部分，事实上却有了更大的发展，典型的表现就是网络生教育。教育部已经批准45所高等学校开展现代远程教育试点，这45所高校有相当部分是名牌院校，因为他们有开展远程教育的软硬件实力。这些学校的网络教育学院计划外招生根据社会需要设置专业，招生数量是计划内招生的数倍，收费也高出计划内学生不少，但由于学校的名气，加上招生专业比较热门，受到很多学生的欢迎。另外，这些学校的网络学院几乎全瞄着“社会热点”开班，比如高（中）升本（科）、专（科）升本（科）、研究生进修班等等。由于网络教育不受时空限制，录取时不用像计划内学生那样迁移户口，学校不提供住宿条件，因此有不少高校的网络教育学院“疯狂发展”，大抢生源，“抓到篮里就是菜”，造成目前网络教育管理、发展均存在诸多问题。

重点高等学校除网络教育外的另一方面计划外发展，就是针对专科层次的职业教育。它们大力发展职业教育的基础，同样是办学实力、办学条件及其品牌对考生的号召力。

“重点高等学校发展网络教育、职业教育，对我国高等教育事业确实有很大推动，因为他们有办学的经验和实力，能够将方兴未艾的网络教育、职业教育逐步推向规范。但是，我们还应该思考另一个问题，那些高校，尤其是那些在国内名列前茅同时也具备一定国际影响力的著名学府，花很大力气去发展职业教育、网络教育，是否有利于其本身办学水平的提高？”不少高校的教授提出了他们的疑问。他们认为，网络教育扩大了教育的渠道，促使高校内资源向社会开放，让全民共享，让更多没有条件步入校园的学习者能够接受高等教育，但是国内一流高校可以以技术提供方的形式参与网络教育，而用不着花如此大的精力投入，因为他们的首要任务，在于提升学校的质量，而非扩大办学的规模、丰富办学的层次。教育部已经明文规定，高校的网络教育学院从2003年起将只进行成人继续教育，而不再招收计划外的“高升本”学生。但是，要让名校网络学院全面退出市场，在未来很长一段时间里都很难真正做到。

此外，一些高校还十分乐意拓展新的教育项目。除了“满足社会发展需要”的因素，还有一个原因，就是能获取更多的经济利益。一个MBA学员的总学费达到五六万元，一个EMBA学员的学费达到20多万元，一个工程硕士的学费也要近2万元。从这样的学费收取标准看，人们不难想象，为何MBA招生会如此大幅度扩大，有的学校现在一年要招四五百人，连有两到三年企业管理工作经验的基本要求也可放宽；也不难想象，学校为何会在媒体上大肆宣传，鼓励企业高级职员攻读EMBA。在某高校的管理学院，教授们根本不屑于为本科生上课，也极不情愿做什么课题研究，只要为 MBA、EMBA 上上课，他们就收获颇丰，在其他院系的教师看来，那真是捧上了“金饭碗”。

教育部部长周济说：中国政府从来没有提出教育要产业化。教育具有公共属性和公益性，这是教育的本质属性。不能以教育产业化的思想来指导教育发展，更不能以此作为政府创收、摆脱财政困难的手段。不能把教育同其他产业、同企业等同起来。如果政府提倡教育产业化就会导致追求教育投资利润的最大化，就会对教育社会功能产生负面影响，也会削弱政府的宏观调控和社会公平。但是，中国又处在社会主义建设的初级阶段，教育的投入远远不够，还需要进一步大力发展民办教育，推进教育成本的分担。但这跟教育产业化的概念是完全不同的。

“不能以教育产业化的思想来指导教育发展。”“不能把教育同其他产业、同企业等同起来。”教育部长的话，掷地有声，而我们更期待着每一位教育工作者都能身体力行。

一堵拆了又建的墙

1993 年 3 月，北京大学做出了一个轰动全国的决定——将约 600 米长的南墙推倒，改建为 2.5 万平方米的商业街。有人赞叹，也有人哀叹甚至指责。赞叹的人说这是北京大学解放思想、转变观念、融入市场经济大潮之举；而哀叹和指责的人认为，“象牙塔”已被摧毁，纯学术已经离大家远去。

赞叹也好，指责也罢，事实是，推倒南墙，带动了全国高校大力发展校办产业，那段时间，教师下海与学生经商顿成潮流。崇尚学术的校园里，经商致富的反而成了“偶像”，大家只羡慕“财高八斗”，不再管什么“学富五车”。善于总结的人们，还把有形围墙的推倒延伸到推倒观念上的围墙，推倒思想上的围墙，将“打破围墙，盘活资源”“打破围墙，资源共享”时刻挂在嘴边。《文汇报》在报道北京大学破墙开店时曾经这样写道：“北大告别的不仅仅是一堵围墙，也许还是一个围墙的时代。”

2001 年 5 月，北京大学又做出一个令全国瞩目的决定——不惜损失每年 600 万元的租金收入，要求南墙商业一条街的商家在 2001 年 8 月前迁走，将当年推倒的南墙重新恢复。一位大学教师说，八年来了一次“轮回”，重建围墙，是对教育本质回归的第一步。大学有自己的责任和使命，办企业不是学校的目的，企业办得再多，经营业绩再好，如果培养不出一流的人才，产生不了有影响的科研成果，无论如何也称不上好学校。

但这一次北京大学的举动，并没有像八年前那样得到其他高校的响应，反而有很多高校正在酝酿着怎样盘活学校的资源，使其产生经济效益。一位教授说，北京大学拆围墙，并不表明其从校办产业领域撤离，正如北京大学校长许智宏所说，目前仍必须办企业。北京大学可以舍弃破墙开店的收入，是因为他们的其他校产，比如方正集团已经发展得很好了，而且他们近年来获得了教育部每年六个亿的巨额投资。相形之下，其他校产经营业绩不佳的学校便很难舍弃这唾手可得的大笔租金收益。事实上，出租学校房产是很多高校校办企业最大的生财之道。

2001 年，中国工程院院士、浙江大学校长潘云鹤建议通过法律途径取消校企中的高校冠名。他说，高校办企业弊大于利，大学的任务就是踏踏实实搞教学和科研，目前高校校办企业名称中的大学名字应该通过法律途径取消。潘云鹤院士介绍：高校办企业的初衷一是为了加快高校科研成果的转化，二是创造利润为大学提供科研经费，但从实践看，却有些事与愿违。比如，浙江大学有 20 多家校办企业，但其上交的利润成为科研经费的却微乎其微。国内其他高校基本如此。2000 年，浙江大学的科研经费是 6.25 亿元，其中 2 亿元是国家给的，另外 4 亿多元是从科研合作企业来的，而非自己的校办企业所创造的利润。一些校办企业利用高校冠名进行不正常的商业炒作，影响了高校间的正常竞争，还有一些校办企业违法经营影响了高校的声誉。潘院士希望国家出台规定，让企业与大学分离，成为社会的企业，已经用大学校名命名的企业，如浙大海纳、清华同方、北大方正、东大阿派等，企业名称中大学的名字应该通过法律手段取消。

2003 年 10 月，清华大学宣布，清华将在年内注册一个清华控股有限公司以取代目前的清华企业集团，统率清华大学的校办企业，清华同方、清华紫光等清华大学的校办企业年内将摘掉企业名称中“清华”的金字招牌。现在的清华企业集团与学校是行政隶属关系，相当于学校的一个处，一旦企业出现经营风险，校方要承担无限连带责任；而清华控股有限公司是国有独资有限责任公司，成为学校与企业之间的一道“防火墙”。同时，清华控股有限公司还是清华校企的控股或参股公司，校方可以通过买卖股权实现学校资金的投入与退出。有关人士认为，从近期来看，丢掉“清华”的金字招牌对校企，特别是对已经上市或正准备上市的校企来说无疑是一个不小的损失，但从长远来看，随着校企改制成果的逐渐清晰化、扩大化，去除种种制度缺陷的校办企业最终将获得“独立做人”的广阔发展空间。

潘校长的话，说得很有道理；清华大学的做法，也很有革命性。可是，其他高校的反应并不热烈。一高校分管校产工作的副校长说，著名高校的校名是含金量极高的无形资产，一些校办企业之所以能有今天的业绩，很大程度是因为背靠高校这座大山，而且，有的学校还因某一著名企业品牌获得新的声誉，要想使从学校冠名中获益匪浅的企业放弃这一冠名将是十分艰难的。其实不但企业不同意，学校也不一定愿意，有关教育主管部门也未必希望这样做。高校办企业并不是长远之计，但要改变这种状况，需要很长一段时间。我国加入 WTO，有关部门还希望高校校办企业能够有一番大作为呢。清华等少数学校当然可以做，但其他高校能否做到这一步，还很难说。

拍拍脑袋和胸脯，我们要建世界一流

只有正确的定位才能保证稳定而持续的发展。这是一个朴素的真理，高校的发展也不例外。让我们以急于建成世界一流大学的高等学府为例，试着探讨中国高等教育的定位问题。

国内许多高校提出要建一流大学，但这几乎是“拍拍脑袋”就定下来的目标。而为了迎合领导的需要，获得政府的拨款，应付教育主管部门的任务，某些高校在拍了脑袋之后又狂拍胸脯，于是，高等教育事业的发展立时呈一派欣欣向荣之势。然而在虚火上升的口号过后，这些高校心态的失衡、定位的盲目与规划的粗疏便显露无遗。

对于国内一流高校将自己定位于“研究型大学”，于是压缩或者维持本科生规模，同时急剧扩大研究生招生规模的做法，一些教育界人士也表示出担忧。据某些高校提供的资料显示，国内一流高校中“一流本科生，二流硕士生，三流博士生”的情况并不鲜见，以至于不少跨国企业挑选硕士生、博士生时，首先看的不是他们现在毕业的学校，而是过去的本科就读学校。这种情况的产生有三方面原因：一是本科教育质量良莠不齐，一流高校的本科生生源相当好，本科教学实力也较强，而其他层次高校的本科生教育质量相对较弱。二是各校就业形势相差很大，一流学校本科生的就业形势不错，毕业生要么选择直接就业，要么出国继续深造，因此报考国内硕士研究生的比例相对其他学校来说就偏低；基于同样理由，一流学校的硕士研究生毕业报考博士生的也不多。相反，其他高校的本科生、硕士生就业形势不理想，选择一个更好的学校以图“曲线救国”便成为这些学校毕业生的重要选择。这就导致我国高等教育的研究生生源不尽如人意。三是我国研究生培养模式本身也存在相当问题，须改革。

在二流生源的基础上当然难以矗立起一流大学。如果高校连招收硕士生、博士生都有点“抓到篮里就是菜”的心态，那么创建一流大学将是十分艰难的。要使生源一流，就需要对下述三点有足够清醒的认识，并且在高等教育实践中自觉付诸行动：一是建设世界一流大学离不开教育普遍上水平这一基础。一流大学的建立不是孤立事件。基础教育的模式不改变，素质教育不能切实推行，高等教育便成无源之水；而不重视高等教育本科阶段的教学，硕士阶段、博士阶段的培养质量也就难以保证。因此，创建世界一流大学不是少数学校的事，而应成为教育界共同的追求；培养创新人才，不是研究生阶段教育的特别任务，而是所有各阶段教育都必须坚持的人才培养思想。二是争取吸引世界各国的生源。能够吸引大量的留学生也是世界一流大学的重要特征。三是人才培养质量的高低是决定因素，只有不懈提高办学质量，才能聚天下英才而育之，一流的生源与一流的人才培养质量是相辅相成的关系。我国的高等教育事业要获得持续稳定的发展，必须明确自身定位，要加强对世界著名大学的研究，对其进行战略预测，并在此基础上综合分析自身情况，制定出更为科学、客观的战略目标和对策。

建设世界一流大学，是我国教育界一直以来的梦想，而将这一梦想的实现提上议事日程，则是最近十余年间的事情。其中最引人关注的建设规划，当属“211工程”和“985工程”。

20世纪90年代初期，国家教委提出“211工程”的设想，指出要面向21世纪，重点建设100所左右的高等学校和一批学科点。国务院关于《中国教育改革和发展纲要》的实施意见指出：“‘211工程’要争取有若干所高校在21世纪初接近或达到国际一流大学的学术水平。”从1995年起，“211工程”全面启动。至1998年年底，国家确定重点建设61所高等院校，安排建设资金130多亿元，其中，中央专项资金近28亿元。

1998年5月2日，李岚清在世界大学校长论坛开幕式上的讲话中指出，在下一个世纪，我们要力争有一批大学跻身世界一流大学的行列。两天以后，江泽民出席北京大学建校100周年庆祝大会，在大会讲话中指出："为了实现现代化，我国要有若干所具有世界先进水平的一流大学。"他同时指出，"这样的大学，应该是造就高素质创造性人才的摇篮，应该是认识未知世界、探求客观真理、为人类解决面临的重大课题提供科学依据的前沿，应该是知识创新、推动科学技术成果向现实生产力转化的重要力量，应该是民族优秀文化与世界先进文明成果交流借鉴的桥梁。"我国高等教育要建设世界一流大学的行动，也因此被称为"985工程"。

当年的北大百年校庆上，北京大学提出，要用17年时间，在2015年左右将北大建设成为世界一流大学。

1999年7月起，教育部和地方政府分别签订协议，决定重点投资若干所大学，其中北京大学、清华大学的建设目标是世界一流大学，南京大学、复旦大学、浙江大学、上海交通大学、西安交通大学、哈尔滨工业大学、中国科技大学等高校的建设目标是世界知名的高水平大学。

2001年4月，清华大学在90周年校庆大会上提出，要在建校100周年之际，即2010年，将清华大学建设成为中国首所世界一流大学。就在社会各界期待着中国在不久的将来出现世界一流大学时，2002年年初，上海交大高等教育研究所在对包括诺贝尔奖、*Nature*和*Science*论文、科研经费、具有博士学位教师比例、研究生中留学生比例等在内的十项数据进行对比分析，并对相关各项指标赋予不同权重进行量化处理后，认为我国名牌大学和美国一流研究型大学的差距极大，其中最突出的表现是原创性成果、教师质量、科研经费投入和国际化程度，具体来讲，北京大学和清华大学应处在世界大学体系的200名~300名之间，而其他若干所名牌大学则处在300名~500名之间。根据这份报告，预计到2025年左右，北京大学和清华大学有可能进入世界大学体系的前100名，成为世界一流大学。

2002年5月，广东管理科学研究院武书连等专家通过"世界一流大学与中国一流大学外国留学生占研究生比例对照表"和"世界一流大学与中国一流大学在*Science*、*Nature*上发表的论文数对照表"，跟踪我国一流大学在人才培养和科学研究方面与世界一流大学的差距。他们的观察结论是："与上一年度相比较，中国一流大学距世界一流大学又远了一点儿。”具体的论据是：在人才培养方面，2001 年度，被观察的四所大学北京大学、南京大学、浙江大学、清华大学，在校研究生总数是 24 501 人，其中外国留学生 546 人，外国留学生比例为 2.23%，其中比例最高的是北京大学，为 4.49%。2002 年度，上述四所大学在校研究生总数是 29 552 人，其中外国留学生 562 人，外国留学生比例为 1.90%，其中比例最高的仍是北京大学，为 3.07%。以上数据显示，2002 年度，中国一流大学外国留学生比例比 2001 年度略有下降。在科学研究方面，1997 年至 1999 年，中国理学排名前六的大学——北京大学、南京大学、中国科技大学、复旦大学、浙江大学、清华大学，在 *Science*、*Nature* 上共发表了 15 篇论文。1998 年至 2000 年，上述六所大学在 *Science*、*Nature* 上也发表了 15 篇论文。该指标的统计数据与上一年度持平，其中，清华大学数据为零。

虽然数据仅供参考，但是用数据说话的方法，还是非常醒目地凸现出我国高校与世界一流大学在可比性上的差距。再细究下去，其实这些量化比对的前提是质的均衡，比如关于教师人数、博士生人数、硕士生人数的比较，就是基于“不同高校的教师、博士生、硕士生具有平均相当的教学科研能力”这样的假设而进行的。但我们都知道，我国高校的教师素质、学生质量很难与世界一流大学相提并论。再比如关于留学生比例的比较，是基于“不同高校的留学生具有平均相当的能力、素质以及相似的求学目的”这一假设，然而大家同样知道，我国留学生到国外大学进修，大多是为了学习、掌握科技能力，而到我国留学的外国留学生的目的则主要是学习汉语，了解中国文化，为今后与中国打交道做准备。

面对这些数据，各方意见纷纷——

老百姓说：还以为北大、清华已经接近世界一流了，现在才发现居然只排在 200 名~300 名之间，差得远啦！

高校老师说：说北大、清华进入了 200 名~300 名，其他学校进入了 300 名~500 名，还算是客气的，大学老师谁不知道，按高校眼下的水平和状态，离世界一流，绝不仅仅是一两百个位次的差距！

高等教育研究者说：我国能否建成世界一流大学，能建成几所世界一流大学，什么时候能建成，哪些大学能首先建成，诸如此类的一系列问题不可能由政府说了算，而应该视各大学自身发展情况而定。我们的大学应该在纵向的比较中确定自身的发展方向与奋斗目标，而政府应该为大学的发展提供一种自由与竞争的环境，不要过多介入各高校的具体事务。当初日本也只确定了东京大学一所高校作为政府重点投资建设的对象。事实上，不是所有的大学都能建成世界一流大学，也不是所有的大学都需要建成世界一流大学。

高校领导说：说实话，经过这几年的国家重点投资，我们刚刚脱贫，比起世界一流大学每年上十亿美元的各种经费，我们的办学能力还很有限，建设世界一流大学，需要一个相当长的过程，要靠很多年的积累，不可能一蹴而就。我们需要得到国家更多的投资，需要更大的发展空间。

北京大学校长许智宏已明确表示：北大提出17年办世界一流大学，但17年不一定能建成。

这才是理性的态度。实际上，与世界一流大学相比，我国大学的科研经费同样相去甚远。据2001年的统计数据，斯坦福大学科研经费为4.3亿美元，麻省理工学院为4.2亿美元，哈佛大学为3.3亿美元，哥伦比亚大学为2.8亿美元，耶鲁大学为2.7亿美元；而清华大学的科研经费为7.5亿元人民币，浙江大学为6.1亿元人民币，上海交通大学5.0亿元人民币，北京大学3.3亿元人民币，西安交通大学2.2亿元人民币，复旦大学2.1亿元人民币，南京大学1.3亿元人民币。而就是这一悬殊的数据对比，也有很多人表示怀疑。

大学究竟该有多大？

自1999年至2001年3月20日，全国共有104所高校涉及40桩合并案，其中85家合并成22所大学，19家合并成8所学院。

这是我国高等学校经历的最大一轮合并热潮。为什么要合并？因为要整合教育资源、提高办学效益。而更重要的原因是“从与世界一流大学的研究对比中，发现我们现有的学科布局结构不符合一流大学建设目标”。比如被纷纷并入各高校的医学院就是为了让这些高校从学科布局上看起来更像世界一流大学。因为世界一流大学中的绝大多数均设有医学院或医科，况且21世纪是生命科学大发展的世纪。在这些合并过程中还产生了一句绕口令似的流行语：世界一流大学不一定都有医科，但是世界一流的医科一定来源于世界一流大学。

“国家希望通过高校间的合并或联合，改变以前条块分割、资源浪费的局面，但是高校之间的合并，能真正做到优势互补、资源共享的很少。行政而非自愿行为的并校实际上导致了更大的适应性成本，这包括可计算成本和不可计算成本，直接成本和间接成本，地理位置变化的成本和心理落差适应的成本，将个性和差异整合成共同发展目标的成本以及重新划分既得利益的成本，如果政府拨款不能满足这些适应性成本，合并后的大学就将迅速消耗原已稀缺的自身资源。”某高校管理学院一位长期从事战略管理研究的教授说。北京医科大学为什么要并入北京大学？中央工艺美术学院为什么要并入清华大学？上海医科大学为什么要并入复旦大学？一些大学的名字用得好好的为什么要改？人们实在难以看出这种行为与建设世界一流大学之间的必然联系。据报道，中央工艺美术学院的领导和大多数教职员工对并入清华不但丝毫不感兴趣，反倒忧心忡忡。一位工艺美院的教授说，其实清华最看重的只是工业造型设计和环境美术这两个专业。某大学在 2002 年的招生宣传中提到第一志愿报考该校医学院的学生将享受录取线降 10 分的优惠政策，可尽管如此，最后招进来的学生中仍有不少是被调剂到医科专业的，对学医一点兴趣也没有。这让医学院的教授们哭笑不得，原来独立建制时期，报考这所蜚声海内外的医科大学的学生多的是，分数也并不低，现在是怎么了？

李岚清在回忆高校调整决策始末时曾以四川大学为例谈到了大学合并中的校名问题。他说，四川大学与成都科技大学的合并是比较早的。“当时两个学校都认识到合并的好处，但为了校名问题颇多争议，最后为了不影响合并工作的进行，抹了一下稀泥，起了个名字叫做‘四川联合大学’。坦率地说，我对这个校名很不以为然。有什么必要把这样一个历史悠久、在国内有一定影响的‘四川大学’的‘品牌’加上‘联合’二字呢？有一次我们去四川考察，对此发了议论。我说这个校名我听了就不顺耳，似乎不像一个正规大学，倒有点像成人业余大学。大家都是高级知识分子，为了校名争得面红耳赤，生怕被人家吃掉。一个校名就能代表谁吃掉谁吗？我认为校名越简单越好，简洁响亮。‘四川大学’不是很好吗？没想到这一善意的批评很见效，全校师生一致拥护仍沿用‘四川大学’的校名。”

合并对于高等学校的发展来说，是一条向外快速扩张的道路，其本身并不是一件坏事，关键在于环境、时机是否成熟。正所谓事物的发展均有其自身规律，外力的作用必须尊重这一规律。而如此众多的高校合并事件，是否都遵循了高等教育的发展规律呢？可以说，我们看到了世界一流大学当前的办学格局、办学规模，却没有去深入研究它们数百年的发展历程，要知道，人家今天的规模是在岁月的积累中一步步走出来的。

由于对学校发展的研究不够，在合并、建设的时机，合并、建设的方式，合并、建设后的调整、融合、协调、管理等方面，我国一些高等学校并没有进行充分考虑，有的甚至违背了事物发展的规律，加上办学风格的差异、人事关系的复杂、多校区管理对精力的分散，我国一些高校所谓“强强联手”的结果是：要么原有各单位各自为政、互相干扰，要么某一单位连同其优势特色被彻底同化瓦解。当然“强强联手”也有聊以自慰的成果：学科更全了，学校“综合”了，相关数据的绝对值增加了。在所谓合并中，倒是那些以大“吃”小、以强“吃”弱，以及一些小规模地方性院校之间合并的案例，取得了较好的效果。这也是符合事物发展规律的：只有发自内心的对调整与合并的迫切需要，才能结出丰硕的果实。

事实上，世界一流大学在于它的办学质量而不在于它的办学规模，所谓学科比较齐全，那是相对而言的，世界一流大学也不可能样样有，样样强。一所大学如果能在整体学科水平较高的基础上，有三五个学科具有世界一流的影响力，就可立于不败之地。对于中国大学来说，建设一流大学和高水平大学，切忌贪大求全，应该集中力量，在优势学科领域实现突破。中国大学发展面临的最大挑战是如何投入，如何进行明智的、有选择的投入的问题。从管理学角度说，这就要充分发挥自己的核心竞争力。我们没有必要为了照搬别人的学科模式而盲目膨胀自身的办学规模。在一些高校教师中流行着这样的话语：“我们在想办法长胖，却没有精力去长高。”传神地表达了我国某些高校合并后的现状。

“跨越式超常规发展”，这是伴随建设世界一流大学而提出的“口号”。听上去似曾相识，让人想起几年前城市里建筑工地上悬挂的彩旗：“多干快干，提前100天完成任务。”而如今，工地上的标语已经改成了“百年大计，质量第一”。我们的高等教育又当如何呢？我们提出要“超常规”发展，但其实只要做好了“常规”动作，用符合教育“常规”的思路来建设高校，用世界一流的“常规”标准——比如世界一流大学的年办学经费可达10亿美元——来要求高校，我国高校的发展就将自然步入一个健康快速的进程。有些常规是不能违背的，有些基础是无法跨越的。必须看到，近年来我国高校的教学质量不断下滑，基础研究领域也很少有达到国际顶尖水平的成果；虽然学校聘请了一大批包括诺贝尔奖获得者在内的国际知名学者担任名誉教授、顾问教授，还高薪约请了一些社会杰出人才担任特聘教授，表面上大师云集，精英荟萃，风光无限，但实际上，诺贝尔奖获得者给予学校的最多是一年一天的礼节性来访，没有任何有价值的合作，其他所谓杰出人才的情况也大同小异。不是说这些工作学校不该做，它们能为学校赢得更良好的国际形象、更广阔的运作空间，但是与此同时，高校最基础环节的建设决不能被忽视，这包括每位教师一间办公室、充足的图书资料、良好的实验环境等细节。很多杰出人才到了学校却干不了活，其原因就是查不到相关的资料，做不了相应的实验。检验学校办学水平和综合素质的标准，不是一个接一个大师的来访，而是学生质量是否得以提升、科研成果是否具备更高的含金量、重大原创性成果的数量和质量能否达到世界一流大学的水平。

输入与输出

一项针对中国大学生的调查显示，有75%的大学生表示，只要有机会，毕业后会选择到国外念书。资料显示，从1978年到1998年年底，20年间，我国共有32万人出国留学，分布在103个国家，其中，国家公派5万多人，单位公派10万余人，自费出国留学近17万人，有11万多人先后学成回国。反过来说，有近21万人没有回国，至少目前如此。在1998到1999年，在美国大学求学的留学生人数为49.1万，其中来自中国内地的学生有51 001人，占留学生总数的百分之十强。

我国已经成为向美国年输出留学生最多的国家，不仅为美国输送了大批高质量的大学生，而且为美国创造了一项重要的贸易收入。如果说，以前国外高校是等着大家前去申请入学，那么，现在一些学校已经开始主动出击。英国剑桥大学2002年便在我国内地高中毕业生中招收大学生。中国的老百姓对此是表示欢迎的。他们关注着中国是否会出现世界一流大学，但同时，也现实地去把握接受世界一流教育的机会。前两年，在国内很多托福考试登记点，为了获得一张托福考试登记表，学生和家长可以在雨中排整整一个晚上的队。托福考试曾被国人比作美国的人才“收割机”，把中国的优秀人才都“收割”到美国去了。但是，我们又有什么办法让这“收割机”收不到“粮食”呢？至少，在未来很长一段时间里，出国留学依旧是很多学生实现梦想的最佳途径。在国内一些名校校园里一直流传着这样的说法：一流学生去美国，二流学生去外企，三流学生去待业。还有另一种说法是：一流学生去美国，二流学生去香港，三流学生到外企，四流学生留校内。

与输出留学生相对应，从1978年至1997年底，我国也已接收世界160多个国家和地区的25.8万名留学生来华学习，其中享受中国政府奖学金的外国留学生达6.4万名，非中国政府奖学金的外国留学生19.4万名。1997年，共接受160个国家的4.3万余名来华留学生，其中享受中国政府奖学金的4 600人。虽然从留学生的绝对数量看，输入与输出相差不大，但是内涵却有很大不同。

据报道，1998年，北大本科毕业生出国为302人，占本科毕业生总数的13.6%，清华本科毕业生出国人数为379人，占本科毕业生总数的15.4%。这还仅是对毕业生当年流向的统计。从整体上看，中国留美学生来源主要是中国重点高校的本科毕业生，其中赴美攻读硕士和博士学位的占95%以上。1978年中国首次派遣赴美留学人员时，只有50人，此后，这一人群每年都在大幅增加，现在，我国每年赴美留学的人数都有近2万人。

与之截然相反的是，美国学生一般不会轻易来中国攻读硕士、博士学位。目前输入我国的海外留学生，以语言学习为目的的要占到80%以上，在其余近20%攻读学位的留学生中，攻读本科学位的又占绝大多数，攻读研究生学位的极为罕见。而且，攻读学位的留学生中来自欧美发达国家的也是极个别现象。另外，从其所攻读学位的专业选择上看，计算机、电子、材料等理学、工学学科也没有太大吸引力。

加入WTO后，我国高等教育事业面临着更为激烈的国际教育市场竞争。受教育者在条件允许的情况下必然会进行最佳的选择。怎样检验我国高等学校的市场竞争力？其中一条标准就是能否获取来自世界各地的优质生源。如果学校有能力，就应该提高海外留学生的比例，让美国大学生排着队来申请攻读中国的硕士、博士，但这谈何容易！科技发展水平、教师队伍素质、整体教育质量的差距明摆在那里，谁会不考虑今后的就业情况来盲目留学呢？

我国高校要与世界一流大学对话甚至竞争，便要有世界的眼光，更要有世界的思维。虽然改革开放20多年了，可我国高校系统中“坐井观天”的现象还普遍存在，这也许是我们之所以到现在才发现距离世界一流大学居然尚如此遥远的原因。我国教育主管部门显然已经认识到了加强与世界一流大学对话与合作的迫切性。国家教育部组织的“中外大学校长论坛”，以了解世界高等教育改革发展的趋势和经验、让世界了解中国高等教育发展成就为目标，将国内大学与世界著名大学会聚一堂，用十天左右的时间，就如何管理大学、新世纪大学的目标和发展战略等问题进行探讨和交流，通过论坛，让我国大学校长深入了解世界一流大学办学的基本理念、治学方面的成熟做法和基本经验，并对现代大学的管理体制、运行机制和组织构架，对现代大学的人才培养模式、学科专业调整、师资队伍建设、教学质量保证以及资源的开发配置等办学中的实质性问题，有进一步的了解和把握。

走国际合作办学的道路，是迅速扩大我国高校办学规模，同时了解和学习国外大学先进教学及运作模式的另一个选择。

但国际合作办学应该是双向、实质性的。现在我们一些高校的国际合作办学，实质上是对方向我们输出教育。为了借鉴发达国家的经验，这样做有其必要性，但却无助于提高我国高校的国际地位。我们应该在向对方派送学生学习，派送教师进修，引进对方教材、教师的同时，逐步要求对方派学生来学习，接受我们的教师到对方去上课并输出某些教材。做到这一点当然要有实力的保证。我们需要改进的地方还很多，学科建设、教材建设、师资队伍建设都迫切需要参照国际标准扎扎实实地做起来。

中国建设世界一流大学的路途依然遥远。北京大学校长许智宏2002年3月在接受记者采访时说：在中国这样的发展中大国，创建世界一流大学是个长期的过程，不是一蹴而就的，虽然我国高校有个别学科、专业已具备国际前沿水准，但目前尚没有一所大学在整体实力上跻身世界一流行列。据上海交通大学高等教育研究所的报告，预计到2025年左右，北京大学和清华大学有可能进入世界大学体系的前100名，成为名副其实的世界一流。

在1978年之后的二十多年时间里，中国依靠解放思想、大胆改革发生了翻天覆地的变化，而在未来的二三十年里，中国的大学也应该有更加精彩的表现。

我们拭目以待。

（选自2007年第3期《时代文学》，有删节，作者：熊丙奇）

留学大调查

一百多年来，中国掀起了多次留学高潮，每一次都有它独特的历史和社会背景，给国家和个人命运带来了深刻的影响。这篇文章的视角不同于以往，选择了一群特殊的小主角：在英国留学的独生子女。他们出国的目的形形色色，但有一点或许是共同的：在这个竞争激烈的社会中出人头地。这样的愿望能不能达到？会以什么样的方式来达到？本文作者2003年在英国期间，对小留学生们作了细致深入的观察。我们不妨来看看现实给我们的答案。

中国掀起留学大潮

这些年，“全球化”的浪潮以迅雷不及掩耳之势汹涌而来，中国出现了大量的留学生，涌向了陌生的世界。

来自联合国教科文组织的一项调查显示：到2000年年底，全球留学生总数达到160多万，接受外国留学生的国家和地区有108个，其中，中国已经成为世界上最大的留学生生源国，38万留学生分布在世界103个国家，位居首选排名前几位的国家是：美国、英国、澳大利亚、加拿大、德国、法国和日本。据英国大学及学院入学招生服务处（UCAS）和英国内政部签证统计部门的资料：1998年持学生签证进入英国的中国学生只有2 500人，截至2002年年底，在英国的中国留学生已有6万人左右，占英国的外国留学生总数的五分之一。

中国之所以能够掀起如此规模的留学大潮，首先是因为不少中国人富裕了。

美国美林投资银行和凯讯公司年度财富报告表明，截至2003年年底，中国内地的百万富翁总人数为23.6万人，资产总值为9 690亿美元，已经成为全球第五大财富高增长的国家，同时也成为亚洲地区仅次于日本的第二大百万富翁的集聚地。

以民营企业经营者为例。民营经济的迅速发展，不但使企业家们把自己的孩子送出国去留学有了经济上的保障，更有了紧迫的需要。众所周知，改革开放初期，很多民营企业家起点并不高，经过20多年的拼搏奋斗，他们中有一大批人在残酷的竞争中落马，幸存者面对逐步规范的经济环境和越来越“厉害”的竞争对手，很多人都感觉有些力不从心。他们或许具备了与国有甚至外资竞争的经济实力，可是并不一定就具备了与国营和外资竞争的商业素质和视野。他们可以从社会上招聘能干的助手，可是民营企业所特有的家族式的经营方式，决定他们最终要把这份家当交到自己孩子的手里。

促成留学热的另外一个原因，是国内教育尤其是高等教育环境堪忧，令家长和学生们失望。

近年来全面铺开的“教育产业化”，显然是一柄双刃剑。尽管在它的旗帜下，教育培养能力不断扩大，效率得以提高，教育服务、教育消费的观念已经形成，各级教育的发展已经达到历史最好水平；尽管它在为资金短缺的高校解除久旱之苦的同时，也使年轻人接受高等教育的机会显著增加、千军万马挤过高考独木桥的现象有所缓解……可是公众对于教育的评价，却降到20年来最低点。“产业化”助长了学界“暴发”的欲望，从基础教育到高等学府，或轻或重出现了教育价值失衡、教育行为失范等现象。有些高校在学费提高数倍之后依然热衷于变着方式找钱，基础设施建设却迟迟没有跟上，教师紧缺、教材陈旧等矛盾越来越突出，教学质量下降。一些地方政府将教育视为自己的“财源”，动辄举债几千万甚至一两个亿修建豪华的“重点学校”，然后以高收费的形式将债务转嫁到家长身上。

出国热显然还与国内就业情况不容乐观有关。尽管早在20多年前就实行了严格的独生子女政策，可事实上，近年大学连续大规模的扩招，只不过将“高中生就业难”变成了“大学生就业难”。

即使找到了工作，收入也不尽如人意。很多学生因此选择“读研”，争取更高的文凭以获得好的工作待遇。目前，有些重点学校的硕士研究生已经与本科生形成了1:1的比例，有的热门专业，一个导师要带上30多个研究生，比国际上本科生与教师14:1的比例还要高出一倍，显然在不久的将来，研究生也将俯拾皆是。和英国等国家的硕士课程只需要一年至两年相比，国内的硕士生就读时间一般在两年至三年，由于公费读研已经逐步取消，自己也要花不少的钱。

学生毕业后的社会环境更让人担忧。北京某外贸学院一位很优秀的学生到某大公司实习，上班的第一天，老总就让他陪着客户去夜总会“三陪消费”，任务是“客户会什么你就得会什么”。老总对这位面露难色的大学生说：“如果连客户都不会陪，我要你们来干什么？”这当然是个极端的例子，但很多人的确是为了逃避国内工作环境的人际压力或“潜规则”而选择了留学这条路。

不过在留学大潮中起着决定性作用的，还是家长们的“补偿心理”。

我们从一次讨论留学的座谈会纪要中，可以窥见家长们的心态：

好友的儿子高中就去了英国，预科一年顺利考进剑桥大学，四年下来，孩子顺利分配到摩托罗拉公司驻香港总部。在英国闯荡这么些年，他孩子最大的收获是见识和能力的提高。他在香港工作一年，边工作边兼职在一家公司搞营销，一年赚回了100万港币，把父母投资给他在英国留学的60万还给了父母，自己还赚了一台车！多优秀的孩子，我的儿子也该是这样！我也带着儿子出国两次，仅仅是玩，并没有刻意学什么，却惊奇地发现，每次的见识对儿子有莫大的影响，尤其是没进学校却学到许多学校里学不到的东西，比如大型立交桥的新型功能组合、立体停车场的设计、旅游资源的开发和生态环境的保护，还比如国外中小学校的人文教育方式……

我的孩子才10岁，再过七八年高中毕业后，也许那时我国的教育已与国外同步，也许国外的名校将到中国办分校。但是一定要送儿子出国的，就为那份广博的见识和人生全方位的学习。

中国加入WTO之后，外语已经是各类人才必须掌握的一门交流工具，在国内一般大学求学并没有优势，而且国内好的大学也不容易考取。综合考虑，与其走一步难一步，不如提前一步到位，为子女发展赢得一些时间。

现在我花几十万元送儿子出国，只当是放长线。国外名牌大学毕业生和高学历的人才，其收入是相当高的。不是有报道说一位中国留学生在美国待了10年，回国时带回了200万美金，等于1 700多万人民币！我不期望我的孩子也能挣那么多钱，减一半行不行呢？

……

在这些家长们的心目中，留学可以名利双收，并且立竿见影，它是一个多么耀眼美丽的光环！英国驻华大使馆的高级签证官披露过一件让人啼笑皆非的事情：一个中国孩子在面对签证官的时候说："我不想去英国，也不想去留学，可是我爸妈偏要让我去。签证官，求您就把我拒签了吧。"这说明小留学生到英国留学，父母的意见占据主导地位。

值得注意的是，有的家长也在潜意识中，把送孩子出国当成逃避和掩盖自己在教育上失误的一种冠冕堂皇的借口。最近，有家企业的老板找到我，打听送孩子去欧洲某国留学的情况，说是因为平时的工作太忙，没时间管孩子，结果儿子这次高考成绩很糟糕，想找个收费便宜的国家把孩子送出去留学。既然是找收费便宜的国家，可见这位父亲在商场上也并不成功，而尚未成年的孩子高考落榜，标志着他作为父亲的角色也没有扮演好。看来社会角色和家庭角色的双重失败，已经使他心力交瘁，现在社会上这样心力交瘁的父母很多，那些人生路途上因为缺乏指导而迷失自己的独生子女们，大多是这些家庭的牺牲品。

孩子，哪里是你避风的港湾？

现在的这些小留学生，都是自费留学，有亲人陪同的极少。据我所知，有些前来陪读的母亲为了让孩子在英国能够好好读书，过了签证期也不回国，甘当非法羁留的"黑人"，留在伦敦的中国餐馆里打工。可惜我没能找到这样的母亲。

在伦敦的绝大多数的小留学生，是享受不到家庭的温馨和幸福的，不但是他们的日常生活，就连到什么地方去读书，也成了大问题。当那些雄心勃勃的家长打算把十来岁的孩子送去读高中 A-level 课程的时候，才发现，孩子在英国要找个读书的地方不容易。这里的公立中学都是免费的福利性学校，不对外国学生开放，中国的小留学生们只好到私立寄宿学校、语言学校就读，其中比较有钱的父母，会将孩子送入私立住宿学校学习。这些私立学校的档次有高有低，高档的大多位于世界上收费最为昂贵的学校之列，例如寄宿高中每年的学费一般为12 000英镑、15 000英镑甚至18 000英镑左右。

2003年年初，我在伦敦近郊著名的富人居住区Godalming Town参观了一所这样的贵族学校Charter House School。这所于1611年在伦敦中心建立的私立中学，当初规模很小，后来因为有了良好的声誉需要扩建，于1864年搬到了这个小镇上，在寸土寸金的伦敦地区，居然获得了1 000英亩的占地面积（市区的公立学校一般占地只有十来英亩，它毗邻的一个女子学校，占地也只有20英亩）。这所标准的贵族中学有大面积的草坪和花园、保护得很好的古老建筑群和古树，多种球类运动场所和游泳池修建得规范而且气派，还有豪华方便的学生生活区和家长探亲用房。学校小剧场拥有400个座位，装饰典雅，墙上挂满了当年曾经在这里登台表演、后来成为大明星的学生照片。学校雇用大批工人为学生们服务，每年收取的学费为12 000英镑，还需要排队两个月以上才能够得到答复。这样的学校因为要建立自己的信誉，对于学生的管理很严格，入学条件并不仅仅是高额的学费，还有严格的入学考试，数学、物理、化学都是必考科目，用英文表达出来的试题难度可想而知，中国的那些“小公主”、“小皇帝”们有多少能够通过这样的考试，实在难说。和公立学校相比，私立学校更看重升学率，和中国很多重点中学一样，毕业生每年进入名校的比例是学校教育质量最好的广告；也和中国一样，一个学生如果能够通过层层选拔，入读这样的私立学校，就是向名校迈出了很大一步。

英国是一个高税收的国家，一位大学教授的年薪完税后约4万英镑，退休之后即降为2万英镑，普通民众的年收入在2万～3万英镑。英国也是一个福利比较好的国家，从小学到中学都是义务教育，孩子们在免费的公立学校学习。英国从前的大学教育也是不收费的，布莱尔代表的工党上台之后，英国本土的本科学生每年要向国家交纳大约1 100英镑的赞助费，其他费用由国家补贴。由于这项政策至今让国民不满，政府允许本国大学生向政府申请无息教育贷款。可是像Charter House School这样的学校，每年的收费高达12 000英镑，远远高出一般的大学收费。这样的收费，在英国本土也只有10%的家庭能够承受，所以它面对的，是世界各地那些和中国的家长们一样“望子成龙”的富豪们。听说近年这所学校里也出现了少数中国学生，还有中国的留学中介机构前来与学校建立联系，希望向这里输送小留学生。对此，英国的一些教育家很是困惑。英国某艺术学院院长、著名学者Tony先生在谈到这所学校的时候，认为它是一所为少数人服务的、培养特权阶层的学校。Tony先生和他的妻子到过中国的西部，知道中国现在的经济虽然有了长足的发展，但是国民受教育的程度还远远没有达到应有的标准，他不明白这样在英国教育界都受到非议的贵族学校，怎么会受到中国家长的追捧。

既然收费昂贵而且考试严格，到伦敦的小留学生们尽管家长有钱，可大都只能对Charter House School那样的贵族学校望洋兴叹。他们中绝大多数进了伦敦周边地区的国际语言学校。这些年来，这样的学校如雨后春笋般涌现，并不受到国家教育法规约束，教师水平参差不齐，经营者中很多是那些渴望从“推倒车间建学校”的运动中获得利润的教育商人。这样的学校大都建立在环境优美的小镇上，校舍不大，学生可以在学校住宿，也可以按照家长的要求在附近的寄宿家庭中生活，生源好的学校中聚集着来自法国、美国、德国、意大利和中国的学生，很多学校则只有中国学生。

那些只在国内读完了初中甚至小学的孩子，根据发展心理学的定义还应该算做“少年儿童”。这个时期正处于人类个体生命过程中一个极为特殊的阶段，孩子们的身高、体重、肩宽、胸围等成长速度都在迅速增加，性功能也迅速成熟，可是心理和社会经历却相对滞后。这种身心发展的不平衡、自我成熟感和半成熟之间的矛盾，带来了错综复杂的心理和行为上的特殊变化，因此被称为“困难期”或者是“危险期”。可是绝大多数父母和他们的孩子一样，从来没有过这样的概念，他们没想过这个年龄的孩子在远离父母的异国他乡，很可能出现自己不愿意看到的情况。

首先就是容易自我封闭，形成的原因与国内和国外成长的环境都有关系。

有研究表明，这个年龄段的孩子，社会交往的倾向非常突出，他们对于父母和老师的依附已经下降，他们的生活实际上是与小伙伴们一起“边学边玩”的过程，在玩的过程中观察社会，学习人际交往，处理交往中发生的各种矛盾，确立自己在伙伴中的地位，并从中获得快乐。可是由于学校学习的任务很重，也因为担心孩子受到社会不良习气的沾染，很多家长为了砍掉孩子“玩”的心思，把他们封闭起来。

在离伦敦大约两小时车程的一家国际语言学校里，每到周二和周四，都要开学生Party，可是当那些来自欧美国家的学生在Party上又唱又跳的时候，舞会上几乎没有中国学生的影子。这些中国孩子大都带着自己的笔记本电脑，聚集在一个角落旁若无人地玩游戏，晚会结束后回到寝室里继续玩，可以一直玩到第二天早上。学校组织学生到当地游乐园游玩的时候，有些孩子对西方的游戏方式连一点新奇感都没有，却愿意花上几百英镑，到旁边的小摊上去买一种很低级的电子游戏来玩，弄得同学和老师都有点莫名其妙。

游戏成了他们在异国他乡的避风港，他们躲在这些虚拟的游戏中，和身边的现实拉开距离，逃避很多事情。首先逃避的，就是语言上的障碍。同是来到异国，那些欧美的孩子因为历史和地理位置的原因，大都会几国外语，英语交流基本上没有什么障碍，可是中国孩子的英语大都不能应付起码的交谈。本来这很正常，却让这些从小优越感很强的孩子们觉得有些丢脸。玩游戏还可以让他们逃避自己知识上的缺陷。当欧洲的同学们问起中国的长城和故宫，中国与法国、英国的历史纠葛的时候，不少中国学生不甚了了，很让西方人不以为然，这也会挫伤中国孩子的自尊心。有些生在富裕之家的孩子在国内没有学会怎么样与人交往，即使在很有限的交往圈子里，他们大多也只注意自己的感受而忽视别人，不大在乎中国的礼节，更不懂西方人的礼节，这使得他们在人际交往上有所缺失，而躲在游戏里可以掩盖这样的缺失。

有些小留学生的家里很有钱，钱使他们习惯了目空一切。可是一到英国，他们会感觉到这样的优越感完全没有根据——一是能够到英国的学生中有钱人很多，二是家里的那点财产在英国真的不算什么，即使是算得上什么，在这里也没有骄傲的土壤——因为这里从国家到民众都“盘剥”富人：国家对富人课以重税，用于公众的福利；由于“平等”之类的民主思想深入人心，民众少有“崇富”思想。这从一个侧面导致了中国留学生“恃财自傲”的感觉消失，这等于抽掉了他们心理上最重要的依靠，让他们受不了，只好逃到游戏里去。

他们在国内的时候并不快乐，现在就更孤独了。在遥远的英国，谁来关注这些不在主流社会视线内的中国孩子们呢？

爸爸，我想要回家

和那些“昏昏然”的“小留学生”们相比，“中留学生”的心态要复杂得多。

这里所指的“中留学生”，是指那些在国内读完或者是没有读完高中，在英国又还没能进入大学，滞留在各种各样的语言学校和大学预科的留学生。他们的年龄大致在16岁到20岁，如果要完成在英国本科的学业，就读语言学校、大学预科和本科及生活必需的资金，大约需要60万元～80万元人民币。由于已经具备一定的劳动工作能力及诸多中介的宣传，许多家长相信他们能够依靠打工挣钱来补贴留学的费用，所以这个群体的家庭已经从富豪扩展到社会各个阶层。还不大懂事的小留学生们，大都是被家长以各种各样的方式“逼”出国的；已经懂事的大留学生们，是为自己的理想而出国的；而这些中留学生，大都是因为各种各样的压力“逃”出国的。小留学生因为年龄太小和富裕的家庭条件，大留学生因为一年的硕士课程费用不算太高，也因为学校里的功课太忙，都不可能抽出足够的时间来打工，而背负着家庭和自己前程的中留学生，成了最大的打工群体。小留学生如果不适应国外的环境，可以回国继续去读高中然后考大学，大留学生本来已经有了文凭，在国内找工作也有一定的条件，可是这些中留学生在外面逗留了一段时间之后，高中的学业已经忘了，再回去考大学会很困难，不考大学又没有去处，再加上他们已经成人，很重视自己在社会上的形象，当初敲锣打鼓地出来现在一无所获地回去，总有些无地自容，所以他们是留学生中最艰难的一群。

他们正在从少年向着青年过渡，而青年时期的发展任务是很丰富的：对于前景应该有一定的展望，对于成就应该有一定的预期，对于自我应该有一定程度的肯定，对于社会中所表演的角色是否成功很重视，还应该有很强烈的自主意识……而所有这些，都在很大的程度上取决于在少年时期是否建立起了比较强的信任感、自主感、主动感和勤奋感等等。可惜的是，很多独生子女少年时代的这些任务没能完成得很好，这使得很多人无法确认自我，处于一种毫无布局的自我弥漫、扩散和混乱状态。这样的状态让他们因为面临着各方面的压力而痛苦，于是很多人就把出国留学当成了一条逃避的通道。

正如人们所知道的，逃避的第一个压力，就是高考。中留学生中90%的人是高考落榜生（或者明明知道自己考不上而不去应试）。在扩招后的高考录取率已经占到70%的今天，落榜确实让他们自己和父母没有面子。当然，多交些钱去读那些形形色色的“二级学院”也行，可是又学不到什么东西，文凭也不值钱。按理说，他们不再是孩子，而是年满18岁的“大人”，在法律上开始承担一切社会责任，可是社

“低龄留学热”的背后，隐藏着一个并不正确但却有着广泛市场的教育观念：学业成功是第一位的。其实，孩子拥有一个宽容、随和、乐观的性格，远比学业成功更为重要。（图片来源：新华社）

会和家庭对于独生子女普遍的“过保护”，使得他们脆弱的心理不能承受高考落榜这个人生的第一次挫折，只好逃之夭夭。

与此形成对比的是：一些很优秀的中学生，也是为了逃避国内的教育制度而出国的。有一个学美术的女生，在初中上艺体班的时候就很不满学校光重数理化而轻视艺术培养的教育方针；又因为组织过一次很有创意但是有些“另类”的联欢晚会，而被校长和班主任“个别谈话”，严厉批评；初中毕业时，她去投考中央美术学院附中，可是却被一个“有背膀”的学生顶替而落榜，不得不退而求其次到省里的美院附中读书；后来，她对于当前学院派单调的、缺乏想象力的、苏联式的“纯现实主义”美术现状也很失望，加上对英国艺术和历史的向往，于是历尽千辛万苦来到英国求学。

高考并不是留学生逃避的唯一因素。许多家长做梦也没有想到，自己百般疼爱的孩子之所以坚持要远走他乡，居然是为了逃避家庭。家长们不懂，这个时期的青少年，对于社会生活、自然世界、人际交往等问题有了自己的思考，并且形成了自己的看法，虽然这些看法由于自身的缺陷表现出幼稚和片面，但是他们却反对“权威”的干涉，反对从属地位，要求拥有与成年人相当的社会地位和决策权。随着年龄的增长，他们的分析和洞察能力也在增长，能够从整体人格出发对父母的优缺点进行全面的评价，不再把父母当成典范而接受他们的随意支配。比如一些民营企业家的子女虽然对于父辈的吃苦耐劳和勤奋很佩服，可是对于他们在经营中过分崇拜“权力资源”、任人唯亲的用人制度和混乱的财务体系都有着明确的批判。可是好多父母没有意识到这一点，依然把他们当成什么都不懂的孩子，依然对他们施展着父母至高无上的权威，对他们所有的事情都加以包办，严格控制，成天唠唠叨叨，没完没了。一个留学生说她之所以要出国，是因为母亲控制欲太强，有一次她为了件小事情和母亲顶了嘴，母亲气急败坏冲进厨房，出来的时候手里举着一把菜刀，嘴里还嚷着：“现在你翅膀长硬了，不听话了，什么事情都要和我顶嘴，我活着还有什么意思？你把我杀了算了！”还有个男生说，父亲经常拍着桌子骂人：“老子供你吃供你穿，辛辛苦苦把你养大成人，你他妈的还不听话，光知道气我！”还有些家长虽然对于孩子不打也不骂，要什么给什么，可是却让孩子觉得自己老是不能长大成人，没有成就感。这些都是一些留学生逃离家庭的原因。

留学生逃离的原因还有很多：早熟者（尤其是女生）与周围的环境格格不入，晚熟者不能得到同伴们的承认，暗恋上某个同学又不敢去面对……这些都令尚不成熟的中学生感到苦恼。

中国当代的独生子女们之所以“伟大”，是因为他们很容易把自己的愿望变成父母的行动，包括出国这样父母当年连想都不敢想的大事情。可是这些孩子到了英国，才发现这里也不是理想的“藏身之地”。

与美国和欧洲各国的留学生制度不同，英国为了吸引生源，并没有在语言程度上设置门槛，这就使得大批英语水平很差的留学生涌入英国，认为只要生活在英语的环境中，英语自然就会达到进入大学的要求。这显然是个误区。首先，在英语的环境中生活，并不见得就能达到大学所具备的英语要求，这就同我们在汉语环境中生活的人不见得都能够通过高考语文考试一样，更何况英国有很多的移民来自印巴、亚洲和非洲地区，他们中很多人的英语，还不如中国孩子在学校里接受的英语教学水平。

好多留学生为了逃避在异国他乡的陌生感和孤独感，更为了逃避因为语言障碍给自尊心造成的伤害，根本就不和外国人接触。他们住在中国留学生聚集的 house 里生活，平时说的都是汉语，上的也是中文网站；他们打工大都去中国餐馆，与老板和顾客都用汉语交往；在学校里也只和中国同学打交道，甚至有很多人还在中国同学中“分帮”，据我所知，在伦敦的中国留学生里就分有上海帮、北京帮、湖南帮、广东帮……更要命的是，现在如雨后春笋般冒出来的英国语言学校的水平到底怎么样，也实在是令人怀疑。

近年来，英国教育经费紧缺，教师的社会地位降至“低薪阶层”，人员纷纷流失，而学校又不能突破教育法规定的师生配备比例，导致一些学校因此而关闭；即使是那些在职教师的英文水平，也已经引起国家有关部门的忧虑，不得不规定新招聘的教师由教育部门出资，到专门的培训机构经过培训后再上岗教学。留学生面对的还有一个从来没有遇到过的问题：所有的语言学校基本上没有懂中文的双语教师，对于英语水平本来就不乐观的中留学生来说，学习起来有很大的难度。这些问题都使得绝大多数中留学生滞留在语言学校的时间大大超过了原来的估计，而且因为老是考不到进入大学必需的雅思 5.5 分的成绩，很容易丧失学习的信心，滞留在社会上混日子，充当人们所说的“海泡”。

好多到英国读硕士的大留学生都为这些孩子感叹，认为国内正常的大学生活才是他们应该经历和享受的过程。谈一次昏天黑地的恋爱，考一次死去活来的“六级（英语）”，犯一次让老师啼笑皆非的“错误”，和同学们闹点小“别扭”，都是大学生活中有乐趣的内容，可是这些来到陌生环境中的孩子，却在没有任何准备的情况下，过早地和这一切告别了。

2003 年的 6 月初，一批中小留学生拖着行李走进伦敦的希斯罗机场，动身去欧洲旅游，然后乘飞机回国。他们是头年的 6 月到的英国，在伦敦周围的那些语言学校或者是私立学校里学习，可是一年过去了，他们与周围的社会格格不入，当初幻想的所有美景都没有能够实现：英语一直都没有什么长进，连发个短信都要翻词典，无论是 A-level 考试，还是进入英国大学必需的雅思考试，看来都不大可能通过了。让那些有钱人的子弟不能忍受的，是没有自己的大奔和宝马，没有小哥们前呼后拥，没有女孩追捧，甚至没有中国电影，即使在牛津这样年轻人聚集的大学城，商店在下午 5 点全部关门，一到夜晚万籁俱寂，连个混时间的地方也没有，别说自己从小就习惯的奢华享受了。他们的父母心疼自己的孩子而不在乎这十多二十万金钱，只当拿这些钱让孩子出国去旅游了一趟见了世面。可是对于很多砸锅卖铁送孩子留学的家庭来说，这等于断送了父母的全部希望。这些孩子从中国逃到了英国，从亚洲逃到了欧洲，最后又不得不逃回父母的怀抱。这种不去面对现实、在父母的娇宠下养成的逃避心理，很可能会毁掉他们的未来。

并不是所有想回家的人都能够回家，比如说Rang就不行。这是一个17岁的留学生，当我问他名字的时候，他说就叫他Rang吧。他从湖南来，他爸爸好像是个有点名气的画家，把自己的积蓄拿出来送儿子出国。都说Rang人不错，愿意尽自己的所能帮助别人，对事情也有独到的见解，可惜在家里就养成了慵懒的生活习惯。为了节约钱，大多数留学生都自己做饭吃，他们知道在伦敦什么样的地方能够买到最便宜的东西，两个人一周花上10个英镑，就能吃得很满足。可是Rang从来都不做饭，每顿都在街上买来吃，一盒适合自己口味的盒饭4英镑，从餐馆的经营角度来说确实是最便宜的，可是却远远超过了自己做饭的费用。Rang还有一个嗜好：收藏文化衫，而且乐此不疲，他的屋子里挂着各种各样买来的文化衫，每件50英镑。此外，上语言学校要花钱，交通要花钱，住宿要花钱，还有各种各样的应酬零花……因为家里不是“大款”，Rang花钱花得自己都害怕，每月拿到各处寄来的账单就念叨：哎呀，我爸要破产啦。可是他就是不愿意去打工：没这个习惯，也没有改变自己的力量和愿望。Rang多次给爸爸打电话，要求回国，可是他爸爸不允许，想来一是希望儿子能够在新的环境中改变自己，二是作为一个在国内有些名气的知识分子，儿子如此归来，显然放不下自己的面子。这使得连家都回不了的Rang，看上去有一种“望断天涯路”的悲凉。

留学生问题：社会问题的投影

其实教育专家们对于西方教育一直都有着自己的看法。

杨振宁博士在母校清华大学接受记者的采访时曾明确表示：清华大一的学生已经表现得非常成熟，不光在心理和行为上比较稳重，在对自己的前途规划方面也有了周密的打算；中国学生在高中时学到的知识相当丰富，学习的习惯也比美国学生好得多；而美国的大学生则显得懵懂一些，还不大懂得世界是怎么一回事情。

电子科技大学的教授李少谦先生认为：英美等西方国家的教育方式和管理方式，毕竟是他们本土的思维观念、教育基础、生活方式、用人及评价体系的产物，与中国的国情有着较大的差距。西方认为18岁之前是“快乐学习”，对于学生的管理相对宽松，可是我们民族从来就认为孩子的教育要从小抓起，更何况，今天中国孩子面对的社会压力无法逃避，就是学校推行了这样的“宽松”，家长也绝不会同意。这样的“宽松”把西方的基础课程往后推延，使他们的大学本科相当于我国高二、高三和大一的课程，他们在硕士阶段开始的专业学习，只相当于我国大二、大三的课程，所以英美等国大学的本科水平比起我国进入了“211工程”的100所重点大学，优势并不明显，倒是他们博士以上的高层研究比较出色。所以，李教授主张学生们在读完硕士之后去国外读博士或者是博士后，这样考取相对容易，研究的条件比较优越，而且所有的费用由对方负担（如果是攻读博士后，包括陪读家属的生活费用和课题研究费用），自己没有经济压力，也容易出成果。

对于教育改革颇有见解的曾庆先生认为：我们不能只看到英美教育中自由、人性化的一面，我们还应该知道，几乎所有名校都采用了严格的管理手段：朴利茅次社区初中为了保证学生都到相关的课室去上课，在教学楼的每个楼道安排了“哨兵”，监视学生的上课情况；俄克拉荷马数理高中为确保学生毕业成绩优秀，每学期安排六次考试，学生只要出现三个“C”就要被劝退；哈佛大学规定，凡考试作弊立即取消学籍，开除出校——因为他们知道，自由的教学氛围能培养学生张扬的个性，可是如果忘却纪律的严肃，就无法让学生学到扎实的知识，无法让学生将来适应竞争和规则并存的社会。

可是，当下国内的教育状况实在令人失望。中国高等教育协会秘书长张晋峰曾在《中国改革报》上指出：我国高等教育在现状与需求、投资规模、教师人数和质量、新建高校质量、办学理念等五个方面，还存在比较大的问题。陈丹青在陈述辞去清华教授一职的理由时，认为当今教育制度培养下的学生“有知识没文化，有技能没常识，有专业没思想”。还有人指出：大学中学位的行政审批制把学士、硕士、博士点变成了不折不扣的利益资源，围绕着它形成了各种紧密的利益共同体，行政管理者、学校、老师乃至学生，都成了利益共同体中的一员，谁抢占了学位点谁就抢占了利益的山头，哪里还顾得上像当年的国学大师陈寅恪先生所说的去塑造学生“独立之人格，自由之思想”，更谈不上培养学生为人类文明的进步做出点贡献，有点“兼济天下”的胸怀。更有评论认为：大学应该是一个文化特区，其意义应该比经济特区更加重大。它是一个国家赢得世界尊敬的最高手段，它的重要意义在于用民族的创造力来驱动自己，做自己的事业，开启自己的智慧，树立自己的品牌，充当自己的老板，而不是一味跟在别人的后面做买办、当代理人、当打工仔。而现在一些大学几乎变成了职业培训学校，教授们毕恭毕敬地跟着潮流走，跟着领导的意思走，跟着老板的需要走。这使得我们一个13亿人口的大国在看得见的将来，没有任何一线获得诺贝尔奖的希望……

好在中国总的趋势是在前进之中。去了国外，才知道中国离世界已经很近：如果说中国街头“买一送一”的商品广告是对英国商店橱窗“buy one get one free”的完全克隆，那么电视节目上清华女生把传统的圆领衫修改成时尚的情侣衫，就表现出对西方时尚理念的理解和延伸。今天，全世界已经有3 000万人在学习汉语，在法国和一些被国人抬头仰望的国家，大学里汉语专业的学生远远多于我们的北大或者是南开——常常在千人上下。就在中国学生涌出国门的同时，中国自己的大学里也纷纷修起了外国留学生宿舍大楼，就在外国的大学纷纷进军中国教育市场的同时，南京大学也把中文MBA课程办到了新加坡并大受好评。今天，中国大学已经不再满足于与国外大学联合办学充当“富矿”，而是积极引进国际顶尖人才，开创自己的高端教育。

不仅仅是大学，就连基础教育也加快了观念更新的脚步。北师大重新编撰的新教材，现在已经用到了小学四年级；一位年轻的小学校长告诉我，她的学校从上到下正在进行关于思维方式的探索，这个学校的宣传画册上，俨然写着苏霍姆林斯基的语录：

一个人到学校上学，不是仅为了取得一份知识的行囊，更主要是为了获得聪明，因此我们主要的智慧努力不应该用在记忆上，而应该用在思考上，所以真正的学习应是积极思考的王国，必须让学生生活在充满思考和思维活力的世界里。

这样的探索正戟指着中国教育多年来的“软肋”。一些中学的考试和作业题目，也尝试让学生从网上收集资料并从中做出自己的评价……虽然从中多少可以看到对英美模式的模仿，却也滋生出冷静的鉴别和取舍。

大量的学生涌出国门与整个世界涌入中国在同时进行，犹如两只同时摇动的船桨。它们有助于终结那些不切实际的幻想，让我们对于这个世界有一个平实真切的了解。就如西方的年轻人成年后都要去周游列国、都要去体验社会一样，中国的年轻人也将把留学当成自己丰富人生阅历的一次体验，他们从中长见识，开眼界，在对他人的了解中冷静地分析和补充自己，而文凭，只是其中的一个收获而已。

到那个时候，我们的孩子们再也不用背负着沉重的光环，在祖国和异邦之间逃来逃去。

（选自文汇出版社《留学大调查》，2006年2月出版，作者：林雪）

张国荣：禁色的蝴蝶

2003年4月1日18时41分，香港艺人张国荣从香港中环东方文华酒店24楼坠下。19时06分，张国荣在玛丽医院经抢救无效去世，终年46岁。他的经纪人陈淑芬其后证实他患上抑郁症，虽努力医治年余，但仍因病情失控而自杀。张国荣的自杀身亡，在海内外造成了巨大的震动，社会方方面面在沉痛哀悼的同时也进行了深刻的反思。

从自杀的遗言说起

2003年4月1日，张国荣从中环东方文华酒店24楼跃下身亡。他自杀前留下的遗书提及他患上抑郁症。张国荣的自杀身亡，震撼海内外的新闻传媒，造成沸沸腾腾的轰动，香港各大报章在事发之初连续数天以头条报道，港外地区如中国台湾、日本、韩国、中国内地、美加及欧洲等地的杂志、报纸和互联网亦争相发放消息和评议。在性别意识依旧保守的香港社会，张国荣生前引起的争论，并没有因着他的亡故而偃旗息鼓，反而激发了更多抨击。香港传媒在表面痛惜的言词里，不但隐含对抑郁症病患者、自杀身死者及同性恋者的三种谴责，而且多方揣测张国荣的自杀原因，造成媒介轰动，几近人言可畏的局面。

香港传媒的负面报道

张国荣这颗巨星的陨落，令不少港人伤心哀痛。有学者更担心，知名人士自杀可能会对社会大众精神健康有负面影响，出现更多市民自杀，尤其对25岁至59岁

2003 年 4 月 8 日，一些歌迷和影迷在香港殡仪馆外手持张国荣的大幅照片，悼念逝去的偶像。当天，上万名歌迷和影迷聚集在香港殡仪馆外，为张国荣送行。（沈桥 / 摄，图片来源：新华社）

2003 年 4 月 4 日，香港中环东方文华酒店前摆满了张国荣歌迷和影迷敬送的鲜花。
（王海燕 / 摄，图片来源：新华社）

一班中年人的影响最大。因为张是与他们共同成长的人，关系密切。学者呼吁长期情绪低落的人要向医生求助。

查小欣在电台节目“茶煲里的查笃撑”中说：“当然不会赞同自杀风气，也不鼓励同性恋，希望不要有人贪得意尝试同性恋。”

以上节录的是2003年4月香港《苹果日报》及《明报》的报道，是传媒人对张国荣自杀身死的阐述和响应。前者提出社会大众必须有所警惕，小心防范自杀风气因而蔓延，后者强调不能借这次事件张扬同性恋文化。这些抨击，充满定见和不公平的对待，不但抹杀了一个演艺者生前努力不懈打破种种性别障碍的能耐、坚持

2003年4月4日，在王府井新东安市场音像店中，读者正在选购张国荣的影碟、唱片、海报等商品。张国荣逝去后，他生前的作品瞬时热销，因此音像店特地设置了张国荣音像作品专柜，以飨爱好者。（赵晶/摄，图片来源：新华社）

和贡献，同时亦凸显了香港这个高度现代化、信息化的城市隐藏的“恐同意识”，浮映了媒介集体歧视的生态环境。例如第一段的引述中，虽然不断强调“学者”之言，却始终没有明确指出持这个论点的学者到底是谁，数据从何而来，显示了报道者假借权威的口吻作虚拟的撰述，这是香港传媒惯用的手法。可是，这种论断和警告，垄断了 2003 年 4 月大部分报章的版面，强调张的身死恍如洪水猛兽，时刻威胁这个城市大众的生死。

“自杀违反社会责任”

归纳香港报刊的言说，大众传媒对张国荣的自杀事件共有三个方面的责难。

2003 年 4 月 8 日，载着艺人张国荣遗体的灵车从香港殡仪馆驶出。当天，上万名歌迷和影迷聚集在香港殡仪馆外，为张国荣送行。（沈桥 / 摄，图片来源：新华社）

首先是“自杀带来社会风气的负面影响”。持这种论调的人普遍认为以张国荣的名气和影响力，他的自杀行为会为公众树立坏的榜样，甚至掀起自杀风潮。例如《苹果日报》的新闻《张国荣跳楼九小时五人轻生 防自杀中心呼吁传媒勿广泛报道》，又例如《明报》的《张国荣死恐引自杀潮》，或台湾《中国时报》的《自杀会传染　留心青少年》等，无不带有危言耸听的导向，以张国荣事件启动社会危机戒备，在有意或无意之间将日常自杀的案例都推到他的身上。再如《明报》的新闻《专家：张国荣自杀增寻死意欲 九小时六跳楼五人死》，从字面的联系来看，是张国荣之死引发了公众自杀的案件，但细看内文，却是这样的：“由前日深夜至昨晨九小时内，全港有六名男女跳楼自杀，当中五人不治，寻死原因涉及与感情、失业、财政、病痛困扰等有关。”这样的拼贴报道，完全是一个制造话题的幌子，是莫须有的罪名，是借张的事件装饰和夸张新闻的可观性与煽动力。事实上，我们每天翻开报章，又何曾避免形形色色的自杀事件？总有不同阶层的人以相同的方式解决各自的生活或感情问题，总不能把每年 4 月发生的自杀事件都跟张国荣挂上关系。当中的目的究竟何在？刻意抹黑是否真的符合了大众消费新闻的心理？此外，在这种“自杀风潮”的论述下，部分报章更请来一些社会学者或心理专家，分析张国荣自杀的负面效应。例如《明报》引述应用社会学系教授“不应美化自杀”的意见，指出：“有人认为张国荣死得洒脱，留住人生最光辉的一页……但其实死者对身边人和社会带来很大伤害，即使自杀者患抑郁症，控制不了自己的行为，社会也不应把自杀行为合理化。”又例如陈也在《苹果日报》的专栏写道：“寻死要为他人想，公德一点的选择，烧炭远较跳楼妥当。是以梅艳芳不能跟张国荣划一‘表扬’。当天目击张国荣跳楼的巴士乘客与途人吓死，亦读过跳楼压伤无辜路人的冤孽新闻。”这些论述似是而非，混淆视听，无非是要把社会责任强加于一个自杀身死者的身上，要求他即使死后亦难辞其咎地背负种种不良后果。这个逻辑相当诡异及违反人性，“社会责任”凌驾于个体生命的自主性与自决权之上，传媒不但没有探究自杀者走上绝路的社会因由与环境因素，反而竭力谴责一个已死的受害人惹来太多社会风波，这实在是颠倒本末的做法。尤有甚者，死者已矣，传媒竟以嘲讽的口吻批评死者选择结束生命的方法不合乎大众利益，益发显得这个社会凉薄的一面——有时候在想，或许部分香港传媒的内心深处明白“媒介杀人”、“人言可畏”的力量，张国荣在生前的易服表演、性取向与私生活一直备受报刊的攻击，媒介的人言暴力也是他压力的根源、困扰和抑郁的缘由，因此这些传媒才大肆攻击张国荣的自杀行为，将责任推回受害人的身上。再者，以“危言”包装成糖衣出售，以“卫道者”的立场粉饰伤害他人的言语，从“泛道德主义”角度指导大众理解事件，一向是香港大部分报刊的伎俩，看的是市场走势、大众消费的心理和哗众取宠的成效，追根究底，是这个城市过于冷漠、刻薄所致。任何悲剧都可变成卖点，时刻抓紧每个制造话题的机会，而消费这些“卖点”和“话题”的大众，也乐于借此增添茶余饭后口舌的论断，就这样循环不息，买和卖共谋，传媒的生态也逐渐走入偏锋。

对抑郁症病患者的责难

如果说自杀被指为违反社会责任的行为，那么，对抑郁症病患者的诘难便是香港传媒对张国荣事件第二方面的反应。他们在报道事发经过或善后的流程之余，往往喜欢在版面重要的位置附上“抑郁症的表征”、“如何纾缓自杀及抑郁倾向的方法”等栏目，企图对读者在了解事件始末的时候有所导向，甚至诱导大众从狭窄的道德观念出发，以似是而非的论据批判张国荣的身死。同样，他们也诉诸权威，特意访问不同的精神科医生、社会工作者、青少年志愿团体的机构负责人及警务人员代表等，呼吁“情绪低落者求医”，刹那间，整个城市像忽然染上疫症一般（时值SARS爆发），不但对“自杀者”深恶痛绝，同时亦对“抑郁症病患者”步步为营，部分论述更带有责备的意味，指出张的事件可能导引大众潜藏的抑郁意识，种下“自杀的种子”。更可怕的指责是：“不懂得控制情绪的人是相当危险的。”充分流露对病患者任意的践踏与歧视。此外，部分传媒更将张的抑郁病归因于“撞邪”，意图借用没有根据的灵异之说包装新闻，进一步挑动大众舆论的潮流，合理化入侵他人私隐。例如，《星岛日报》请来堪舆学家批命说道，又以图文报道张国荣生前主演的最后一部电影《异度空间》，乃是他的“招魂戏”，导致他“精神恍惚，以自杀结束内心惊恐”。这些文字或越说越玄，随意攀扯附会，几近魔幻的叙述，或图文并茂，绘声绘影，报道者如亲临现场。以上这些论断，充满煽情、炒作、臆测和污蔑的指控，仿佛大众的“抑郁症”全因张国荣的自杀而起，他的身死，危害社会安宁，因此要对公众的安危、精神困扰及生死负上责任。尤有甚者，有些报章报道以“温情”、“提高社会警觉”作为幌子，却暗地里以文字及图像作为利器，肆意鞭挞一个已经无力还击的死者。难怪事后唐鹤德在《明报周刊》上破例开腔，要求传媒勿再以文字、语言对张进行鞭尸，而歌手梅艳芳更要求“还哥哥一个公道”：

> 我希望大家对 Leslie 公平一些。现在的环境这么恶劣，哥哥走了更令人感到痛苦，但请不要再将罪名加在他身上……抑郁病并不会一天便形成，是日积月累的，我觉得某些传媒也要负上一定的责任……哥哥生前，他们不放过他；死后，依然不放过他。

梅艳芳的痛陈，道出了 2003 年香港在 SARS 期间的低迷境况，也谴责了大众媒介对张国荣毫不留情的伤害，在他生前死后皆缠绕不休。只是，无论是唐鹤德的疾呼还是梅艳芳的劝谕，都无法遏止炒作的风气或洗涤传媒的操守，在当时和日后仍不断出现跟事实违背、跟情理逆向的攻讦。

攻击同性恋

香港传媒对张国荣事件的第三项负面反应是对同性恋者的否定。部分传媒工作者在电台及报章上强调不应美化张的自杀行为，同时“不鼓励同性恋”；不少报章、杂志以专题讨论方式，把张国荣的自杀归咎于他的性取向，认为由于同性恋者性向“异常”，感情大起大落，容易有抑郁倾向，导致性情偏差，最终以自杀作结。例如某传媒人，事隔两年后仍在报刊上措词严厉地借张国荣事件打压香港的同性恋者：

> 社会大众对同志并没有极度畏惧，更没有什么值得他们愤怒的地方，我们只会同情他们，因为同性恋的道路是悲惨的、阴暗的。以著名的同性恋者张国荣为例，如果他没有陷入同性恋的泥潭，他会活得更开怀、更快乐，他的歌唱成就会更高……但现在他黯然而去，留下了什么呢？只有神

秘的阴暗面，只有说不完的唏嘘，只有冷清清的几张海报，和一个令人感到突兀的挚爱。

此人的论调，已经超乎否定同性恋的限度，而将矛头直接指向张国荣及其家人，有人身攻击之嫌。文章的结尾更以尖酸的言词说道："唯有街上的流浪狗，才会随便去嗅同性的屁股。"接近恶毒的侮辱、无赖的谩骂，以肮脏龌龊的比喻抹黑同性恋者的个人取向。这样无知的偏见、暴烈而不文明的挖苦、蛮横的指控，竟一而再、再而三地出现于香港不同的报刊上，对于这个自称高度现代化的城市来说，不能不说是一个荒谬的反讽。Tom集团的前执行董事王兟也忍不住在《亚洲周刊》上撰文反击，指出报道和评价张国荣事件的传媒，"反映文字背后中国人传统的尖酸刻薄，令人不寒而栗"，而且"充满市侩气息的幸灾乐祸"，甚至"不惜把一个惨死的人拿来臭骂一顿，而臭骂张国荣的理由完全是毫无事实根据的假设：同性恋＝自杀宿命"，并且慨叹这样愚昧的粗暴和专横竟然出现于"二十一世纪自由的香港"。王氏的平反和反指控，充满悲愤和感叹。他说自己不是张国荣的亲朋好友，也不是他的歌迷，但各种报纸杂志的文章实在令人反感、震惊，实在绝情，因而期望能唤起人们的同情和宽容，劝谕传媒不要再利用道听途说、支离破碎的传闻，或武断的假设、恶毒的咒骂对死者再行宣判。

细观香港传媒将"同性恋者"等同"自杀者"的论述，其诡辩之处在于以偏概全，抹杀了社会的实际境况：每天死于感情困扰的自杀者差不多全是异性恋的人，难道我们会把这些自杀行为归咎于"异性恋"的关系吗？其实，这些言论批判的对象有时候不在于自杀行为，而在于同性恋的取向上，将同性恋者列为偏差人物，便于贴标签和打压。美国黑人民权及女性主义学者芭芭拉·史密斯在讨论"恐同症"（homophobia）的时候指出，同性恋者是社会最无力反抗的边缘社群，由于他们不像种族、阶级和性别歧视那般易于识别，因而容易被迫入暗角，无从发声；此外，保守的社会意识形态又往往对"色性"（sexuality）诸多禁忌，视若洪水猛兽，认为是最具争端及威胁性的议题，不利于公众讨论，当遇上冲击主流异性恋霸权的同性取向时，便会大力压制，以防暴乱出现，或引起公众反感。这种“恐同意识”日经潜移默化，逐渐变成约定俗成的道德标准，形成集体歧视的心理，并把这些歧视合理化和合法化，视作理所当然，久而久之，社会的教育、传媒便会越来越不能容忍同性恋者的公开现身。张国荣事件的悲剧性便是基于这种社会集体的“恐同意识”，大众传媒为了迎合公众的厌恶情绪与恐慌心理，便刻意地制造话题，随意地盖棺定论，因着对同性恋者的鄙视和否决，而一笔抹杀张国荣自杀身死的个人意愿、饱受抑郁症煎熬的苦楚，以及他曾经在舞台上做过的艺术贡献。香港资深传媒人马靄媛对报刊报道“同志议题”曾有这样的批评：

> 猎奇。偷窥。这是近年的传媒大趋势。新闻采访手法，日渐走偏锋，报章的标题、记者发问的问题，纷纷以单向思维进行……最滥的“范例”，表现在同志议题上——划一的派对、沙滩上的偷拍镜、典型的假同志密探、无日无之的SM万花筒，拙劣的手法千篇一律。

马氏的看法很能道出香港传媒的弊端所在：不是以窥探的心理揭发（或伪造）同性恋者种种不符合社会规范的言行，便是采用道德批判的口吻教导（或煽动）大众歧视同性恋者。香港导演关锦鹏也曾经有过这样的叹喟：“香港貌似文明，但骨子里往往比大陆和台湾更保守。人家说文明要接受少数族群，于是我们便表面接受，但心底内却仍旧厌恶，这种骨子里的歧视其实更恐怖。”关锦鹏的话语，道出了香港道德伪善的一面，表面的繁华开放与内里的保守压抑形成强烈对比。事实上，香港打压同性恋者的事例“无日无之”，不但见于日常生活、职场和教育的范畴，还见于无孔不入的大众传媒集体的塑造。无数电影、电视的画面上，同性恋者常常被编造为破坏家庭和谐或社会安宁的扰乱者，即使偶尔有广播节目愿意以开明平和的态度采访同性恋人的生活面貌，也会被政府僵化的机构及愚昧恐慌的大众群而攻之，为求消灭这些异见的声音，不惜诉诸粗暴的言论或充满漏洞的偏见、过时落伍的法律条文。在这种文化氛围下，曾经主演“同志电影”《春光乍泄》，曾易服反串演出《霸王别姬》，曾在舞台上妖艳娇媚、女装男穿的张国荣，他的性向因着他公众人物的身份而备受各方压力，甚至曾被讥为男人的弱者表现。他曾经表示在演唱会 Passion Tour 之后感到极度的沮丧和情绪低落，因为演唱会上与法国时装设计师让·保罗·高缇耶共同创造的雌雄同体演出，不但未获香港传媒的理解和欣赏，反而招来话柄，连带高缇耶也被牵连责骂。张国荣的自杀身死除了抑郁的病因外，报刊的黑手也难避“媒介杀人”的嫌疑。然而，更可怕的是，在张国荣死后，一些报章又实时改变立场，反过来追崇张生前的性别易装。这种做法，只会更加彰显香港传媒的浅薄、无知、见风转舵、前倨后恭的伪善与精神分裂。

“媒介杀人”与“狗仔队文化”

张国荣死后的媒介报道，完全体现了近十年来香港报纸杂志“小报化”及“狗仔队文化”肆虐的问题。在90年代之前，我们还会相信记者报道的事件、报章刊载的消息；90年代之后，我们只将新闻视作娱乐，也将娱乐看作新闻。在过去，被称为“无冕皇帝”的记者在社会大众的意识里占据崇高可敬的位置，因为他们走在前线，报道世界各地发生的事件，甚至揭露隐伏的不公平现象，给予大众知情权；但现在，记者早已变身“狗仔队”，跟在名人、明星、政客、事件受害人的背后，是一个极度负面和身份降格的标签。然则，“小报化”与“狗仔队”是全球化不可逆转的风潮，连带香港也不能幸免。

“传媒杀人”是一个值得深思的议题，最著名的例子莫过于英国皇妃戴安娜因狗仔队的追捕采访而发生致命的交通意外，那是直接的杀人事例。同样，对于张国荣的抑郁症和自杀，大部分歌迷都认为香港传媒有不能推卸的责任。例如北京署名“水鸟”的“哥迷”指出：对这样造诣卓绝的演艺者不加以珍惜，反而痛加毁伤和抹黑，是“传媒自身文化价值观的缺失和社会文化水平的失衡”；日本的歌迷更异口同声地讨伐，一面指斥香港报刊平常报道张国荣生前在日本的演出和活动已有许多与事实不符合的捏造和歪曲，一面也谴责是狠毒的人身攻击“谋杀了张国荣的生命”。另一位资深的本地歌迷，也为香港报刊文化的变迁作了具体的分析，认为传媒报道张国荣的手法可分为两个时期：在1995年以前，香港的娱乐新闻比较着重消息的发放，对张国荣的访问也相对地集中于电影及音乐作品的讨论，予人平和、良好的感觉，及至1995年之后，香港报刊开始出现话题性的报道，张国荣恰巧在这个时候复出演唱，其中“壹传媒”的记者更开始针对他的私生活穷追不舍，或明或暗地肆意扭曲他的言谈与形象，至千禧年的“热·情演唱会”更达嘲讽的高潮，负面的抨击每日铺天盖地。这位歌迷的观察很有意思，点出了香港媒介文化生态环境的分水岭如何与张国荣个人的事业发展紧密地扣连在一起。

张国荣从来都不是善于讨好大众传媒的人物，那是由于他清高的性格，也由于他主演的大部分电影都不是正面的角色，在香港媒介变异的前后，他一直都活在舆论的压力下。只是在这之前，攻击的力量没有那么致命，而在这之后却变本加厉——早在 80 年代出道的张国荣，歌唱的内容与风格大胆破格，演出的电视或电影人物多属于反叛青年或不羁浪子，尤其是出道之初便被骗拍下一部三级制作的艳情片《红楼春上春》，引起的恶评持续数年；后来他与陈百强决裂，传媒亦一面倒倾向支持陈而排斥张，那是由于银幕上的陈百强总是以正面的清纯形象出现，相反地，叛逆而带点邪气的角色分派每每令张国荣在人前人后极不讨好，因此，当二人出现分歧，公众与媒体亦以电影的形象判别二人的对错。这种冲突，在 80 年代中期之后的“谭张之争”中更加剧烈。谭咏麟与张国荣两派歌迷的互相斗争、喝骂、攻击，成为当时传媒镜头刻意放大的事件，除了喜欢将二人的舞台表演及奖项互相比较外，更故意挑动歌迷之间的对立，而矛头大多数时候都是指向张国荣。原因是张国荣不懂处理人际关系，率直的言辞又常常得罪记者，而对歌迷的斗争却只采取消极及置身事外的做法。直到唱片公司被人刻意破坏，他收到邮寄的香烛冥镪后，感觉生命受到威胁，才决定退出乐坛，离开是非之地。尽管如此，那个年代的香港报刊仍有相对宽容和平正的报道，跟艺人是互相依存（而不是敌对）的关系。虽然常常会有报道将张国荣本人的性格混淆于他演出的角色或演绎的歌曲，但当中仍不乏善意的嘉许和批评，那是传媒与艺人相处相对融洽的黄金岁月。及至 1995 年 6 月 20 日香港《苹果日报》创刊，媒介的风气从此逆转，新闻从文字的记述转向图像的渲染，从客观罗列事实变成随意断章取义，或索性伪造，人物专访也沦为发掘内幕、隐善扬恶，报章充斥“煽、色、腥”的气味，即煽情、色欲和血腥，将新闻事件加工、娱乐化，或局部放大，以夸张、暴力的手法增加事件的戏剧性，严重侵犯和出卖受害人的私隐。正如传媒评论员梁丽娟所言：“‘狗仔队'记者冒起，新闻变质，传媒操守下滑，连带记者的社会地位亦急剧下降。"可以说，《苹果日报》与"壹传媒"的出现，彻底逆转了香港媒体的生态环境，甚至连带周边的华人地区如澳门和台湾也不能避免受到熏染，"苹果化"成为社会现象。

> 我只是想过自己想过的生活方式，我没有去offend（冒犯）别人，亦没有因而影响任何人，相反，现在你们（指记者）才是intruder（侵入者），你们侵入我的私人空间，我只能尽量不让其他人介入我的精神及日常生活。你们要入来，我不介意，但你们要作古仔（编造故事），我控制不到……你们可以翻箱倒笼找我的私隐出来，但大部分却是无中生有。
>
> ——张国荣

这里引述的是张国荣于2001年接受访问时说的话，直接指责报刊杂志的狗仔队侵害他的私人生活，语调充满愤慨与无奈。他举述生活的例子说明狗仔队的镜头如何时时刻刻跟在他的左右，并且骚扰他身边的家人和朋友，当他们找不到耸人听闻的话题时又随意捏造谎言，或利用电脑合成的照片诬陷罪名和伪造不存在的事件，意图破坏他的形象。这些困扰，任他千方百计也无法躲避。张国荣的诉怨充分显示一个艺人与腐化了的传媒之间对抗的关系，往日那种彼此信任、依托的方式已经荡然无存，传媒恍若要置艺人于死地或绝境才善罢甘休。

所谓"成也传媒，败也传媒"，媒体催生了偶像，但同时也具有毁灭他们的力量，"媒介杀人"更是无色无形的利器，因为它往往理直气壮，用"大众知情权"作为糖衣的包装，而且容易被大众内化，视作理所当然。追根究底，怎样的"大众"才会造就怎样的"传媒"。是我们的社会世态倾向凉薄、爱看热闹，还是大众缺乏深层的文化反思、对他人缺少同情谅解？我们的传媒教育到底出了什么问题？如果说偷窥他人的私隐也属于"大众的知情权"，这到底是滥用权力还是暴露了大众的浅陋？如福尔斯特所言，资本主义世界的市场规律，应是良币驱逐劣币的，但当这个境况以相反的姿态出现，"小报"不但横行天下，而且跟随者众，那说明了一个怎样的社会问题？买和卖的人到底良知何存？这是后现代媒体悲哀的状况，如此循环不息，仿佛前无去路！

四月的蝴蝶

曾要我意决　并没话别　走得不轰烈
由过去细节　逐日逐月　似陨落红叶
难以去撇脱　一身鲜血　化作红蝴蝶
遗憾自问未比冬季决绝

——张国荣:《红蝴蝶》

这是张国荣遗作《红蝴蝶》(2003)的中段歌词，仿佛寓言、镜像和魔咒，每回重听都不免惊心！谁能想象一身鲜血的他“化作红蝴蝶”骤然从24楼飞堕远去？到底是填词人的预设一语成谶，还是歌者自身投影的巧合？在艺术想象的领域里，“红蝴蝶”是一个永远无法解除“魅惑”的意象，伴随“传奇”的落幕，却余音袅袅，余哀重重——在张国荣最后的日子里，无论歌曲还是电影，“死亡”的意识总如影随形，挥之不散，像盘算世界末日的《陪你倒数》(1999)、歌唱失眠痛苦的《夜有所梦》(2002)、细说感情与生命同样脆裂的《玻璃之情》(2003)，以及刻画精神分裂的电影《枪王》(2000)和《异度空间》(2002)。这些声情和画面，无不肆意地着染忧郁的色彩、人生的灰暗、生命的枯落与败亡。

蝴蝶一生穿梭　随时随地拈花一过　永没被窝　从未搞得清楚　毛虫蝴蝶变化太多参不破

——张国荣:《蝶变》

如果“死亡”是一个“蜕变”的仪式，我会用“蝴蝶”作为张国荣的死亡标记，那不单是因为来自《梁祝》的“化蝶”典故，在现代的诠释里带有酷异的身影，同时也为了蝴蝶斑斓的彩翅、层层剥褪生命的演化，符合了张国荣舞台上、镜头下的千面形态。张国荣生前留下的最后歌曲，都与蝴蝶有关：林夕填词的《蝶变》诉说人面的多变与人心的善变，犹如蝴蝶从毛虫而来，令人捉摸不定也无从窥探表里的矛盾或一致；而周礼茂填词的《红蝴蝶》，却写生命瞬间的绚丽如蝴蝶短暂停驻，精致、柔美，但脆弱而且不堪一击！张国荣与蝴蝶，共有的贵族气质，在童话的原型里，象征任情率性、傲慢自我和浮游不定，而“死亡”或“化蝶”，或许灰飞烟灭，但光影里的声情仍能为他的倒影造像，回溯他生前的音乐、电影与图像，恍若再巡回 2003 年 4 月的死亡仪式——4 月是残酷的季节——英国诗人艾略特说的，当雨水混合泥土腐朽的气味，蝴蝶又再翻飞的日子……

难记兴亡事

2003 年 3 月 31 日，我收到台北一个决绝的电邮，简短的几行话语深刻锋利，狠狠割断了隔空维系多年的感情丝线。然后我收拾行装飞往台北，准备出席辅仁大学电视电影系的应聘面试。4 月 1 日的黄昏，我在台北金马奖的办公室和几个朋友一起吃饭聊天，商议年底的颁奖典礼怎样邀请张国荣出任嘉宾。朋友的手提电话响起，是一女性的声音，告之张国荣在香港跳楼自杀身亡。听罢，我们一起嘻哈大笑，说不要玩了，大家正兴高采烈商议找他过来参展呢！可是握着话筒的朋友脸色越来越深沉，我们不等她说完便放下饭盒冲进有电视的房间。当文华酒店门外的救护车、警察和记者群出现于画面时，我们知道事态严重，只是仍有人不甘心，一面说这是愚人节的玩笑或网上发放的短片，一面不停地拨电话、发短讯，期求找出真相，或真相的另一种可能或不可能性。回到酒店，我打了一个长途电话给香港报馆的朋友，只简单地问了一句话，对方也只简单地答了一个“是”，我便放下话筒，上床睡觉了。

4 月 2 日的清晨，站在镜前，扭开水龙头，热水和热泪的蒸汽弥漫整个房间。我推开 14 楼的窗户，潮湿的风使空气更加凝结。我把半个身子攀出窗外，没有车声、人声，畏高的我只听见啪啪作响的心跳。这时候，电话的铃声响起，是辅仁大学打来确定面试时间的，于是我便洗了脸、换了衣服出门去了。面试的过程很顺利，但我记不起自己说了些什么，也忘记到底是怎样回到香港的，只知道原来“创伤”是可以延宕的！后来辅仁大学寄来聘书，正式委任我的教职，但我拒绝了，除了道歉，我无法说出原因！

当某种“创伤”突如其来地袭击，人总会启动自我保护的机制将它压在意识的底层，使它不被认知，但这样的遏制，维持的时间不会太长，一旦破土而出，反震的力道足以摧墙裂壁、决堤淹岸——2003年的4月开始，我经历了连续百多天的失眠日子，每个晚上躺在床上有一种空空洞洞的黑在摇晃，当清晨6时白色的光微微漏入，我便安然入睡，再在8时醒来。但在白天，我的精神很好，而且头脑清醒，因为我很清楚，必须保存这个躯体，“创伤”才不会离我而去！是的，张国荣的死，伴着SARS的泪痕和歌迷挥手送别的烟雨凄迷，当灵车转身、送行者哭倒跪地的刹那，这个城市的天空仿佛陷落；然而，张国荣的死也联系个人的际遇，在学院长时期东飘西泊，在感情中迂回迷走，最后竟以一个“死亡”的姿态凝定一切的结局，于是，张国荣的死成为个人生命的裂缝，经历年月的风沙而依旧清晰可辨。弗洛伊德说过有一种情绪叫做“悲伤的快感”，指悲剧的力量是要让人懂得享受痛苦的经验，并且从中提炼和净化自我，克里斯特娃也说这是一种“抑郁的愉悦”，说抑郁的人拒绝自医或求医，因为这样才可以沉溺于哀痛的狂喜之中。无论是“悲伤的快感”还是“抑郁的愉悦”，都不过说出了人性与生俱来两种相反相成的力量——生存的意志中有死亡的本能，忧伤的情结里有自虐的狂欢与躁动，而且唯独是这些相反拉扯却又彼此相连的力量，才能成就艺术最高的层次，纵使这个至美的境界是短暂的、一瞬即逝的，如同张国荣的生命。

花月总留痕

上海的朋友毛尖写道：我们会慢慢老去，变得跟《胭脂扣》里的十二少那样可耻又不堪，而他（张国荣），则加入了天使的行列，完全地从时间中获得赦免。其实，应该说，很多年前，他就开始免疫于时间了，除了变得越来越凄迷，越来越美丽。

弗洛伊德也说短暂的东西都是美好的，因为它在生命最璀璨的时刻给永久保留下来，我们看不见秋去冬来的凋萎，所以便成了永恒；又说我们哀悼短暂而美好的东西，如生命，是因为我们感觉并且无法克服那带来庞大的失落。说得真好，张国荣的青春明艳，免疫于时间的磨损，因此，他在镜头里永远那么“魅惑”地招手，然后再撇脱，转身离去，如同《阿飞正传》最后的一组镜头，走在葱绿的丛林里，永远青嫩苦涩的生命个体，背着镜头，将紧随和凝视他的人抛诸脑后，任由仍在凡尘里的众生千方百计猜度他远走的心意！于是我们哀悼，哀悼那逝去的失落，直到自己在秋去冬来之中凋萎。

“哀悼”也是一种仪典，不单是俗世里的繁文缛节，同时也是心灵内的洗涤和救赎。唯有“哀悼”才可抵消“失去”的空落，才可填补那已不存在的个体感觉，而“写作”，本身也是这样的一种哀悼和仪典，既让死者借文字还魂瑰丽的生命，又可治疗生者周而复始、无尽无底的哀念，因为在写作的过程中，是生者和死者最亲密契合的时刻，生命仿佛游过死亡的领域而获得二度重生，这是死者给予生者存活下去的能量！于是，“写作张国荣”变成一趟摆脱“魅惑”的仪典，将自我的死亡本能交回死者的手上，让他替我完成，让我为他存照立档！

蝴蝶远走，灯火熄灭，年年仍有它的4月，但今年的春暖花开不会是去年或前年的春暖花开，而张国荣的声情形貌，只会倒映于季节丰茂的喧闹里，让一些人忘记，又让一些人记起：

若这地方 必须将爱伤害
抹杀内心的色彩
让我就此消失这晚风雨内
可再生在某梦幻年代

（选自广西师范大学出版社《张国荣：禁色的蝴蝶》，
2009年3月出版，作者：洛枫）

蜗牛不放弃

——中国孤独症群落生活故事

“孤独症”这个名词来到世间只有60年不到的时间，而在中国，人们认识它，不到20年。但孤独症是不能回避的。我们的孩子在长大，总有一天，孩子会问你：我为什么和别人不一样？为什么我不能享受人人都有的快乐和尊严？学会说话不是目标，上学不是目标，混在正常人群中也不是目标。我们时刻要做的，应该是不违天性的教化，帮助他们实现与他们能力相适应的成长，同时，让世界了解和接纳这一部分人的存在。

从三文鱼到蜗牛

洛瓦斯教授是一个钓鱼爱好者，也是世界著名的孤独症研究专家、应用行为分析法的创始人。他在一次演讲中讲了这样一个故事：

“在一些清澈的海流中，生活着一些三文鱼。每一年，三文鱼妈妈们都会在产卵期到一个固定的水域产下自己的宝宝。在产卵期最初和最后的时候，天气和水比较寒冷，水流的速度也不太适合，那时出生的三文鱼会面临比其他的同类更糟糕的环境，它们可能会死掉，也可能长得比较弱小。但是环境是会变化的，三文鱼自己也是会变化的。有时候，在寒冷月份出生的三文鱼可能会有一个意外的机会发展自己，成长为强健者。这种变化性总使我着迷，因此，我把患有孤独症的孩子们看作是在不利的月份中出生的三文鱼。”

洛瓦斯教授微笑着面向几百位特殊教育专家、训练机构工作者和孤独症患儿的父母说：“我们的工作就是去改变水流，以帮助这些不幸的三文鱼。”

那一刻，我听到周围有轻轻的、抑制不住的抽泣声。我知道这一定是一个“三文鱼妈妈”，为自己孩子的不幸而心酸，为这位白发老人的善良仁慈而感动。

我也是这样的妈妈——我的儿子在2001年被诊断出有孤独症倾向。从那以后，我们在各类专业机构和普通幼儿园之间辗转进出，不断地进行治疗教育至今。我自问是一个积极尽职的妈妈，但在听洛瓦斯教授讲话之前，我从未有意识地把自己的命运和他人联系起来。在孩子小的时候，我只顾把所有的业余时间都给他，教他指东西、发音、对视、认颜色、看图片。在很长一段时间，我甚至不记得自己还有自己的生活，还是一个妻子和女人。

但是人总是需要有一些机会重新审视生活，这也是一种本能。就像卡夫卡说的：

> 无论什么人，只要你在活着的时候应付不了生活
> 就应该用一只手挡开点笼罩着你的命运的绝望……
> 但同时，你可以用另一只手草草记下你在废墟中看到的一切
> 因为你和别人看到的不同，而且更多……

2003年5月，中央电视台科教频道要制作一期关于孤独症孩子的节目，我把洛瓦斯教授讲的故事写了一篇题为“亲爱的三文鱼”的短文发给了编导阿春。后来我接到参加节目的邀请，并在节目的录制现场朗读了这篇文章。

1982年，中国诊断出了首例孤独症患者。从那时起，这些孩子和他们的家长就一直在与这种原因不明的障碍抗争。这些可敬、勇敢的家长建立了国内最主要的孤独症儿童康复训练机构；介绍和应用了国际医学、教育领域的最新成果；成立了各地的家长联谊会，到处上书、游说，推动政府、科研机构和整个社会重视孤独症儿童的康复……21年过去了，在星星雨教育研究所（由一位孤独症患者的母亲创办的国内第一家孤独症专业训练机构）创立10周年的研讨会上，一位母亲自豪地宣布：“我的女儿已经18岁了，现在她是一个普通的职业高中学生。”在台下如潮的掌声中，她声音哽咽，泪下如雨……

今天，被诊出患有孤独症的孩子越来越多。我们不知道下一个万分之五或者千分之九会落在哪个孩子身上，从国家领导人的后代到乞丐的儿孙，都有可能。由于孤独症没有独立、明确被列入残疾类别，这些孩子被卡在了制度的夹

缝之中。

必须要为我们的孩子找出一条生路，这是命运给我们的一个机会：我们可以以私人的动机去寻求公义。

这不仅意味着争取权益，同时也需要我们反求诸己，回向自己的内心。孩子们在成长，他们来自生命本真的勇气让我们大人有时无地自容。他们就像是那些小小的、慢慢的蜗牛，天造地设、不知忧愁地爬着，父母、家人、教师被他们牵着，从尘土飞扬、人流汹涌的繁华大街拐上了一条安静而朴素的小路。是的，他们就是小小的、慢吞吞的蜗牛。你看起来轻而易举的高度对他们来说如同登天。但是他们在爬呢，不管你看得见看不见，不管葡萄是不是还在枝头，他们一直都在爬。不管多么难，他们从未放弃。我们没有理由放弃，不管在多么令人绝望的情况下，生命都应该是快乐和有意义的。

古怪的孩子

孤独症儿童的特点千差万别，但无一例外的是让人觉得格外古怪。

小石头长着一双明亮的大眼睛，在1岁多还不会说话的时候已经识字上千，能够凭声音分辨各种汽车，再长大一点还能推算日历。“真是神童啊！”旁人常羡慕地对他的妈妈方静说。

长到3岁以后，小石头上了幼儿园。这个神童却成了问题儿童：喜欢到处乱跑、不听指令、不合群。方静以为是孩子不适应环境，给石头换了一家幼儿园，结果一切照旧。到了5岁，情况越发严重，孩子常常无故自言自笑，不听他人说的话，不接受新东西。方静带着他四处求医，最后被诊断为儿童孤独症。

方静的天塌了：“我无法面对他，真是无法面对他。最令我害怕的是他发笑的时候。多少次他在那儿大笑我在那儿大哭，我在他恐怖的笑声中崩溃，在他恐怖的笑声中一次一次地起了和他同归于尽的念头。”

张戈1984年出生，是南京较早被诊断为孤独症的孩子，几乎也是最有名的一个。

“以前我们都认为她是神童，因为她不到1岁就指着外边的文字和数字咿呀学语，1 岁半时已经认识上千汉字。我们经常带着她在亲友间表演。走在外边，不认识的人都会过来要抱她玩。”

3 岁半时，张戈经南京脑科医院陶国泰教授诊断为儿童孤独症。当时张戈正处在非常严重的自我封闭状态中，她整天自言自语，不看人，不答话，一分钟也不能安静，不停地跑来跑去，每次出门必须要有人一直紧紧抓住她的手才不会一下子跑到马路中间。

“我抱着她，整夜地哭，而她只是大笑，那疯狂的大笑让我心碎。”张戈的妈妈吴苏星回忆当时的心情。

小玄的爸爸是个公认的乐天派，他写了一首诗赞美曾被医生测评“智商为零”的宝贝儿子：

独自走在队伍最后的那个
他跑起来手抡得像风车
捉迷藏时告诉你他藏在哪儿
是他是他 眼睛明亮额头高阔
放学时趴在窗口最急切的那个
像炮弹一样冲出教室
咯咯咯地跳到我怀里的是我的小儿

是呀是呀 这是我儿子画的
小羊羔长着人的脸
爷爷的嘴里叼着两支烟
爸爸的耳朵长在下巴上屁股还在充电

我的小儿长大后想当司机
开一辆苹果绿的 POLO
他还想住在苹果绿的屋子
顺着屋里的梯子能摸到天上的蓝月

天使在人间

在古代的经书和传说中，天使常常是一个需要帮助、看上去普通的陌生人。他可能向你要一杯水，也可能请求在你家住一个晚上。他不会给你带来什么眼见的恩惠，相反可能是一连串麻烦的开始。在某种程度上，他是对你人性的一个试探。

没人知道天使长什么样子，也没人知道天使讲什么语言。英语？古希伯来语？或者一种非凡间的"天语"？

假如有一个小天使来到你家，他不会说你听得懂的任何一种语言，也不能按你的指令做出种种动作和表情，只是需要你的帮助和关照，你会怎样对他？他又会有怎样的遭遇？

我们每个家庭都曾经迎接过天使的降临。那些天使有的来过就走了，有的长大成了和你一样的凡人，还有些一直需要你特殊的关照，也许是一生一世。

你曾被他的脆弱和纯洁感动，发誓爱他。当你第一次抱他，当你的手第一次握住他的手，你的心因狂喜而颤抖。你发誓说你要做最好的父母，给他一生的爱与温暖。

可是如果，如果他不是你想象中的那个样子，不能给你带来骄傲、安慰、欢乐，甚至不能回答你的问话，你还爱他么？你为什么爱？怎么去爱？

当天使来到我家的时候，是一个雨雪交加的黄昏。那时候，我一点也没有想到，我已经成了一个孤独症儿童的母亲。为了让他能叫我一声妈妈，我将尝尽千辛万苦。

在一些文学与影视作品里，孤独症经常与父母离异、对孩子的忽视相联系，仿佛是父母的虐待才导致了孩子的异常。尽管现有的医学结论已经证实孤独症的病因是一种先天的大脑损伤和异常，但人们往往津津乐道于他们雨人式的天才和怪癖，而对他们的真实处境视而不见。

中国有关专家自 1982 年起开始对孤独症加以研究并做过病例报道，但目前尚无系统的统计资料。根据孤独症的患病率大约为万分之五而孤独症系列症的患病率大约为万分之十的较为保守的标准，以中国现有的总人口数量来估计，中国目前可能有 50 万左右的孤独症患者，有 100 万左右的孤独症系列症患者（如脆性 X 综合征、弥漫性发展迟缓症和亚斯伯格综合征等）。

需要强调的是，这种估计是较为保守的。2000 年时专家估计全国大约有 1 200

万弱智患者。由于孤独症与弱智在症状上的某些交叉相似，许多国家一度将孤独症当作弱智诊断。据此推论，在中国现有的弱智患者当中，可能含有相当一部分的孤独症患者。也就是说，在我国可能有150万左右的孤独症患者。

2001年，卫生部、公安部、中国残疾人联合会组织的全国0岁~6岁残疾儿童抽样调查表明，在0岁~6岁的61名精神残疾儿童之中，有50.82%的儿童没有得到任何形式的治疗和康复，说明精神残疾的医疗、教育、康复的现状和需求之间存在较大差距。在进行康复训练的儿童中，以家庭康复形式为主，占接受康复人数的73.33%，这反映了对提供更多康复形式的特殊机构的迫切需求，对康复效果和专业化水平也提出了更高的要求。

帮助孩子建立与世界的关系是我们一生的任务。在这个布满荆棘的世界上，有的时候这几乎是不可能的。我们有些父母，因为软弱和绝望结束了自己和孩子的生命（在写作这些文字的时候，我们失去了三个孩子，其中有一个2岁的孩子被父亲带着投江而死）。

但更多的人在与这种来历不明的噩运抗争，他们在拯救孩子也在拯救自己。在国内和国外，有很多素不相识的人在帮助我们，孤独症的治疗教育正在成为一项崇高的事业。

所有的孩子都会长大，而我们这些父母也同样在成长。上帝知道经过这所有的磨难，我们变得多么好，多么纯粹坚忍而感恩。有人说孤独症孩子是星星的孩子，但在我看来他就是我自己的宝贝——我的守护天使，他教会我很多东西，他爱我，永远不会离开我，直到生命的最后一刻。

2000年5月的一个早上，3岁的儿子坐在小盆上大便。电视里面一个年龄和他差不多的孩子正缠着大人说这说那。看着孩子默不作声的样子，我不禁悲从中来，哭着对孩子说："宝宝，你会不会永远这个样子，不跟妈妈说一句话？"

儿子笑嘻嘻地看着我，大约是觉得我的样子和平时有点不同。他看了一会儿，伸手拿过我手里攥着的眼镜，试图给我戴上。我推开他的手，他固执地一次又一次伸过来，完全不理会我的眼泪，直到因达不到目的而烦躁地哭闹起来——那一刻，我的心一下子凉了：我的孩子根本没有正常人的感情和反应。

在北京孤独症儿童康复协会举办的培训班上，我见到了很多像儿子一样的孩子。

他们有的坐在一边不停地咬手指甲，有的隔一会儿就要离开座位到处乱跑，有的嘴里一直嘀嘀咕咕不知说些什么，问他话时看也不看你一眼。想到儿子长大就像他们一样，我的心不禁缩成一团。

在星星雨，我问一位老师：我的孩子如果训练得好会是什么样子？能不能上大学？

老师目光和善地看着我，慢慢地说：如果干预得好，应该能上培智学校。

……

我的孩子是一个孤独症患者！

对所有的家长来说，这都是一个难以接受的现实。

“看到孩子茫然的目光，看到孩子古怪的动作，再看看周围的孩子，我的心在滴血！接受孩子，做起来真的很难啊！”

“是，我们可以非常地爱他，但是我们很难很难做到完全地接受他。只有我们家人在一起的时候，仿佛一切都没有什么不好，可是当孩子面对家人以外的人，他的言行如此特异，和其他的孩子相比如此鲁钝，接受他就成了必须不断提醒自己的事了。想象他的将来，更是莫名恐惧。我想所有的不接受，只是因为我仍然有一颗世俗的心吧。”小玄妈妈说。

为什么一个“不正常”的孩子令我们如此绝望？有时候我自己也不能理解这一点。

在我们以往的生活经历中，一个“不正常”的孩子常常是一个被剥夺了基本权利的社会弃儿，别人眼里毫无价值的可怜虫。我的邻居大姐，一个“脑子有毛病”的姑娘，被父母安排嫁给附近农村的一个村民做填房，后来她喝农药死了，她的娘家人甚至不愿费心去分辨她是一般的中毒还是有意识的自杀。

当年在我们的班上，也会有一些“笨”孩子，有的孩子总是答不出老师的问题，有的孩子直到小学毕业还在流鼻涕啃手指。他们理所当然地受到老师的忽视和同学的嘲笑——当然并没有人故意想去伤害他们。但是现在的情况却变得更糟糕：如果一个班里有一个孤独症孩子，其他的家长首先提出的反对理由常常是：这个怪孩子影响我孩子的成绩！在一个成绩至上的教育体系里，在一个精英至上的等级社会里，很多人已经变得无法容忍另类种群的存在——这个“很多人”有时候包括我们自己。

对于孤独症患者而言，情况更为不利。由于国内没有孤独症儿童的定残标准，他们只能按“智力残疾”或“精神残疾”来申请各种福利和入学上的照顾。小小年纪就被定为“傻子”，这是家长难以接受的。对于那部分智力正常、看起来聪明可爱的高功能孤独症儿童，这样的界定更是显得不合适。

事实上，目前国内的定残标准更适合于成年人，而对于儿童的成长发育障碍则显得束手无策。有鉴于此，中国著名的孤独症专家陶国泰教授一直主张：将孤独症作为单独的残疾类别列示。为此，他在2003年即将卸任中国康复协会（智力残疾）专业委员会委员时特别向协会提出报告，希望能将智障专业委员会改名为智障及孤独症专业委员会，加强对孤独症的康复研究，在将来适当的时候成立专门的孤独症专业委员会。

在接受我的访问时，80多岁的陶教授谈到孤独症为中国医学界接受的过程仍然记忆犹新：“我1943年在美国加州做儿童精神心理学研究生，1983年在国内第一次发表了婴儿孤独症的诊断和归属，将之归为广泛性发育障碍中比较典型和常见的一种，附了四个典型病例，但当时没有引起重视。90年代初外国学者来访问，我们的医生还说中国没有孤独症，让外国人感到很奇怪。1990年，我在美国发表文章指出中国也存在孤独症，但由于儿科医生和儿保医生的传统观念，对于非器质性的缺陷无法做出正确诊断，经常当作精神发育迟滞、多动症、精神分裂症误诊。直到1995年以后，大家的认识和诊断能力得到提高，这种误诊才越来越少。”

这同样可以解释近年来国内孤独症的诊断量为何急剧上升。

诊断量上升的另一种原因可能是标准掌握过宽出现误诊。南京脑科医院儿童心理卫生研究中心副所长王民洁医生说，孤独症本身有不同的类型，比如疑似、倾向、亚斯伯格等。如果严格按照诊断标准来，是不会有大量的误诊的。但也有另一种情况：孩子在生长发育的某一个阶段，出现类似孤独症的症状，但并不是由于孤独症造成的，而是另有其他的原因，比如心理上的问题。诊断量表不是唯一的依据，还要依据和家长、孩子的接触与观察。一般症状典型的诊断用不了多长时间，但如果不十分典型，就要多观察一段时间（2～3个月）。

另一种可能是医生的专业背景不够导致的误诊。做出孤独症诊断的医生应具备以下两个条件：一是儿童精神科专业背景（不是普通的儿科医生）；二是具备发展心理学的基本知识。现在有些儿保医生也做心理发展行为干预，他们虽然接触孩子比较多，但对儿童心理发展中的行为问题认识不清，可能有误诊的情况出现。

针对社会上对孤独症儿童的不接纳态度，陶教授特别劝导说："孤独症既然已经客观存在，怎样对这些孩子进行早期康复训练是关键。孤独症孩子并不是一个没用的废人，相反，事实证明，很多孩子经过发现和干预改变很大，随着年龄的增长至少在某些方面是有用的，无论是对于社会还是家庭。"

陶教授说："虽然（被确诊的）孤独症儿童中有70％的孩子智商在70以下，但在某个方面会出现'智慧的孤岛'，如记忆、音乐等方面。一个孩子有没有用处不在于他的功能高低。低功能的孩子经过教育可以做简单工作，在家里能让父母满意。如果放弃或者抛弃孩子，让他自生自灭，高功能的孩子也可能变得没有任何用处。"

在内地，由于担心受到外人的歧视，很多家长不愿让别人知道自己的孩子是孤独症患者，只想悄悄地把"病"治好，然后把孩子若无其事地放回正常人中间。

"有些家长一心想的是不要让别人知道。如果不让别人知道，好多路已经堵死了，比如资讯和别人的帮助。所以应该让对你孩子有影响的人知道。如果你瞒，就会总怀疑别人在说你，心态越来越不好。"方静这样劝告家长。

对于来往于台湾和内地之间的兔仔妈妈来说，这个问题似乎已经成为过去——她在前年为孩子领了残障手册。

"残障手册可领可不领，在这件事上，我只微微挣扎了一下，只一下下，我就决定放下包袱。因为不知道在什么时候，兔仔可能说退化回去就回去了，我们必须做好万全的准备。有了这本手册，任何时候回去，兔仔都可以立刻接受所有的资源服务而不需要等待。万一我们再穷一点，每个月还可以领取生活补助金呢！虽然，在亲眼看到兔仔的照片被贴在手册上时，我在一瞬间红了眼睛鼻子，所幸照片里兔仔的微笑宽慰了我，那微笑仿佛在对我说：亲爱的妈咪，无论你做了什么决定，我都能理解！

"生活教会我务实，任何事任何时候，我只会把兔仔的需要摆在最前面。说真的，我没时间多愁善感。"

与很多家长相反，康康妈妈的选择是在有必要的情况下告诉周围的人：我的孩子有问题，我们需要帮助。

她在一家大型IT企业工作，需要经常加班。但是照顾这样一个孩子又使她不能够每次都留下来。无奈之下，她在单位的BBS上发了一个帖子，说出真相，请求大家的谅解。很快，她收到了很多表示慰问和愿意帮忙的帖子，有人还打印了有关孤独症的资料放在她的办公桌上，没有留下名字。当她因要去照顾孩子不能在周末加班时，同事都表示理解并分担了工作。

在一次单位组织的旅游中，由于康康在禁食（一种针对儿童食物过敏的治疗方法），应康康妈妈的要求，所有的人都自觉地不在孩子面前吃面包和馒头。一天午餐时，服务员送上来一盘赠送的小馒头，一个男同事趁康康不注意赶快把它端到另一张桌子上。等康康发现冲过去抢吃时，小伙子已经把馒头塞进了自己的嘴里。边上的同事们鼓掌大笑……

北京大学心理研究所儿童心理咨询师易春丽建议家长："如果希望孩子好转，那么父母就必须先学会接受孩子。接受不是就认命了，我们是在传达即使他有这样那样的缺点，我们也喜欢他。这是一种无条件的积极关注，他要能感觉到爱，才能和父母产生感情。""接受不会使家长轻松，这是一个痛苦的历程，接受是一种更高层次的蜕变。对于家长心理的调整很重要的是：只有学会看到孩子好的方面、进步的方面，才可能使得你的心境变得更好。"

我的孩子有什么价值？

我工作过的一家报纸上写着一句醒目的广告语：和有价值的人在一起。

在这个时代里，每个人都在追逐价值：新闻价值、实用价值、交换价值……

那么，我们的孩子，他的价值在哪里？是他的孤岛智慧，白痴天赋，他的无忧无虑，还是他训练后恢复的"正常"功能？

每个人的答案并不相同。

孩子让我更美好

第一次知道田惠平是大约七八年前在一本妇女杂志上：四川某大学一位女教师，为了给孩子治病，辞职跑到北京，开办了一家专门训练孤独症儿童的学校。单身母亲—残疾儿童—NGO，几乎是一个完美的爱心故事，一位伟大的母亲。

可是田惠平却对我说："如果命运让我重新选择，我不会结婚，不会做母亲。这种一生的责任我承担不起。"

"你知道吗，十年来我的生活中没有别的，只有这个孩子。"

没有人能够体会这句话里的全部辛酸——在你见到她的儿子之前。

第一次看见她的儿子杨弢，我吃了一惊：印象中应该是杂志上写的那个天真幼稚的孩子，但眼前却是一个身高一米七以上的大小伙子，和妈妈并肩而立时脸上表情严肃，有一种不怒而威的劲头。那是在一期星星雨家长培训的毕业典礼上，一直跟我们说"要接受自己的孩子，要把他带出去"的田惠平带来了她自己的孩子——一个十七八岁的沉默不语的孤独症患者。

在他在场的几分钟里，他常常偏着头，眼神始终游移不定，仿佛要与这个世界尽量隔开。

第二次见到杨弢，他正坐在星星雨吴良生老师家的长沙发上。吴老师说："田惠平有时候出差，杨弢就在各位老师家里打游击。还好，他已经习惯了。"

19 岁的杨弢沉默地坐在沙发上，他严肃的表情吓坏了我的儿子。他说什么也不肯走近杨弢问好，哭咧咧地抱着我的胳膊说："回家。"

我教他说"哥哥再见"，然后摆手。他立即照办了。

当我们快要走下楼梯的时候，我看见杨弢飞快地瞟了我们一眼，摆了一下手。

看到更多的大龄孩子之后，我才明白杨弢其实是一个受过良好教育的孤独症患者。我见过像他这么高大的男生一下子躺在地上，或者突然冲向什么东西，一般人根本就拉不住，这种令人痛苦的事足以令父母精神崩溃。而杨弢知道自己在做什么，安静友善，没有明显的攻击性。

田惠平曾经苦笑着对我说，认为杨弢好的都是和他语言不通的外国人。

但他也许还是要终生成为母亲的一个负担。那么，他的价值在哪里？如果没有这样一个孩子，他的母亲是不是应该可以生活得更好？

"我们总想，如果没有这个孩子我会更加幸福。其实这只是假设，我们周围没有这样孩子却活得很不幸福的人太多了。"

田惠平给我讲了这样的一个故事：

"我 1986 年被公派到德国留学，那时国外见到的中国留学生简直是凤毛麟角。

在德国，我认识了一个留学生，我们一起搞过联欢活动。他回国前送给我一盘磁带，里边有《我的中国心》，让我在想家的时候听听。这么一个优秀而又热情的青年是谁呢？就是厦门远华大案中落马的原厦门海关关长杨前线。当我在电视里看到他被判死刑的时候，我就想，如果他有一个孤独症的孩子，他会走一条怎样的路呢？其实，是我们的孩子在拉着我们不走邪路，让我们连做坏事的时间都没有。我们因为这个孩子而看到自己伟大的一面。因为这个孩子，我们拼命地向内心深处挖掘、思考着对公平、正义、生命的领悟，对生命中美好的东西产生更多留恋。”

田惠平甚至不同意“孤独症是一种缺陷”的说法，她更多地认为“这只是杨弢这类孩子的特点”。

“作为我的孩子，他的价值就在于：他告诉我们，人和人是那么不一样。如果没有我的这个孩子，我可能不会去想：这个社会里有一些人有自己的特点，并且因为他们的特点而带来了特殊的需求。而我们这个社会，当我们只考虑到大多数人的时候，当我们忽视他们的时候，我们是不是直接地伤害到了我们每一个人作为人的尊严？作为所谓的‘正常人’，我们一味简单地贯彻我们自己认为是正确的东西，这是很危险的。家长自己首先要放弃这种做法，我们才能要求一个宽容的、有接纳性的社会。”

也许正因为如此，承担不起的她还是在继续承担着，用她娇小瘦弱的肩膀。

他用残缺帮助别人

——我们的孩子有什么价值？

在来到另一家孤独症训练机构“以琳”的第一天，我把这个问题提给方静和同桌的另外两家家长。

这个时候，石头不在饭桌上，他正被小玄缠住不放，两个孩子到外边去玩了。13 岁的石头也长到和妈妈一样高了，穿一件清爽的 T 恤衫，看上去斯文而又俊朗。而 6 岁的小玄则是一个闲不住的淘气包，一上来就要玩筷子和汤匙，弄得满桌叮叮当当乱响。

石头是家里当之无愧的中心人物。他爱妈妈，崇拜爸爸。正在香港读博士的爸爸是石头的骄傲，他经常在网上和爸爸聊天，甚至还很主动地问来采访的记者："你是博士吗？我爸爸是。人一定要当博士。"

每次和爸爸分别时他都对爸爸保证："我一定照顾好妈妈。"

"不能用一般的价值观来看待我们的孩子。我们这些孩子是用他们的残缺去帮助人。没有石头以前，我是那种不太关心别人的人。现在别人的孩子考上重点中学，我会真心地去祝贺他。且不说没有石头就不会有以琳。这个世界不可能每个人都是参天大树，一定要有人做灌木。这个万分之几的发病率是我的孩子承担了，别的孩子不就不会有这个病了吗？

"就家庭来看，尽管因为石头，我们一家走过了一段特别艰难的路，但没有这个孩子我们就会更幸福吗？依我的脾气，也幸福不到哪儿去。现在我和先生不是普通意义的夫妻关系，也不是消极的一条藤上的两个蚂蚱。我们是生死相依的，有兄妹情、父女情，有时又像母子，又有搭档的感觉。我们一辈子都分不开，彼此认定就是对方的至爱。我们是更加相爱了。现在我们能走过来，而且一起来做以琳，是这种复杂的情感支持着。他总是默默无闻地做很多事，把名让给我。我们是完全融合在一起的，而这全是儿子带给我们的。

"我觉得儿子给我的快乐和一般正常孩子是不一样的，每天他都会给我进步的惊喜。现在我的同事们常为无所事事而痛苦，我一点也没有。他是上帝给我的最好的礼物，让我现在那么'富有'，在全国各地有那么多朋友。我也有很大的成就感。"

方静含笑环顾周围的朋友——这一桌上的另外几个人分别来自北京、上海、福州、青岛。来自上海的全华是东方卫视的编导，康康一家来自北京，小玄一家专程从福州开车过来，还有以琳的两位老师……

如果没有以琳，没有孤独症，我们恐怕永远不会坐在一起。

方静讲述的历程，很多家长都有真切的体会。康康爸爸说："康康的问题诊断以后，我一开始蒙了。清醒过来之后，我就意识到孩子需要我们两人一生的努力，下决心再苦再难也要做下去。有这样一个孩子，我们夫妻、父子、母子之间不得不去经常交流。我们都是30多岁，在社会上也有点地位身份，整天忙个不停，如果没有这样的孩子，夫妻之间很可能会出一些问题。而康康给我们带来的好处就是让我们感情更稳固。还有，因为有这么一个孩子，我的为人处世态度都变了。在公司有些员工做得不好，我不会马上处理他，一定会给他机会。时间长了，人家倒觉得我这个老板待人不错……”

在吃饭前，康康爸爸倒茶时很自然地先倒给自己的妻子；而在另一次午餐中，他要了两只螃蟹，一只给我，另一只给康康妈妈，自己却说什么也不吃。

“是小玄让我从原来的庸庸碌碌和流俗中走出来，见证了一种新生活：可能很艰难，但一定是有意义的。”小玄妈妈说得不多，但和小玄爸爸的意见却是高度一致，“每个生命都是有价值的，孩子尤其是这样，只是我们大人没发现。”

卡琳·麦特森，一位残障孩子的母亲这样写道：“我们居住在一个破碎的世界，我们这些不完美的人鄙视那些和我们不一样的人。但我们的价值在于我们是谁，而不是我们长什么样或成就了什么大事。从这个角度看，那些残障的人其实和我们这些短暂有能力的人没什么两样。”

——我的孩子到底有什么价值？

每个人都有自己的答案。对于我来说，这个生为另类的孩子正在改变我的一生。我将终其一生去寻求自己的答案，就像我们永远不停地追问生命的意义一样。

星星雨手记

燕子

第一次到星星雨的时候，我看见了一窝燕子，栖息在庭院中的塑料天棚上。

燕子总给人一种家的感觉。这里，是这些像星星一样孤独的孩子们的临时、抑或永久的家园。

每年都有一百多个孩子由家长陪着，千里迢迢而来，在附近赁屋而居，来这里上课、训练。他们在短短几个月内形成一个小小的群体部落，几个月后又如雨散星离般，在茫茫人海中无声无息地消失。在这里，他们拿到了一生之中第一个、也许是唯一的一份毕业证书。星星雨的档案里保留着他们的训练记录，墙壁上有他们留下的美丽剪纸。短短几个月的训练也许不足以改变孩子们的命运，但最起码给了他们一个机会，一个通向正常生活的小小门口。

三个字

在382路俱乐部站，常有一位骑三轮车的老人等在路口，似乎是专门等我们的。

2002年，从8月到11月，在这一年中最安详美好的季节里，我和儿子每天来往于通向星星雨的路上。最后的一段路，我们通常是坐在三轮车上，或者步行。

早上，我们心中充满渴望急急地赶路；晚上，我们疲惫而兴奋地归来。那一天，坐小公共回来，一路对儿子唠唠叨叨讲着刚刚发生的事：去哪儿了，和谁谁一起去的，看见什么了，碰见谁了……别人肯定以为这个妈妈不太正常。

老师说：语音刺激是必不可少的，孩子只有多听才会多说。

儿子的眼睛一直看着窗外，两条小腿一甩一荡的，仿佛根本没有在听。

忽然，他转过身子看着我，笑嘻嘻地想了一下，很用力地说：

“喜！欢！妈！”

这是他第一次主动说出三个字。我激动地问：“宝贝，你是想说喜欢妈妈是不是？！”

他看着我，再一次重复：“喜！欢！妈！”

依然只有三个字。

我扭头向外，扬起脸，不让泪水流出眼眶。

九月，阳光灿烂。好风如水。

第一节个训课

D组的孩子个个都有语言，有几个说得特别清楚流利。比如我们旁边的轩轩，每次见到宝宝都大声喊道：乐渔，快过来！

有一个6岁大的孩子甚至会写字画画。

相比之下，宝宝什么也不会，还总是爱哭。别的孩子声音大了，老师注意他了，他都会扁起小嘴作抽泣状，随时准备哭出声来。

有一周之久，吴老师总是让别的孩子到他面前来上个训，而不叫我的宝宝，我的心里很不是滋味。

第二周，老师终于把目光投向了他，用一种很亲切随便的语气叫他的名字说：到前面来上课。

宝宝哇一声哭起来。

老师走到他面前，蹲下身子，看着宝宝说：我们在这里上课——你看这是什么？他举起手里亮晶晶的塑料小蝴蝶。

宝宝还是扭着身子哭，但是眼睛却看了一下蝴蝶。

老师马上把蝴蝶丢在地上，指着蝴蝶说：你把蝴蝶捡起来，我们就下课。

宝宝不太懂“下课”，但他本能地伸手把落在地上的三只蝴蝶捡了起来。

真棒！好了，我们下课！老师笑容满面地站起来。宝宝在星星雨的第一节个训课就这样结束了。

——你不想教他点什么吗？

——我想教的他已经学会了。

你快乐吗？

周五的下午没有课。吴老师来到我们身边，他问：孩子为什么总是不快乐？

我愣住了：从来没有人问过这样的问题。我们总是操心他这也不会那也不会，从来没有人关心过一个4岁半的孩子为什么总是紧紧拉住妈妈的手，害怕什么似的侧着身子，脸上没有一点笑容。

我这才意识到以前长达四个月的住校生活给他带来的伤害——他因为完全不理解发生的事情而产生了多么严重的挫折和焦虑（为了向单位请假带孩子来星星雨而拼命赶工，我不得不把儿子寄托在学校）。

在星星雨的这个长长的假期，就算是一个迟到的补偿吧。

主动降级

过了两周，吴老师通知我们调整到A组。这是程度仅次于D组的一个班。

我不愿意，一方面是舍不得刚刚熟悉的老师和同学，一方面是觉得面子上下不来。我觉得宝宝程度不差，跟得上。

下一个周一，我还想带宝宝找老师再要求一下，没想到宝宝看到A班的教室门开着就跑了进去，坐在粉红色的塑料椅子上不走了，在这些不那么聪明外向的伙伴中间他反而感到分外自在。

吴老师知道后，说了一句意味深长的话：没有人喜欢有压力的环境。

星星雨和以琳是国内孤独症专业训练机构中较为知名的两家，它们的创办者田惠平和方静都有一个共同的身份——孤独症患儿的母亲。关于她们千辛万苦创办机构的故事，可以写成另外一本厚厚的书。她们两个人有很多共同之处，她们是我们在生活中经常可以遇到的那类女人，聪明、美丽、争强好胜。在命运的意外打击面前，她们焕发出的超人的激情、精力、才能、魅力，影响了一批人，拯救和改变了很多孩子、很多家庭的命运。

星星雨：做行业的引领者

问：星星雨好像是你的另一个孩子。你对它的现状还满意吗？与其他后起的机构相比，它的规模好像没有很快地扩大，为什么？

田惠平：我们不在规模上比，十年以后再看。我认为一个机构发展好坏与规模无关。一个机构好与不好由很多评价的指标构成，需要独立第三方的评估。从2002年~2003年两次外部评估看，我们得分低在没有外部监管机制，比如理事会、专门的审计。这一点我们正在改进。星星雨正在和美国的一个专业机构合作筹建理事会。

星星雨的发展体现在：一是专业化，就是我们的ABA教学法。很多新的机构现在专业化能力很弱，而我们在这方面得到了国际上的认可。我们专业化的发展没有一天放松。外国的专家走进来一看，他们直接说：你们在做ABA。二是NGO化。这其实说到底不是钱的问题，是组织能力的问题。在这方面，我们是成功的，我们提供的服务质量都是得到认可的。只有这样的信誉才可以吸引捐款者。

我们正在做未来三年的规划，要做三个月，由美国福特基金会赞助、由PACT（做能力评估与建议的一个机构）帮助。首先是对自身发展做一个分析，全体员工都要参与讨论，等到所有的信息出来再分析、再讨论一次。如果说星星雨未来的发展战略是什么，我现在回答不出来，但我们有一个目标：要做行业的引领者。

问：星星雨教师的收入并不高，但很多骨干教师一直在这里工作。你靠什么留住他们？

田惠平：我对每一个来应聘的员工都说：在中国做NGO特别难，你做不做？再难也要做下去，只有认可了这一条才行。在星星雨，没有老板和员工的区分，只有不同的岗位。我们解决不了户口，工资也不高，但我们有理想和为理想追求的机会。

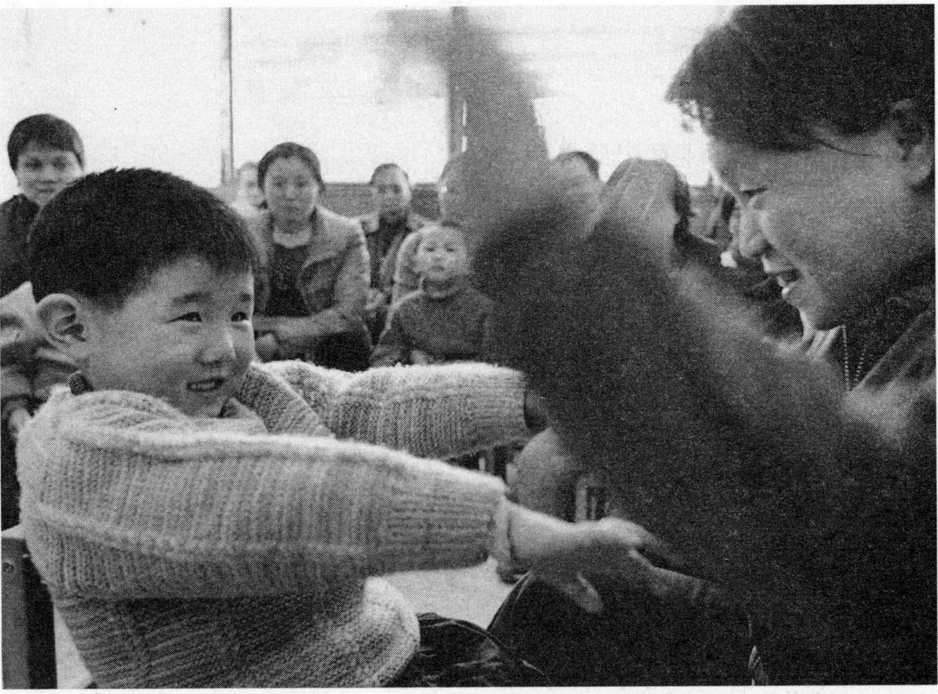

2003年3月17日，北京星星雨教育研究所的老师在指导患有孤独症的儿童进行行为训练。
（陈建力/摄，图片来源：新华社）

作为一个NGO，十年来，我们压根就不是人才流向地，但我们也练就了一个本领：只要你有一分钟的热情，我就想办法把你的热情延长。十年来，我做的就是这个工作，我会特别努力。我们前后来过三批教师，第一批六个人留下两个（溥云莉和王秀卿），第二批四个人全留下来了（这两批全是从幼师招的），第三批十个人中有九个人留下来，其中一个是走了一段又回来了。

以前人家还担心我们的老师不好找对象，结果该嫁的都嫁出去了！现在王老师生小孩了，安老师怀孕了，李老师结婚了。我们的姑娘特别有爱心，她们谈恋爱都有一个前提：对方要喜欢她教的这些孩子！

问：星星雨自称是NGO，但又在工商部门注册，向家长收取学费，它的公益性如何体现？

田惠平：我们的做法——一是财务公开，二是我们的章程中规定机构财产不属于我本人，它属于全体员工，是一个公益财产。如果万一有一天星星雨关闭，我们会讨论决定把它捐给一个同样性质的机构。除此之外，我们还在捐款中设立家长救助金。今年开始，在不指定用途的捐款中有20%直接进入家长救助金。在中国NGO发展的外部条件非常恶劣的情况下，机构的自律太重要了。

星星雨以前也有插队的现象，后来我们规定了很严格的制度，由一个专门小组负责按报名时间排队，如果要提前必须陈述理由，然后由全体小组成员决定。为这个我们得罪了很多人，连我父亲给我打电话走后门都被我拒绝了。还有人说让他们提前来吧，他给我们捐款。我们的回复是：我们欢迎捐款，但这和你的孩子的训练时间安排没有关系。我们要从机制上杜绝腐败，自己监督自己。

以琳：做一个全新的教育模式

对于以琳未来的目标，方静说："有两个方面，从家庭来说，我们尽最大的可能给来过以琳的孩子以爱和帮助；从专业性的角度，我们可能是自己做全国各地，或是别人做，做出适合中国孤独症教育治疗的一个模式。不仅是6岁以内的孩子，还包括他们长大以后的安置模式。""我不想过分拘泥于一个方法。我就想做出一个模型，每个人都能用。"

让孩子没时间自闭

以琳现在在青岛市四方区的一幢三层尖顶小楼内，大门外没有任何明显的标记。感统室、淘气堡、电脑室，除了个训室以外，这里看起来更像一所正规的高级幼儿园。

“我们没在外边挂牌子，其实是不想给家长太多压力。”方静说。

这也是以琳在第四次搬家之后找到的一处栖身之所。

谈起以琳创业的历程，方静感慨万千：“一开始就是四个孩子，内容也比较简单，个训、剪纸、画画、做操。后来发现这些孩子很喜欢音乐，就加上音乐课；再后来配了两台电脑，又有了电脑课。现在好多了，以前的邻居不愿意我们带孩子出来活动，嫌吵。后来搬了家，有地方做感统了。最近一次搬家的时候，整个课程的模式已经出来了。我还在不断调整课程的内容。”

她有一个著名的观点：要让孩子没时间自我封闭。

“以琳的很多孩子刚来时程度都是很差的，现在比较好是因为连家长在内整天一个半人在围着他训练，一天八个小时，他基本没有时间自闭。而且我们的训练已经多样化。”对于“有没有可能训练过度”的疑问，方静这样解释：“我们很注意针对不同能力的孩子分组和设计课程。差的孩子分到另外的组，课程会不一样。只有一、二、三组才有语言课、数学课，其他组别的孩子更侧重自理能力的训练。”

很多家长带孩子到机构训练的目的之一就是让孩子将来能上学。方静觉得：“以琳一组的孩子差不多都可以，二组就差一点。如果他们能训练长一点时间，完成升组，而不是急于走就好些。”

挖人和留人

以琳要发展，在这方面，方静的“野心”很大。

“我现在对专业服务机构说：我想要聘请专门做孤独症的特殊教育教师，儿童心理学、教育心理学、发展心理学、普通教育学等各方面的专家，还有普通幼教中经验丰富的美工老师、音乐教师，还希望有医生来讲一些儿童生理学。要让我们的教师提高水平。”

说起挖人和留人，方静也有一套“绝招”。比如在以琳号称“四大美女”之一的小雅，就是方静从教堂里挖来的。

“我去教堂讲道，她在下面听得泪流满面。我和她一谈，发现她是青岛大学的学生，我就请她来帮我的忙，现在已经‘帮’了一年。”

以琳负责教学的李国香是这样被打动的：“三年前，李国香第一次来这里来做教师，她是我们招来的第一个大专生。我去了加拿大两个月，回来一看，这个小姑娘没逃走还在做，而且脸上有笑容，我就跟她说：再过几年，你起码可以做个教务处长的，那时我们会有 40 个教师……现在她不是做得很好么？这个当年给她封的职位现在已经实现了。我对刚进来工作的教师说：你们努力吧，明年会有更重要的工作给你。今年他们都当‘官’了。”

“要给人以希望”是方静常挂在嘴边的一句话：“对那些家长请来的家教我也说：我们还需要专职的保育员，只要你们拿出大专学历也可以做正式的老师。对正式的教师我说：我们会成为大学的实习基地，成为全国的一个典范，在这方面，你们是最优秀的人。我放权给他们，结果是自己的压力空前减轻。我们的搭档都很好，包括看门的老大爷都很负责。以琳人的团结给我很大的成就感。”

以琳在 2003 年年底开始把收费调高到每月 1 500 元，同时吸收了一部分捐款，大大缓解了资金紧张的情况。“以琳现在不缺钱。今年开始我们已经持平，有捐款的话会作为发展金。多收的这个钱要花在教师身上，给他们涨工资。”方静解释。

以琳在组织管理模式上也有自己的特点。

“关于以琳的管理模式，我们一开始就有理事会。报表都是严格按财务制度做的，审计也是请最好的会计师来审计。对外筹资这一方面是石头爸爸负责的，我们现在跟很多国际性的基金组织都有联系。”

“很凶”的小女人

没见过方静的人大都把她想象成一位 40 多岁、声音洪亮、爱憎分明的山东大姐。而眼前的方静，穿一身浅蓝套装，浓密的长发烫成起伏的波浪披在肩上，身材窈窕，皮肤微黑，眼睛闪亮，只有几丝白发泄露了她的年龄。

一个女人支撑一个机构，难处可想而知。

“我见过她和卖家具的讲价，她很厉害的。”一个家长悄悄告诉我。

“没办法，要应付的人和事太多。”她说，“有一段时间，附近管事的人专找吃饭的时间来说事，然后说：吃饭时间到了。我说那么工作餐吧。结果就在大厅里，和孩子、家长们一起排队领餐。吃了十几天以后就不来了。物业公司要收我们一年8 000多元物业费。我一说太高了，马上有人说那我们找个地方坐坐，边吃边谈。我一想还是算了吧，该多少是多少。”

在以琳的网站上，明确写了一条：凡是送红包的家长，一律请出以琳。

“很多新来的家长，特别是去过别的机构的家长胆子都特别小，怕得罪老师，经常要送红包。有一次家长送红包教师不收，那个妈妈当场就哭了，她以为教师嫌少或者是送晚了。对这个，我说得特别凶：你要送红包你就带着孩子走人！我们的老师都年轻啊，不能这样，这样就把老师害了。”

有一次一个家长打听到我没有车，直接送了一辆车给我。他把车开到以琳，把钥匙放到我的桌上，说：借你开吧，不用还的。我说我不会开，也不能接受，如果一定要送，孩子就永远不能进来。他愣了半天说：“怎么这年头还有这样的人？！”

方静的心很软，但嘴很厉害，看到认为不对的事就要说，一点不怕得罪人，但有时候也确实得罪了人。

“有的家长很气人，他的孩子程度不错，他就不许低功能的孩子靠近他的孩子。人家低功能孩子的家长就哭到我这里来，因为他话说得很伤人。他跟我们教师也说：这样低功能的孩子我连见都不想见！我就找那个家长谈，说：你这样做，你的孩子将来上正常学校怎么办？人家正常孩子看你的孩子也就像你看别人的低功能孩子一样！你这样怎么和别人打交道？你可以穷，可以笨，但不可以自私。我真的很愤怒，很看不惯：我们都是同命运的人，你还硬要分出个高和低！”提起这件事，她仍是愤愤不平。

当问到以琳现在最大的困难是什么时，方静说：“除了我自己的困难，我不觉得有其他更大的困难。有大家的帮助，以琳会有更大的地方，更好的房子。困难更多地来自我自己，我的精力不够。石头在我的生命中地位太重要了，我不能离开他。一天除了睡觉，我清醒的时间有18个小时，这其中还有2个小时在路上，2个小时吃饭，其他的时间中，我至少要有6个小时给石头。”

除了现实中的母亲、机构负责人、大学教师三个角色外，她在以琳网上还是一位尽职尽责的版主。她的管理极为严格，回帖及时，删帖毫不留情。作为一个公开的BBS，以琳网上几乎没有出现过广告帖和口水帖。这不可避免地招来种种不满和非议，但她不为所动，从不示弱。

除了孩子和书的事，她在网上留言和我交流最多的，是怎样在出门前和老公告别之类的“闺房私语”。也是在后来，我才发觉她是一个多愁善感而又争强好胜的女子，她的性情中的坚强和脆弱几乎是一个硬币的两面。

“有机会的话，我还想做个小女人，现在这样有点不男不女的。”她有点不好意思地说，“如果我能和先生团聚的话，可能会为以琳做得更多。”

方静的先生一直在香港，为以琳在海外筹款和宣传等方面做了很多工作。

因为爱，所以爱

这些特殊的孩子，催生了教育治疗这样一个特殊的行业，也催生了一个个美丽动人的爱的传奇。

千里姻缘

王秀卿正是做妈妈最为忙碌和狼狈的时候——她的孩子刚刚两个月大。

思源——这是老爸吴良生给女儿起的名字，因为他们夫妻二人的家乡都带一个“源”字，只是一个在山西，一个在广东。

1992年，做过几年小学教师的王秀卿经人介绍来到刚创办不久的北京星星雨教育研究所，成为星星雨最早的教师之一。在12年的教学生涯中，她经手训练了1 000多名孤独症儿童，并和其中不少孩子的家长成了朋友。2002年，她还受马来西亚一家孤独症训练机构的邀请前去做教师培训和指导。

1995年，浓眉大眼的吴良生成了星星雨仅有的两名男教师之一。后来另外一位男教师离开，他就成了唯一的“党代表”。大他一岁的王秀卿当时是他入门的“师姐”。

“在三个月的试用期内，到一个半月的时候，曾经想过不做了。一个是以前对孤独症太不了解，另一个就是面对孩子觉得不知该怎么办，没有自信心。我是学师范的，也带过班，但这种孩子太不一样了，挑战很大。”

吴良生还清楚地记得，他教的第一个孩子姓吴，是一个十来岁的广东孩子，个子很高，不会说话，也不听话，什么也不做，而且问题行为特别多，打头、咬手（家长说他从5岁起就是这样）。他的手掌边缘上都是咬出来的厚厚的茧子，下巴都已经变形了。

吴良生和王秀卿一起琢磨、商量如何帮助这个孩子。一开始，吴良生让他坐下来上课时，他一定要左手抱一桶薯片，而且必须是品客牌的，右手抱一瓶可口可乐。后来吴老师用替代法，先去掉薯片，把两样东西变成一样，后来用长条的积木代替可乐……经过一个多月的努力，他可以空着双手上课了。

三个多月以后，一天中午休息时，吴老师买了一瓶可乐，他看见了就来抢，吴老师就给他拿一个杯子，倒一点点，教他要先说：我要。经过30多个回合的刺激，他终于用喑哑的声音说了两个字：我要！

“这下把我乐坏了，赶紧继续。一小瓶可乐他喝了有四五十次，终于把他的瞬间语言巩固住了。”

八个月以后，这个孩子已经能够进行四五个字的仿说了。

“这下有信心了。其实我们的信心来自孩子的进步和家长的鼓励。”吴良生和王秀卿都特别兴奋。

从志愿者到专家

海伦有一个好听的中文名字：孟蔼宁。她通常在给中国朋友的信中把那个复杂的“蔼”字写得很工整。

1992年，海伦作为大学生到南京大学中美交流中心短期学习，以前在美国带过弱智儿童的她打算找一个类似的志愿者工作。在南京脑科医院，陆医生向她介绍了刚从中心毕业的8岁女孩张戈和她的家人。当时，张戈刚刚从普通小学一年级转到培智学校二年级。

根据医生的安排，张戈和她的爸爸妈妈每个星期五到中美交流中心来，让海伦和张戈一起玩。

“我的第一个感觉是她很可爱，我看不出来她有什么问题。我想部分原因是因为我的汉语听力有限。她当时一直在说话，但是我没有听懂，所以不知道她是自言自语。”

海伦从中美交流中心借来一个篮球，和张戈玩抛接球的游戏。后来根据训练的需要，海伦教张戈玩一种来自美国的图片配对游戏（Memory）和另外一个来自欧洲的颜色配对游戏（Colorama）。

“她真的是非常有爱心，对张戈特别好，在精神上给我们很大的支持。我们成了好朋友。”张戈的父亲说。

“我以前听说过孤独症患者住在自己的世界里。陆医生也讲了，他们的思维和我们的不一样，但是如果努力，也可以跟他们沟通。我觉得这个非常有意思，也是一个挑战。怎么跟她沟通，让她对我感兴趣，我想很多人对孤独症感兴趣就是因为这个，想互相了解，想进入他们的世界，最重要的是要帮助他们进入我们的世界。”

十个月以后，海伦回到了美国。她选择了东亚研究方向的硕士研究生，在课余还去学校陪护一个孤独症孩子，但是想要帮助张戈和其他中国孤独症儿童的念头一直困扰着她。1997 年，她终于改学特殊教育专业，并把对中国孤独症儿童的研究作为自己毕业论文的课题。她说：“我读博士的目的就是为了能够帮助中国孤独症孩子和他们的家庭。”

1998 年秋天，海伦回到了南京。在四个月的时间里，她每天都到南京儿童心理卫生研究中心去训练孤独症孩子，她采用的是刚刚在美国学会的 ABA 教学法——这也是国内最早应用 ABA 教学法的案例之一。

“我当时也刚刚开始，会做，不会讲，所以一般是我自己训练孩子，老师们来看我上课。”海伦觉得自己现学现卖的样子实在有趣。

在博士毕业以前，海伦所有的讲课和辅导都是不收费的，她的奖学金可以支付基本的费用。有少数的几次，比如在北京的一次讲座之后，主办单位送她一条漂亮的围巾，她高兴地接受了。

“我非常高兴有这样的机会和很多人分享一些知识，对我来说也是一个学习的机会，也是认识很多新朋友的机会。”

12 年来，她先后七次来中国，时间加起来超过了三年，是她青春年华的四分之一。

由于想看到更多的机构和孩子，海伦和 Eric 这次的行程安排非常紧。在 15 天的旅程中，他们先后参观了北京、南京、芜湖等地的孤独症训练机构。海伦去了北京星星雨两次——第二次是为 30 个美国特殊教育界专家做翻译。

“当然每个学校不一样，有的比较好，有的需要进步才好。”海伦认为就目前中国的情况来说，机构能提供相当合适的帮助，“如果说需要改进的话，那就是一对一（个别训练）的时间应当增加。现在是时间太短。如果每个地方都有专业训练孤独症的老师，孩子们得到专业培训的时间可以更长。”

提到中美机构之间的差异，海伦说：“最明显的差异是家长的参与。在美国有很多机构是专门培训孩子的，家长早上送，下午接（或者学校派一个校车去接送他们）。美国家长也有专门的老师和学校来培训，并且有很多不同的教育模式，包括上普通班、特殊班或特殊学校，也有专门为孤独症患儿开设的学校。而在中国由于专业机构少、师资缺乏，不少机构需要家长帮助训练孤独症儿童。有些家长为此辞去工作，带着孩子在机构长期训练。所以，我认为，现在中国家长的压力太大，任务太重。”“另外，美国机构用不同的方法，包括 ABA、结构化教学等等。总的来说，在美国做 ABA 的机构的一对一个别训练要比中国的机构多很多。这是因为老师多。我知道中国目前还很难有这么多老师。”

尽管中国机构在专业和规模上已经有良好的发展趋势，有越来越多的孩子和家庭在得到帮助，但海伦仍然担心：“不能接受训练的孩子，没有地方去的孩子，他们怎么办？家长很努力，孩子都在进步，但是也有很大一部分孩子因为种种原因不能得到很好的指导（包括家庭、机构），这让我很着急。看到一些新的机构成立，这给我一点希望。希望机构和机构之间可以互相学习，更快提高质量和技术能力。”

海伦有一头美丽的金发，张戈非常喜欢，和海伦在一起时总是用手摸呀摸的。临别的晚上，张戈一边摸着海伦的头发一边说：“明天就摸不到了。”海伦听了，泪水一下子溢出了眼眶，“我肯定还会经常来，我希望可以来得更多！”

中国的家长需要更多的帮助，他们需要像海伦这样的志愿者。一方面，志愿者可以到孩子的家里，帮家长带孩子，跟孩子玩，这样家长可以出去买东西、办事、稍微休息一下。另一方面，志愿者也可以参与教育活动，加入训练机构。比如说，在集体活动的时候，志愿者也参加，辅助孩子、鼓励孩子、示范等等。志愿者往往能减轻老师或者家长的负担。

在国内，像海伦这样的志愿者正在逐渐增多。

宝贝，我爱你

有一次在梦里，儿子突然开口说话了。他钻到我的怀里“妈妈，妈妈”地叫着，讲这讲那说个不停，脆嫩的声音好像是在唱歌。我惊喜地抱着他边哭边说：好孩子，你原来会说话呀，你急死妈妈了，为什么要吓妈妈？

我从梦中哭醒过来，推醒睡在身边的伟，告诉他刚才的梦。伟沉默了一会儿，告诉我他也做过这样的梦，有很多次了。

我们望着熟睡的儿子发呆，久久说不出话来。

随着孩子一天天长大，这样的梦慢慢消失了。因为我知道，即使他学会了说话，也永远不会和“正常的”孩子一样。

在我探访孤独症孩子的家庭的过程中，比较困难的是找到那些孩子年龄较大又恢复得较好的家长，他们本能地在回避自己曾属于那个群体的事实。当孩子上普通小学特别是中学以后，他们特别怕别人知道“这件事”。

这种心理甚至蔓延到一些接收了这样孩子的学校：他们生怕一出了名，别的孤独症孩子家长也找来，因而影响生源质量和学校名声。

但孤独症是不能回避的。我们的孩子在长大，总有一天，孩子会问你：我为什么和别人不一样？为什么我不能享受人人都有的快乐和尊严？

这个问题与其说是提给父母的，不如说是提给这个“正常人”主宰的世界的。

对于家长来说，这是一个艰难而必需的工作：帮助孩子理解自己和这个世界，并在两者之间建立正常的关系。有很多人愿意帮助我们，但没有人能拯救我们——除了我们自己。我们需要很多帮助，但首先我们自己要确认：我们的目标是什么？

到现在为止，国内还没有成年孤独症患者在一般岗位上就业和结婚生子的记录。即使是在国外，他们也大多数是处在有保护的条件下。也就是说，无论智商多高、才艺多出众，他们可能一生离不开别人的帮助，不管是家庭还是社会。在这种情况下，学会说话有什么用？会计算代数和背历史年表又怎么样？

学会说话不是目标，上学不是目标，混在正常人群中也不是目标。我们时刻要做的应该是以不违天性的教化，帮助他们实现与他们能力相适应的成长，同时，让世界了解和接纳这一部分人的存在。

孤独症这个名词来到世间只有 60 年，在中国，人们认识它只有 20 年左右的时间。幸运的是，这是天翻地覆的 20 年，是中国摆脱愚昧封闭、走向民主文明的现代化的 20 年，是中国特殊教育和社会保障体系走向现代化的 20 年。我们孩子的命运，取决于今后几十年中国社会教育、经济和社会保障的多元化发展。从个体看，取决于每一个父母有没有为孩子、也为自己竭尽全力。

我们要尽力推动每一个哪怕是细小的改进，不放过任何一个机会。

每一个人的生命只有一次，我们希望在他不一样的人生中，有欢笑，有奋斗，也有成功和失败。我们希望他能与这个世界友好相处，能感觉到自己的尊严和价值，最重要的是，能够爱与被爱，能够以自己的存在丰富这个世界的色彩。

我们是他们通向世界的桥，但他们终将属于这个世界。

他会有自己的生活方式，他可能整天在房间里上网，在一个小便利店里帮忙，或是在什么地方弹着钢琴、描着年画。那些我们看来枯燥无聊的东西是他们的至爱。他或许终能学会自己服药、购物、煮饭和找乐。如果他不能，我们要找到人来帮助他—— 一个人，一个机构甚至是一个制度。不管有多难，就是这样。

我死了孩子怎么办？

答案是不知道。我们穷其一生来做这个命题，但直到考试结束，我们都不知道它的正确答案。

无论如何，我们都会离开。没有人能在人生的学校里留级。那么换句话讲，无论答案为何，我们都会如期毕业。

就像大江健三郎的诗句所吟咏的——这是他为残疾儿子光的毕业曲作的配诗：

一切都在今天结束，
有一种感觉不可思议。
不可思议。
辛夷花在风中摇晃，

毕业了，
再见！
我们再见的时候，
你能认出我吗？
我能认出你吗？

当毕业和分别的日子来临，当千山月冷，归路冥冥，我们将像一阵吹过水面的清风一样不再相识。但是藉着彼此之间永不枯竭的爱，我们或许终会得到救赎。

——宝贝，我爱你！

（选自华夏出版社《蜗牛不放弃：中国孤独症群落生活故事》，
2007年4月出版，作者：张雁）

浴火金刚

——扑救衡阳“11·3”特大火灾纪实

2003年11月3日，湖南衡阳一栋8层商住楼发生大火。90多户400多位居民成功疏散，但20名消防队员殉职，多名记者受伤。让我们向死难者致哀，向那些英勇的消防官兵和无畏的新闻记者表示我们最大的敬意和最深切的问候。

8时30分：瞬间噩梦

最快速度冲到一楼车库器材摆放台，16秒内穿戴完毕全套战斗装备，全体登车半分钟内离开车库，迅速赶往火灾现场。只要尖锐而急促的警铃响起，这就是江春茂和他的消防战友必备的专业反应。

22岁的江春茂是衡阳石鼓消防中队战斗二班副班长兼司机，1999年12月入伍，火场实战经验将近4年，对于警铃的反应，已经磨练得“相当职业”。

11月3日清晨6时15分接警后，江春茂照例坐进2号车的驾驶室，在指导员钟林林的指挥下，与同班6名战友一起赶往珠晖区宣灵村失火建筑——永兴商住楼。平稳而灵巧地驾驶这辆6吨半的水罐车，江春茂得心应手，到达现场的时间，同车的钱建峰记得在10分钟之内。

这次任务可能的难度，钱建峰说，在出发的时候，大家多少有些心理准备。不仅仅因为失火地点在珠晖消防中队辖区，他们是第三批赶往现场增援的力量，最明显的征兆，是老远就能看见浓重的黑烟不断往上冒。

当时估计最恶劣的状况，也只是一次严峻的火灾。指导员还特地叮嘱战士们要小心，一旦发生危急状况，首先保护好自身安全。

他们是到达现场的第六辆消防车。跟随其后的，是石鼓中队战斗一班 7 名战士所乘的 1 号车。临江路上的两个消防栓都已经连接上长长的水带，拖在地上向火场周围和内部延伸。江春茂必须很小心地绕开它们，尽可能把车开到浓烟加剧的火场西面。选择最适当的位置停靠，是驾驶员首要的职责。

钱建峰说各自的任务在平时训练中有明确分工，在赶往火场的途中，指导员或中队长还会再强调一次。2 号车首先投入一支高压水枪，由指导员钟林林指挥，4 名战士跟随他一起搭消防梯，从西北面一层门面旁边的围墙翻入火场施行内攻。

钱建峰回忆，当时楼房一层仓库蔓延而上的明火，从西面已经清晰可见。塑料、电器、干辣椒等各种物质燃烧混合的刺鼻气味非常浓重。西面一层平房平台上的战士正在用高压水枪喷射，控制火势向上层蔓延。因为一层仓库全都是闭合的卷闸门，内攻就显得尤其重要。在浓烟、异味、高温水蒸气的夹击下，内攻必须使用空气呼吸器。一具呼吸器可使用 45 分钟，之后必须撤回车上换新装备，或先用身上的毛巾捂住口鼻作暂时防护。

1 号车到达之后，增加一支水枪用于西面内攻，西面楼房和平房之间的间距不到两米，火势的突然加剧，使得近距内攻危险性增大，更换了呼吸器重返火场的战士不得不暂时撤出。西面的最佳灭火位置于是只剩下平台，钱建峰和 3 名战友拿着一支高压水枪爬到平台的时间，大约在 7 时 40 分。持续的喷射，让西面的火势稍微得以控制。

消防员们的早餐——面包和矿泉水于 8 时左右送到西面的马路附近。8 时 25 分左右，江春茂和其他几名战友接替钱建峰等人的位置，让队友先去吃早饭。也就咬了两口面包，钱建峰说他准备重返火场，走了还不到 4 米，突然传来一阵闷雷般的巨响，西面的楼层猛然垂直坍塌。就在一瞬间，平台上的人被全部吞噬。同时遭到厄运的，还有从东面进入火场扑救的战士们。

钱建峰说，他一下子就吓蒙了，怔怔地站在原地，之后，眼泪刷地涌出来。

也就是短短的十几秒之后，幸存的消防官兵和 8 点左右赶来帮忙疏散群众和维持秩序的武警战士，哭着冲向废墟进行救援。

几秒钟之前还鲜活的一张张面孔，就在这一瞬间消失了踪影。

最后的搜救结果，20 名消防官兵在这瞬间的变故中牺牲，他们中最年轻的只有 17 岁。

第一起火灾

50岁的邹征莲现在随时都会号啕大哭。她住在永兴商住楼5单元314号，坍塌之后的剩余建筑里，依稀可以看见她家的半间房，只是已经烧得面目全非。

邹征莲和丈夫都是下岗工人，1998年按每平方米900元的价格买下了这套80多平方米的房子。房子的售价根据支付方式的不同有两种，900元和980元，前者是短期内分两次付清，后者是几年分期付款。96户人家绝大多数选择了前者，邹征莲也是如此。钱是她和老伴擦皮鞋、做零工辛苦积攒下来的。搬家的时候，全家人，老两口和两个儿子都特别开心。那种感觉，是“终于有了属于自己的家，以后的日子有了奔头”。

这是他们住进新房的第五个年头，前不久才刚刚给念到高二的小儿子买了台电脑。老两口虽然手头不宽裕，但想着儿子在衡阳一中那么好的学校，再想想可预见的更美好前途，咬咬牙也就添置了这件“高科技”。

五年里，楼下仓库的租户间或有所更换，不过存放的东西并无太大变化——塑料制品、空调电器，以及辣椒茶叶红枣虾米等各种荤素干货。“都是些一着火就特别容易烧起来的东西。”邹征莲现在会恨恨地这么强调。

楼下有的租户会关起门在里面用硫磺熏烤干货，也有警觉的住户发现，跟楼里的保安提过意见。不过因为楼里一直也没有发生火灾事故，加上房子周围的衡州大市场里有很多卖干货的人，也会这样熏烤货品，看得多，也就慢慢习以为常。

虽然这个回字形的闭合四合院形式的楼房看起来有些奇怪，四周大都为高高低低的商铺或民居环绕，许多楼层的采光和通风状况都不算好，出入路径也都散布在店铺林立的市场里，但大多数住户并没有觉得不方便。唯一能出入四合院的铁门全天有保安值勤，相比市场里其他朝向更为奇怪的商品房，这个8层高楼还是让许多居民觉得“很有面子，很安全”。

邹征莲记得11月3日凌晨5点多，她被楼下的吵闹声惊醒，以为是来了小偷，就和老伴一起下楼想看个究竟。结果看到的是一层仓库里冒出来的浓烟，同样穿着睡衣下楼的邻居们，以及更多匆匆下楼的人。铁门外停着一辆消防车，邹征莲说，看到车子，她当时就不怎么担心了，跟许多人一起，也退到铁门外站着看热闹。

觉得恐惧，是亲眼看到火苗蹿到了自己家的窗口，当时儿子已经关好房门下楼。“电脑要被烧了！”邹征莲于是什么都不顾地冲上楼，打开门去厨房接水灭火。“没有水，电也停了。”她说她刚想摸黑去厕所接水，火苗已经朝她扑面而来。“我的电脑被烧了！”邹征莲大声叫喊着，泪眼婆娑，全然不顾自己的额头已经被火苗燎出拇指般大的水泡，这个伤疤如今清晰地留在她的额头。

邹征莲说，她急得冲过去抢消防员手里的水枪，要往自己的房子里喷，不过迅速被制止。她说知道这样做不好，但当时是真的心痛着急。“那是我一辈子辛苦攒下来的，现在我怎么活？”全楼96户412位居民中，只有一户人家刚刚在9月买了3份保险。

5单元214的住户罗细兰更加懊悔，她说自己其实是最早发现起火的人。

从2日晚上开始，她一直在哥哥家打麻将，3日凌晨4点多才搭哥哥的摩托回家，当时铁门已经落锁。罗细兰说在铁门口就发现有烟从一层仓库冒出来，她大声叫保安开门，说起火了。她进门后一边上楼一边叫“起火了”，拍打自己的房门叫醒母亲和8岁的儿子。罗细兰说她们一家三口是最先下楼的，之后才陆续有住户也跟着下来。但是，罗细兰说自己并没有想到要打119报警，她说：“真是什么都没想，就想着人先下来，这房子以前从来也没起过火。”

而2单元404号的王研宋说，是他最先去叫的另一个保安室的保安，他踢了门保安才开。院子里有两个很高大的水龙头，平时可以接上水管冲洗天井地面，“水很大的，有茶杯口那么粗”。但保安说没有工具，打不开。之后，也是在他的提醒下，保安切断了北面三层配电房的电源。

混乱中，终于有人意识到要报警，但具体时间说法各有差异。

当日轮值的衡阳市消防支队119监控中心战士刘剑拿出他的记录本：接到的第一个报警电话是5点42分。刘剑说，根据报警人描述的情况，他根据经验做出的判断是，通知火灾所在辖区的珠晖消防中队，出动3台小水罐车。根据监控中心墙上张贴的警力调度相关依据，出动3台水罐车，是处理一般建筑着火的标准。

之后，监控中心的6条报警线路陆续有相同地点的报警电话。刘剑说，最后统计出的报警电话共84个。

第一出动和后续增援

珠晖区消防中队距离火场的位置，步行只需3分钟，是当然的第一出动。接警

2003年11月6日，各界群众为在湖南衡阳特大火灾中英勇牺牲的衡阳消防支队政委张晓成等7名消防官兵送葬。当日，湖南衡阳部分消防官兵和公安民警参加了衡阳消防支队政委张晓成、中校戴和熙、中尉钟林林、一级士官刘昌瑶、战斗员曾辉、战斗员李代伟、战斗员周忠君7名消防官兵的遗体告别仪式。公安部消防局局长陈家强少将和湖南党政军有关领导以及衡阳的各界群众代表上千人参加告别仪式。在这次特大火灾中，共有20名消防官兵英勇牺牲，11名消防官兵、4名新闻记者和1名保安共16人负伤。（殷菊生/摄，图片来源：新华社）

和第一辆车到达火场只相距 1 分钟，中队长李元明对战士们的行动力很满意。

中队的 3 台水罐车陆续出动，依次为 3 吨的 2 号车、5 吨的 3 号车和 3 吨的 1 号车。2 号车从两旁高楼林立、横挂着“衡州大市场水产一条街”的通道到达铁门附近。这条介于大富豪家具城和万国家具城之间的通道只能勉强容纳一台消防车进入。大富豪家具城西侧与一个小旅馆之间的通道原本也能通行一台消防车，但不知何时被人为用两个大水泥墩阻隔。

2003 年 11 月 9 日，追悼大会上的烈士遗像和他们的事迹介绍。当日，公安部、湖南省委、湖南省政府在湖南衡阳举行“扑救衡阳‘11·3’特大火灾英勇牺牲的革命烈士追悼大会”。衡阳各界 2 万多名群众参加了追悼大会。（龙弘涛 / 摄，图片来源：新华社）

3吨水的概念可以这样比喻，其大小类似一个边长为1米、高为3米的立方体，可支持一支标准口径（2厘米～3厘米）的高压水枪连续喷射的时间在10分钟之内。2号车使用的正是一支标准口径的高压水枪。

10分钟之后，2号车沿原路撤出，寻找附近的消防栓补给供水。它的位置由3号车接替。2号车随后从偏东的另一个路口，位于万国家具城和东方名优家具城之间的通道前进，在第一个路口右转，到达距铁门十几米的天桥通道下方，这里正好有一个消防栓。1号车则绕到北面东站路小学附近的另一个可以进车辆的通道，停在三层配电房东面路口，这个路口两侧各有一个消防栓。

火场附近共有7个消防栓，距离最远的是广东路上珠晖中队斜对面的一个消防栓。除了前面提到的3个，还有3个分别位于临江路万国家具城斜对面的路口，往西50米万国地板超市附近，以及东站路小学附近路口。

李元明承认，这7个消防栓中，6个水压都比较低，出水慢，其中一个有些锈死，不好开启。但他强调，这不等同于没有水，同时有些无奈："这些消防栓叫做'市政消防栓'，你说归谁管？"

2号车撤出之后就专门负责给它所带领的3号车供水。6吨半水罐车能支撑一支高压水枪的时间为一刻钟左右，若要一直保持喷射，必须有供水补给。水源通过消防车上的水泵加压，形成高压水柱，冲击力是相当大的，一支水枪的使用一般需要2人至4人共同协作。

李元明记得3号车出动了3支水枪，由他负责指挥战斗一班的7名战士一同从铁门进入到天井内，三组人马负责朝南面和东北面灭火。3号车上的高压水泵一直处在工作状态，车上一次性储备的油只能供水泵运转半小时左右。为防止意外，一班代班长杨丹特地打车在15分钟内买回一桶备用油。

他的三组战士冒着浓烟拿水枪上楼，兼顾灭火和救人，挨家挨户敲门通知，他领着一组年轻战士背出了3名行动不便的老人。3单元709的住户唐正龙睡得很熟，等他听到动静开门的时候，迅速被门口袭来的浓烟呛昏，醒来的时候，人在铁道医院里，并无大碍。他一直很遗憾，不知道是哪位战士把自己救出来的，那位战士是否还活着。

看到住户都撤离之后，李元明带领战士重回一层灭火，东面一度蔓延到3楼的明火得到控制，只是浓烟和刺鼻的气味越来越重。坚持到8点左右早餐送到的时候，

2003年11月3日，救援人员在火灾现场抢救。（殷菊生/摄，图片来源：新华社）

2003年11月5日，救援人员在火灾现场抢救被压在废墟中的消防官兵。

（殷菊生/摄，图片来源：新华社）

李元明说，自己已经什么也吃不下了，就觉得嗓子都被堵住了，吐出来的都是黑水。高压水花在高温下蒸腾出的水汽，穿着普通衣物进入天井的《衡阳晚报》摄影记者李凌记得，滴到身上烫得生疼。

楼塌的那一瞬间，听到闷雷般响动的时候，李元明跟几个战士正在楼外侧另一个方向准备灭火，以为只是轻微的倒塌，仍吩咐战士后撤，“谁知道……”他的语气逐渐低沉。

其实，灾难的征兆似乎已经显示在刘剑3日的值班日志上。

其余三个消防中队陆续接到增援命令：

6点05分，特勤中队出动两台水罐车，6吨半的2号车，12吨的4号车。根据惯例，4号车很少出动，它的出动，意味着水源补给吃紧。刘剑说，调度这两台大水罐，是应李元明队长从现场打来的求援电话安排的。

6点13分，雁峰和石鼓中队各调动两台3吨小水罐。

6点31分，特勤中队出动一台小水罐，3吨的1号车。

6点45分，特勤中队出动一台装备照明车和一台举高车。

至此，市区4个中队12台消防车全部出动。此后根据支队参谋长的指示，刘剑向110指挥中心和市委值班室报告火情严重，需要增援。

接下来的调度命令分别在8点、8点07分、8点08分、8点09分发出，衡阳钢管厂、272厂、衡西油库和江雁机械厂4个专职消防队各自出动一台小水罐车。

尽管不在现场，一年军龄的刘剑也能清晰感觉到火势的不寻常。此前，他一场火灾最多通知调度的消防车不过8台。

生命奇迹

34岁的贺爱民开了七八年挖掘机，得心应手。但他说，11月3日开始，使用同样熟悉的挖掘机时，却不由自主地心情紧张，他的同伴陈国友也是如此。

3日上午9点，在永兴集团工地上作业的贺爱民和陈国友接到公司土方队队长杨春生的通知，让他们各自将挖掘机开到永兴商住楼：“出事了，快来救人。”随后陆续到达的民工，贺爱民记得有200多人。

他们俩的任务，是协助救援仍被掩埋在废墟下的消防官兵。因为考虑到机械挖掘可能会带来的二次塌方，迅速成立的现场指挥部在作出慎重判断和论证之后拿出人工挖掘和机械挖掘相配合的方案。

西面楼房坍塌之后，东北面5单元却突然火势猛烈，灭火和救援必须同时进行，火势基本得到控制之后，消防车撤除，两台挖掘机才得以进入，因为两台车能走的通道，只有东北面东站路小学附近那条路。

挖第一铲，贺爱民记得是下午1点多。“很紧张，挖掘铲必须控制在最轻微的幅度，一点一点地挪。”每挖一铲，旁边的搜救队员先用红外线监测仪仔细查找，然后进行一阵人工挖掘，之后再由他开动铲车。就这样挖了“上百铲”，直至晚上11点半，贺爱民目睹第一具遇难战士遗体被发现。

4日上午，阻拦在楼房西面的一层平房被拆除，以方便救援。两台挖掘机得以到达坍塌废墟的正西面。尽管是两台机器轮流挖掘，贺爱民和同伴的休息加在一起不到7小时。挖掘过程同样比较危险，废墟中的余烟一直没有间断，需要定时动用消防车从远处喷水。而剩余的房屋，依然不排除坍塌的可能。

让贺爱民兴奋的，不仅是4日上午11时目睹了一幕生还奇迹，更因为他的行为本身构成了奇迹进程的一部分。那一铲是他开动机器轻轻掠过废墟，挖掘铲还没抬起，废墟中居然传来微弱的呼救声，救援组迅速使用红外监测仪确定方位。贺爱民说，坐在高高的驾驶室里，隔得那么远，都可以很强烈地感受到那种兴奋和激动。被坍塌楼层掩埋了27小时之后，石鼓中队战斗一班副班长江春茂获救。

之后从医院辗转传来的消息，是在坍塌的废墟下，江春茂和当时还幸存的战友相互鼓励的情景。江春茂的腿在废墟下触到了副中队长陈桂华，陈队长一直在黑暗中鼓励他坚持住。但是，江春茂说他一点点悲伤地感觉到，队长的腿逐渐变冷，再没有任何声音。

石鼓中队的战友们获知这个消息是当日中午12点左右，1班战士郑永付突然在中队的操场上大声叫喊“江春茂还活着”。钱建峰说，他和很多战友兴奋得跳了起来，之后追问消息来源，郑永付同样兴奋地跳起来，说是外面传来的确凿消息。

那些年轻的身影

牺牲的20人中，有15名是20岁左右的年轻战士。17岁，18岁，19岁，20岁，这些原本应当在个人回忆中最多姿多彩的年华，却只能成为亲人和朋友对于他们的最后缅怀。

20岁的曾辉篮球打得特别棒，常常在正式比赛里被别的单位借用，歌也唱得不错，指导员罗跃军记得在新兵欢迎会上，曾辉那首无印良品的《掌心》，博得了最热烈的掌声。而罗跃军最不愿回忆起的是，楼塌后的废墟里，他亲手抬出了曾辉的尸体。这个清秀的小伙子已经面目全非，直到随后亲手挖掘出“特勤02”字样的消防头盔，眼泪不自觉地涌出来，他才不得不接受这个事实。

18岁的张虎喜欢弹吉他，有时间就一个人抱着活动室唯一的一把吉他拨弄。他喜欢弹Beyond的歌，每次他一弹，队友就围过来合唱。《光辉岁月》、《大地》……都是流行乐中的经典。

而他的队友、20岁的谌献波喜欢练钢笔字，每次写信之前，一定要找来几张纸，横横竖竖地折腾一会儿，才放心在正式信纸上动笔。

细细碎碎地说起这些细节，那些同样20岁左右的战士们都会不自觉地陷入回忆里，沉默很久，突然抬起头来说一句：“就觉得身边一下子空了。”他们会害怕，尤其是亲历那一幕的人。个人对于生命的感悟，突然就变得复杂起来。

石鼓中队的战士们正等待着汪春茂归队的那一天，之前的一些摩擦和误会，比如对于2002年时任班长的汪春茂从长沙带兵训练受到嘉奖、不自觉炫耀自己女朋友很漂亮的不满，一下子都成了上个世纪的事情。仔细想了又想，说得更多的，还是他修车的好技术、待人的憨直和体贴。

牺牲官兵的追悼会于11月9日在衡阳开发区船山公园举行。之前的一个周末，11月2日晚，也就是火灾的前夜，是每个中队召开队务会和班务会的时间，被一再强调的主要事务，是准备在11月9日举行的全市消防大演习，出动全体消防官兵。这样盛大的演习，两年军龄的战士都没有参加过。当天晚上班务会讨论的时候，年轻的新兵们发言特别多。

之后的11月9日，这个本身在数字上就有特别含义的日子，因为次日的变故，成为一种永恒的祭奠。骤然降温之后的寒风和阴雨，或者更多人愿意赋予它更深刻的含义，因为它契合我们情感的基调。

（选自中共党史出版社《浴火金刚——扑救衡阳“11·3”特大火灾纪实》，2003年12月出版，编者：中共衡阳市委党史研究室）

4万:400万的牵挂

心血管病是人类健康和生命的主要杀手之一。中国有400多万需要手术的心脏病人，但得到手术的比例仅为1%，余下的心脏病人将揣着“破碎”的心，日夜盼望着白衣天使拯救他们的生命。这种严重的供需失衡现象，深深地触动了一位医生的良知……2003年9月26日，投资72亿元，设有600张病床，集医疗、教学、科研、康复为一体的亚洲最大的心血管病医院——泰达国际心血管病医院在天津经济技术开发区落成。

也许，这就是天意。

我和刘晓程来自同一座城市，但并不相识。2003年10月，佳木斯准备出一本报告文学集，朋友邀我来写刘晓程，这才第一次结识他。

宁可再被毁灭一次，也要学习

刘晓程出生于黑龙江省佳木斯市。父母都是1945年参加革命的医务工作者。母亲是妇产科医生，父亲是佳木斯医学院外科主任。刘晓程是五个子女中唯一的男孩。

1968年，刘晓程下乡到宝清县生产建设兵团。艰苦、压抑的知青生活，过度的体力消耗，使他得了肺结核，每天咳嗽、低烧不止。下乡的第四个年头，他提前返城了。

不久，被打成“反动学术权威”的父亲落实政策，刘晓程获得了一个工作指标，面临当工人和实验员的选择。犹豫再三，他走进了令人谈虎色变的“臭老九”

行列，成为佳木斯医学院生理教研室的一名实验员。并非子承父业，他不想当医生，不喜欢整天跟生理不健全的人打交道。他从小最崇拜爱因斯坦和爱迪生。但，正像马克思所说：当年轻人选择职业时，社会早已经为他决定好了。

实验员，就是洗刷各种试管和器皿，把兔子、青蛙、老鼠准备好，供大学生实验使用。但工作之余可以旁听老师的讲课，这是刘晓程选择当实验员的真正原因。一位在“文革”中也被打成“反动学术权威”的老医生气得骂他：“你还要念书？吃一百个豆还不知豆腥气？”

但对刘晓程来说，求知成了他生命最需要的精神食粮。他宁可因求知而再次遭到毁灭，也不愿浑浑噩噩地混下去了。他不相信中国会永远像现在这样知识无用，没有知识，一个国家靠什么发展？一个民族靠什么前进？

他一边工作，一边玩命地学习。初、高中学的是俄语，改学英语必须从ABC学起，他晚间说梦话都叽里咕噜地背着英语单词。一年后，就是张铁生交白卷的1973年，医学院基础研究所以满票通过，推荐他走进了哈尔滨医科大学，成为一名24岁的“工农兵”大学生。当他满怀鸿鹄之志跨进校门准备苦读时，却发现梦寐以求的大学校园到处都充斥着声嘶力竭的政治口号以及越来越离奇的“教育革命”，偌大的校园竟然放不下一张平静的课桌。

1979年，十年浩劫结束，刘晓程决定报考研究生。就在他一切准备就绪，手拿“招生简章”准备填写志愿的那天夜里，父亲突患脑血栓住进医院。紧接着，结婚不久的妻子又因妊娠中毒症，怀孕七个月的第一个孩子流产了。

沉重的打击接踵而至，一边是需要呵护的亲人，一边是大学学府热切的呼唤，面对人生的抉择，他一连数天彻夜无眠。

“生老病死是人生规律，你不要管我，今年你一定要考！为了学本事干事业，你能考到伦敦、纽约才好呢。那才是你对父母最大的孝敬。”父亲对守候在病榻前的儿子语重心长地说。

“你去考吧，我们以后还会有孩子的，别惦着我。两位老人我会尽力照顾的。”从小同窗、一向贤惠善良的妻子洪依舒也一再鼓励他。

刘晓程含着泪，在研究生志愿栏里一连写下三个志愿——第一志愿：北京中国医学科学院心血管病研究所阜外医院；第二志愿：阜外医院；第三志愿：还是阜外医院！阜外医院是中国心血管病研究和治疗的最高权威机构，他立志要成为一名优秀的心血管外科医生。

1979 年秋，30 岁的刘晓程以骄人的成绩考进了中国医学科学院心血管研究所阜外医院，成为一名心血管外科研究生。他发誓：一定要无愧于阜外医院和导师的录取，无愧于父母和妻子的支持，更无愧于自己的选择！

许多研究生同窗跟刘晓程一样，都经历过蹉跎岁月，都格外珍惜这来之不易的求学机会。刘晓程更是怀着强烈的求知欲，在广博的医学海洋里没日没夜地搏击，连吃饭和睡觉都变成多余的了，只有学习才是生命中最需要的。听英语录音，一听就到凌晨 4 点；上课的路上，要背会 30 多个英语单词……他决心把空耗的时光夺回来。

三年后，刘晓程以出色的成绩完成学业，并留在阜外医院工作。1984 年，阜外医院又破例提前送他去澳大利亚深造。

多少生命因他而改变了命运，因他而改变了生存质量

凤凰卫视资讯台总编阮次山先生曾说："如果一个人年过三十，胸中的理想依然存在，必然会有前途。就是做一个升斗小民，也可以选择做一个不一样的升斗小民。"

1987 年 6 月 14 日，刘晓程启程回黑龙江。

决心回黑龙江之后，他的首选地是故乡佳木斯。春节放假期间，他曾找到市政府领导谈过，说他要回佳木斯建一所心血管病医院，为家乡父老做点贡献。这位领导以资金紧张为由，轻而易举地回绝了他。之后，他来到距离佳木斯很近的牡丹江市。牡丹江的东安医院曾派医生到阜外医院学习过心脏手术，他曾带过他们的进修生。1987 年春节期间，他带着巡回医疗队在东安医院做过八台心脏手术。这次，他向牡丹江市政府领导说明了来意，立刻受到市政府领导的欢迎，并任命他为东安医院的党支部书记兼院长。就这样，以美丽的镜泊湖著称的牡丹江市，张开双臂热烈地欢迎这位赤子的到来。

然而，随着他们一家三口的到来，流言飞语却像空气一样悄悄地弥漫开来："他肯定是在北京干不下去了，要不从国家大医院跑到这大集体医院来干啥？""听说在镜泊湖给他盖了一幢别墅呢。要不，他从北京跑这穷地方来图个啥呀？"

东安医院是一家区级大集体医院，日本侵略中国时盖的，半个多世纪的风剥雨蚀，早已经老掉牙了，墙壁一碰就掉白灰，地板使劲一踩就会陷下去。全院仅有2 000平方米房舍、70张床位，却有200多名职工。医院穷得叮当响，负有几十万元的外债，没有像样的麻醉师，没有得力的助手，没有像样的器械……刘晓程一家三口挤在一间狭小的办公室里。难怪老百姓要问：刘晓程来牡丹江到底图个啥？

可是，刘晓程却感到一种从未有过的畅快，终于扔掉一切束缚，可以甩开膀子干了，他第二天就走上了手术台。就在这家简陋得令人难以置信的医院里，就在这间用竹竿支起塑料布来接住屋顶剥落的白灰和滴水的手术室里，靠几位仅受过初级训练的医护人员协助，他一台接一台做起了人类最先进的心脏手术，一周就完成了十几例。

这里还经常停电，一停电，体外循环机就停了，只能用手摇泵继续手术。一次，《健康报》的两名记者来采访又遇到停电，从未见过心脏手术的记者用颤抖的手擎着手电，为刘晓程照明继续手术。过后，两名记者带着一群患者家属去找市长“请愿”，市长特批为东安医院增加了双路电，这才解决了停电问题。

牡丹江能做心脏手术的消息不胫而走，各地的心脏病患者纷至沓来。小小东安医院原来门可罗雀，现在却一下子火爆起来。但刘晓程深知，即使他长出三头六臂日夜不停地手术，也远不能解决医患之间严重的供需矛盾，必须尽快培训出一批能独当一面的心外科医生。可是，医院要钱没钱，要人才没人才，要培养出一批心外科医生，谈何容易？

但，在刘晓程眼里，一切困难都不过是脚下的砂砾，人生的道路就是由诸多砂砾组成的。他一边手把手地教年轻医生手术，一边四处抽调人才，一边游说各级领导筹建心血管病医院。他教诲年轻人：“你们这些人要以天下为己任，要让自己尽快成熟起来！拿破仑说，不想当元帅的士兵不是好士兵。我要告诉你们，不想超过师傅的徒弟就不是好徒弟！”

在刘晓程看来，每个人心灵深处都隐藏着一种激情，只要你把他们心中的激情点燃起来，人人都会焕发出一种不可估量的能量，只有周围的人都能充满激情地对待工作，对待生活，才能形成一股强大的“核”力，才能干出一番事业。

刘晓程的到来就像一团火，点燃了死气沉沉几十年的医院，也点燃了一颗颗沉闷多年的心。大家纷纷被激励起一股从未有过的生机与活力。

这里的医生从未见过心脏四联症根治术，不懂心脏换瓣，更没有见过国内只有少数医生能做的冠状动脉搭桥术。刘晓程就带领大家去电影院，趁人家放电影的空隙，借用电影放映机来观看病人带来的心脏造影片子。可是，刚一开机，片子就忽然起火了，吓得放映员急忙关掉了机器。原来，国产造影片子放映机拉不动，一拉就烧。他只好带着大家在观片灯下一片一片用放大镜看，边看边给大家讲解各种心脏手术，看完一个造影片子要花六七个小时。为了强化医护人员的英语，在资金十分紧缺的情况下，他为大家订购大量的外文书籍和期刊，请来全市最好的英语教师教大家口语。他还要求医护人员平时尽量用英语对话。在导师奥布莱恩博士的帮助下，这所小小大集体医院竟然派出 30 多名医护人员到查理王子医院留学。

刘晓程不仅重视医术，更重视全院医护人员的医德。他向全院职工提出："假如病人是你的父母、兄弟、姐妹和孩子，你该怎样对待？"他第一次打出了"患者就是上帝"的口号。病人没救了，他和大家一起寝食无味；手术成功了，他和大家一起欢呼雀跃。为了抢救急待输血的病人，他毫不犹豫地伸出自己的胳膊；为了一个复杂手术，他 16 个小时没下手术台；为了救活一个病人，他三天三夜未合眼，晕倒在手术台上……

每次手术结束，当刘晓程向病人家属出示从他们亲人心脏上取下的病理标本，从病人家属颤抖的双手，从他们感激的目光中，医护人员似乎读懂了人生的真谛——人为什么活着这个简单而复杂的命题。试想，还有什么比拯救他人的生命而使自己活得更崇高、更充实、更有价值呢？

刘晓程说："有人曾说，世界上三种人是最幸福的：一种是母亲看孩子洗澡；另一种是大人看小孩玩沙子；最后一种就是我们医生治好了病人。"

一天，一位 55 岁的农民苦苦地哀求刘晓程救救他，说他不想死，家里上有老下有小，一大家子人都等着他呢。刘晓程发现，任何搭桥术对这个农民极度衰竭的心脏来说都已无济于事了，要想拯救他的生命，只能做心脏移植。但就当时的状况，到哪儿能弄到一颗鲜活的心脏给他换上？

也许是这个农民前世修来一份天缘，就在这时传来一个消息，说一个被判处死刑的杀人犯临死前良心发现，要求死后把自己的器官捐给社会。听到这个不知真假的消息，刘晓程急忙跑到看守所，费尽口舌见到了罪犯。

罪犯 20 多岁，男性，一副心如死灰的表情。

刘晓程问他："你真决定要把自己的器官捐给社会吗？"

青年毫无表情地点点头。

"你为什么要捐自己的器官？"

"为了赎罪……"

"你不为你的决定后悔吗？"

"有啥可后悔的，人都死了留着它有啥用！"

刘晓程向青年伸出手，青年却迟疑着："我手上沾满了鲜血……"

"我是医生，我手上也沾满了血。"

"可你是为了救人……"

"我为你感到遗憾，因为你是法盲。可我很敬佩你做出这样的决定，我要谢谢你。"

青年疑惑地盯着刘晓程，迟疑地伸出手来握住他的手，"你……为什么要谢我？"

"因为你将拯救另外一个人的生命。"

青年用那呆滞的、走到人生尽头的目光，茫然而惊讶地望着刘晓程，久久不动。

刘晓程跟这个即将告别人世的青年成了朋友，一连几次来探望他。临刑前一天晚间，他还为青年设了一顿便宴。

"刘大夫，你这么把我当人，我死了也满足了。"青年满眼泪水，将杯中酒一饮而尽。

在一个烟雨蒙蒙的清晨，刘晓程目送着青年一步一步向刑场走去。青年留下的最后一句话是："如果我早能遇到你，也许不会走到今天。"刘晓程感到遗憾，他拯救过千万人的生命，却拯救不了这个年轻人。他聊以自慰的是，他帮助青年实现了最后的心愿。就在这一天，那位55岁的农民获得了第二次生命。手术做得相当成功。时间是1992年7月5日。

紧接着，刘晓程又为一名38岁的农民成功地完成了心脏移植。医护人员给两名移植心脏的病人起名叫大宝和二宝。痊愈之后，大宝和二宝戴着红袖标，为医院担任起警卫和导诊员。

在心脏移植的基础上，刘晓程又完成了我国首例心肺联合移植术，使小小牡丹江医院成为全世界能开展此项手术的50家医院之一，使我国跻身于世界心血管外科的先进行列。国际心肺移植协会邀请牡丹江医院加入了世界心肺移植协会。

当年，"八女投江"的故事曾为牡丹江塑造了血染的辉煌，而今，刘晓程又使牡丹江名声大噪。他的事迹震撼了国内外专家、学者。时任卫生部部长陈敏章写信表示祝贺。国外一些专家、学者纷纷向他伸出援助之手。德国某厂家赠给牡丹江医院 200 根体外循环插管；加拿大朋友说服了加拿大政府，为牡丹江医院提供了价值 240 万人民币的设备；十位美国朋友在 1989 年顶着美国政府的压力，带着 20 万美元的捐赠设备专程来到牡丹江。

美国慈善机构总裁麦根先生问刘晓程："你为什么在国内国外都要牺牲自己？"

刘晓程回答："为了千千万万贫困的病人。"

金光闪闪的"琉璃塔"，却包裹着一个痛苦的灵魂

1994 年 5 月，中组部一纸调令，刘晓程被提拔为中国医学科学院副院长和中国协和医科大学副校长，随后又被任命为中国医学科学院和中国协和大学党委书记。刘晓程又回到了北京。刘晓程身居高位，依然忧心着我国医疗卫生业的种种问题。

在刘晓程看来，中国改革开放 20 多年来，其他行业都在突飞猛进地发展，医疗卫生业却一直相对滞后，老百姓看病难、手术难的问题没有得到根本解决。就拿心血管病来说，全国有 400 多万心血管病人需要手术，每年仅能手术四五万例，只占百分之一二。而且，药品层层扒皮，吃回扣，从药厂卖到老百姓手里要翻上几倍、十几倍，甚至上百倍。得一次感冒，或许要几百元才能治好；住一次院，没有几千元、上万元就别想出院。医生对病人大开方、大检查。你头痛，就让你做 CT、做核磁共振，说怀疑是肿瘤，你不敢不做；你嗓子痛，就给你开几百元的药；你要手术，除了支付昂贵的费用，还要给医生送红包，少则几千，多则上万，甚至几万。有的医院不愿收医保病人，因为医保是后付款，他们只愿意收现金；有的医院不愿收疑难病患者，怕担风险；有的医院为病人做心脏造影，居然连"备皮"都不做；有的医生竟然给心绞痛病人打杜冷丁止痛。老百姓说，去医院看一次病，半夜三更去排队挂号，楼上楼下一顿折腾，没病也气出病、急出病来了。

医生收红包已经成了普遍的现象，成了行规，不给红包，医生就不高兴，患者也提心吊胆，怕医生给自己小命"穿小鞋"。一名主刀"名医"一年可以成为百万

富翁。可想想那些穷苦农民和下岗工人，省吃俭用，卖房卖地，甚至卖血弄来的一点血汗钱，花着昂贵的医疗费不算，还要给医生送红包。这哪是给老百姓治病，分明是让老百姓致穷、要老百姓的命嘛！这种不顾脸面、不顾尊严、明目张胆的索要行为，哪还是什么救死扶伤的“白衣天使”，简直就是趁火打劫的强盗！老百姓说：“非典”期间，医护人员从“白眼狼”变成了“白衣天使”，“非典”一过，一切又恢复到老样子。

悲哀呀，我的同行们！刘晓程不禁发出悲愤的慨叹：从希波克拉底到李时珍，古今中外，历来都崇尚医学，尊重大夫，救死扶伤从来都是有灵魂的人从事的事业，为什么到了我们这代，却变得这般见钱眼红、这般不近人情了？

但是，刘晓程绝非只看现象不看本质的肤浅之辈。他觉得一味地谴责医生收红包并不公平。几次全国人大会议都提到了红包问题，可有谁透析过红包现象形成的原因？有谁了解过医生的付出与获得的严重失衡，以及红包背后所蕴藏的深刻的社会问题？

刘晓程认为，红包现象是医疗体制造成的。人所共知，早在 80 年代就出现了“脑体倒挂”的民谣：“搞导弹的不如卖茶叶蛋的，操手术刀的不如操剃头刀的。”90 年代以来，改革开放使多少人富得流油？一名歌星的出场费高达几万元；一个房地产开发商转眼就腰缠百万、千万，甚至上亿元；而一些贪官更是有大把大把的额外进项，更不用说那些灰色收入了。可是，一位拯救他人生命的主任医师，月工资不过 3 000 元。这个收入远远低于世界其他国家，连亚非拉一般发展中国家都不如，只高于亚洲个别国家。中国医生吃的是草，挤出的却是奶。他们拿着微薄的收入，却要承担救死扶伤的天职。可医生也是人，也要生存，也要生儿育女赡养老人，也要生活，他们为什么不能像别人一样富起来？他们心理能平衡吗？医生收红包是他们兜里空，患者送红包是为了买安全。

刘晓程觉得，我国医疗卫生体制远远滞后于社会发展，存在着严重的问题，13 亿老百姓对此怨声载道，600 万医务工作者更是满腹牢骚。

他认为，首先是政府对公立医院定性不准，是建立福利型、公益型的医院，还是建立福利加公益型的医院？没有明确定性，使公立医院处于两难的尴尬境地。许多发达国家实行全民医保，病人住院连伙食费都有补助，而我国政府对公立医院的投入，除退休职工工资外，只够在岗员工 20% 的工资。这必然导致内行哄外行、采购吃回扣、医生收红包、医院坑病人的局面！而且，公立医院大多背着沉重的包袱，许多医疗单位的冗员多达三分之一。

其次，政府对医疗卫生投入太少。“非典”过后，兼任卫生部部长的吴仪在全国卫生工作会议上讲道：“改革开放以来，我国卫生事业费占财政支出的比重逐年下降，已由上世纪80年代的平均3.1%下降到2002年的1.7%，大大低于发达国家，也低于大多数发展中国家。2001年，在世界卫生组织191个成员国中，我国政府人均卫生投入占卫生总费用的比重居第131位。1995年，全国疾病预防控制机构的支出中，财政拨款占75.2%；2002年，这一比重下降到41.7%。我国政府的卫生投入不适应公共卫生发展的需要。”

美国对医疗卫生的投入占国民生产总值的15%，加拿大占9%，日本占7%，就连许多发展中国家都远远高于中国。

而且，我国的医疗资源虽然严重不足，却又存在着严重的浪费现象。

国家对城市建设、街道布局都有明确的规划，但对医院建设却没有统一规划。仅北京东单地区，不足五平方公里，却设有协和、北京、同仁等三大医院。这还不够，人们正在以更快的速度在北京建医院。按北京现有的医疗现状，每千人所拥有的床位、大夫、核磁共振等医疗设施，超过了亚洲四小龙。但在边远地区却存在着严重的缺医少药现象。在发达国家，国家配备的医疗机构往往是塔形的，除了国家中心医院，社区要配备一二级医院，病人可根据病情去医院就诊，不会出现感冒、发烧也去大医院排队的现象。

再次，国家没有“医药科工委”，对民族医药业支持力度也不够，致使大量昂贵的洋药、洋器械涌入中国市场，大大地加重了老百姓的负担。一个进口冠状动脉球囊扩张管要上万元，一个冠状动脉支架高达1万元~3万元，一个心脏瓣膜要2万元，一个心脏起搏器最贵的高达10万元……有人为了拿回扣，极力帮助外商促销，使中国的药厂被挤垮，使本来就虚高的药价越发虚高。心脏病人做一次支架或搭桥，少则四五万，多则十几万。想想，对一个月收入不高的普通家庭，几万元、十几万元对他们来说意味着什么？意味着卖房卖地、东挪西借、一家老小背上几十年的债过日子！

昂贵的药品，昂贵的器材，再加上不菲的红包，“三座大山”压在病人头上，有多少人被压得喘不过气来？有多少本来就不富有的家庭因此雪上加霜，越发穷得叮当响？又有多少人被疾病折磨得家败人亡？

刘晓程觉得，政府对医疗卫生事业的管理，宏观调控不够，没有形成有效的医疗保障体系。那些年，农村合作医疗被挤垮，卫生防疫站形同虚设，一些传染病，如血吸虫病等开始抬头。中国的地方病防治机构大部分都已被取消，而各地的地方病却仍然相当严重。中国的艾滋病人数已引起世界的高度关注，仅河南就有 38 个“艾滋村”……这一系列的问题，不能不令人担忧。

刘晓程觉得，中国的医疗卫生体制是中国最滞后、最需要改革的领域之一。它就像一辆老朽的牛车，在万马奔腾的大好形势下慢悠悠地转着，承受着老百姓的怨声载道，没有进展。

刘晓程认为，医疗卫生关系到国计民生，关系到国家的安全稳定，关系到老百姓生存的基本权利，关系到老百姓的生死存亡。面对医疗卫生界的弊端，他觉得自己有责任、有义务向上级反映。因此，他多次向中央、向卫生部有关领导进谏。

他提出：国家应该加强对医疗卫生的宏观调控，建立明确的医疗卫生保障体系；政府对公立医院应该有明确的定性，不应把公立医院变成商业性医院，商业操作必然导致医院坑病人、医生骗患者的局面；政府应加大对医疗卫生的投入，改变目前这种远远落后于发达国家、连许多发展中国家都不如的局面；国家应该成立医药科工委，支持民族医药业的发展。

高度的社会责任感呼唤着他，驱使着他，使他一次次做出了非同寻常的惊人之举。

2000 年 4 月 28 日，身为中国医学科学院党委书记兼副院长、中国协和医科大学副校长的刘晓程，同中国医学科学院、中国协和医科大学院校长一起，联名向主抓医疗卫生的国务院副总理上书，向副总理当面反映原卫生部某领导“抵制卫生系统教育管理体制改革，对卫生领域的科技体制改革能拖就拖；任人唯亲，不公平正派；沽名钓誉；搞非组织活动；对违法乱纪者姑息养奸，使中国医学科学院和协和医科大学体制改革无法进行”等诸多问题。他们在信中最后写道：“如果 ××× 部长这样对待中国的卫生事业又得不到限制和纠正，我们二人唯一的选择是共同愤然辞职，以谢天下！”

刘晓程对副总理直言不讳地讲道：“有些人不是以天下社稷为己任，而是‘唯上唯书不唯实’。长此下去，中国的医疗卫生事业非毁在这些人手里不可！中国的医疗卫生事业已经到了非改革不可的时候了！”

绝非他危言耸听，后来发生的一系列事情充分证明了他的正确性。

2003 年，中国爆发了震惊世界的“非典”，令中国政府及国人猛醒。卫生部长被撤职。“非典”过后，多少有识之士呼吁：“中国必须加强医疗体制的改革！”

2003 年，国务院颁布了《突发公共卫生事件应急条例》、《中华人民共和国中医药条例》、《医疗废物管理条例》、《乡村医生从业管理条例》……

温家宝总理上任不久就说：“要把群众看病贵、看病难的问题当作本届政府的一项重要工作。”

这一切，都印证了刘晓程三年前的呼吁。

2000 年 12 月 31 日，当人们沉浸在新千年到来的喜悦之中，一个知天命之人却站在新旧千年的交叉路口，迎着扑面而来的千年之风，向卫生部正式提出：第一，辞去一切官职；第二，要求提前退休——因为只辞职不退休，还要受人事制度约束，不能随便离开单位易地工作。

他再一次向自己、向传统观念、向医疗体制发起了挑战。

从中央到下属的各级组织，纷纷挽留他，和他恳谈。但，一切努力都是枉然。领导和员工们，为他举行了盛大的告别宴会。

临走前，他把所有的荣誉证书全部付之一炬。帮他收拾东西的党办主任看到这么多国家级的荣誉证书化为灰烬，十分心疼，几次呼喊着从火堆里抢出来：“哎呀，这是全国先进工作者证书，烧了多可惜呀！”

刘晓程却说：“留着它有什么用？过眼烟云，什么都没用了。”他只让党办主任留下一个蓝本医疗证，“这个留着，等我得大病的时候用。”

无官一身轻，万岁老百姓。2001 年元月，一个挣脱了体制束缚、摆脱了功名利禄、打碎了世俗桎梏的人，迎着新千年的曙光，气宇轩昂地走出了办公室，目送他的是一片惋惜而又充满敬佩的目光……

在当今这物欲横流的世界里，有几人能够抵住官位的诱惑？又有几人能挡住金钱的吸引？反之，为金钱和官位折腰甚至断送性命的人，却如雨后春笋。相比之下，我们不能不为刘晓程超凡的人生境界而赞美，而叫好，而献上一束鲜花了。

“我可以丢掉一切，唯独丢不下病人”

刘晓程说：“我上辈子可能欠别人的太多，这辈子来偿还了。”

他从澳大利亚留学归来时，就梦想有一天在中国的土地上创建一所世界一流的心血管病医院，让国人也享受世界一流的医疗服务，从而实现自己“博爱、济贫”的抱负。然而，岁月沧桑，花开花落，梦想一直还是梦想。转眼年过半百，但他心中的梦想并未因时光的流逝而泯灭。辞官以后，他决心要实现这个梦。他很快就遇到了知音，天津市委、市政府和天津开发区管委会的几位领导全力支持他提出的宏大构想——在天津经济技术开发区（英文首字母缩写 TEDA，简称“泰达”）创建一座世界一流的国际心血管病医院。

企盼十几年的梦，终于可以实现了。

52 岁的他，完全沉浸在实现梦想的兴奋中。就像 14 年前到牡丹江一样，他以超人的精力、火一般的激情，率领几十名职工，一边借天津开发区医院的房舍开展心脏手术，一边创建心血管医院。

“这两年是空前辛苦，却是空前欣慰！”这是刘晓程最深切的感受。

2002 年 10 月末的一天傍晚，秋风瑟瑟，凉意袭人。从天津塘沽狭窄的火车站口走出一位憔悴不堪的中年农民，怀里抱着一个骨瘦如柴的妇女。他们从牡丹江上车，坐了二十几个小时的硬座，他也足足抱了她二十几个小时。这妇女患有严重的风湿性主动脉瓣、二尖瓣双瓣膜心脏病，已属晚期，心衰三度，不能行动，体重不足 38 公斤。她的生命就像秋风一样盘旋在细若游丝的呼吸中，随时可能飘走。十几年来，他们倾家荡产跑了好多家医院，最大的收获就是那份沉甸甸的、被宣判死刑的病历……这次，他们终于打听到刘晓程，怀着最后一线希望千里迢迢跑来找他。

中年农民抱着妻子一出站口，有人迎了上来：“请问你们是从牡丹江来的吧？”

“嗯哪。你是……”中年农民不觉一愣。

“我是刘院长派来接你们的。”在电话里得知病人不能行走，刘晓程派孔祥荣主任开车来接他们。

一听是刘院长派车来接自己，这对走投无路、连卧铺票都买不起的农民夫妇受宠若惊，眼里闪着泪花。

可是，面对被多家医院宣判死刑、随时可能死去的重患，面对刚刚起步、还没有拿到心脏手术正式批文的开发区医院的有限条件，这个手术到底做还是不做？重大的抉择拷问着刘晓程，也拷问着与他共同创业的全体职工。

做，失败了，对刘晓程，对刚刚起步的事业的负面影响是不可低估的；不做，找个借口将病人推出去，等待病人的只有一个字：死。然而，病人的病情容不得半点拖延。

有过无数次类似经历的刘晓程，丝毫没犹豫，手一扬，命令道："准备手术！"这是刘晓程一贯的作风。

10月27日，天津市卫生局组织专家来评审开展手术的条件，答应下周一（10月31日）发批文。但病人的病情已无法再拖，刘晓程恳请卫生局领导和专家组，破例批准他先手术后补批文。他为病人高度负责的精神感动了大家，默许他"违法"于次日进行手术。

麻醉师是借的，体外循环医生是借的，手术室护士长是现请来的……

10月28日9点，全院职工集聚在手术室门口，一双双沉重的眼睛，默默地目送着病人被推进了手术室……这是医院的第一例心脏手术，大家都知道这次手术成败的分量。对全院来说，她不仅是一条生命，而且是一个开端。从上午9点一直到深夜23点，一连14个小时，全院职工的心一直悬着。

一个濒临死亡的灵魂一直徘徊在无影灯下。刘晓程要为病人心脏实施主动脉瓣、二尖瓣双瓣膜替换术，而且由于病人肝功能极差，渗血不止，无法关胸。23点15分，死神终于退却，手术获得了极大成功。

10月28日从此成为泰达国际心血管病医院的纪念日——为了纪念一个普通农妇的新生，也为了纪念救死扶伤精神在国际心血管病医院永远发扬光大。

术后，八名医护人员对病人日夜轮流监护。病人没有毛衣，护士长车慧将自己的毛衣送给她；医生护士每次打饭都多打一份，给买不起饭菜的病人丈夫。

病人痊愈出院了。农民夫妇握着刘晓程的手久久泣不成声，末了说道："俺们这辈子报答不了你，只能等下辈子报答了！"

如果不是遇到刘晓程，如果不是医院为她免去2万多元的医疗费用，如果不是全体医护人员对他们关怀备至，这对濒临绝境的农民夫妇，很难说会走到哪一步。

刘晓程任心外科医生25年，手术8 000多例，不知经历过多少这样的事情。患者的感谢信多得数都数不清。老抗联战士、黑龙江省老省长陈雷同志赠给他一块金匾，刻着“晓界生死，程接古今”八个大字。

但，刘晓程不是神医，在拯救濒危病人的手术中也有失败的时候。

一位23岁的年轻人两年前在某医院做了心脏肿瘤切除，但术后效果不佳，又复发了，生命垂危。一家三口苦苦哀求刘晓程为其做心肺移植术。刘晓程深知这种手术风险极大，成功率极低，尤其这种晚期肿瘤，加上第一次手术已形成广泛粘连的病情，更增加了手术的风险。但不做心肺移植，病人必死无疑。做，可能生，但没有十分把握。如果失败了，他可能因此而名誉扫地。可他必须竭尽全力去做，这是他做人的准则。

“我不敢保证他能活，但我会尽全力。”他坦诚地告诉病人家属。

手术那天，小伙子面带微笑向亲人告别，看来他心里做好了各种准备。

手术进行了十几个小时，很遗憾，死神还是夺走了年轻人的生命。遗体已经装上车了，家属却坚决不走，必须要见刘院长，谁劝都不听。

大家都为刘晓程捏了一把汗，以为家属要找他算账，都说：“刘院长，你可要挺住啊！”

刘晓程却说：“没什么挺不住的，我们尽力了！”

没想到，死者父母一见到刘晓程却“扑通”一声跪下了，拽都拽不起来。

“刘院长啊，我儿子上手术台前，一再叮嘱我，说他死了也要我来谢谢您！”死者父亲握住刘晓程的手，悲痛欲绝，“刘院长啊，我替我儿子来向您道谢了。您为他尽力了！”

此情此景，催人泪下。不是为了生者，而是为了告慰死者，来感谢一位并没有救活死者的医生。

“我很遗憾，没有救活他。”刘晓程的声音沙哑，他已经耗尽了体力与精力。

“刘院长您千万别这么说，您已经尽力了。我儿子死而无憾了！”

没过几天，这位名叫郑铭长的死者家属将一幅写着“仁心仁术除疾患，全心全意为患者；柳叶神术冠天下，济世丹心惠众生”的牌匾，送到了刘晓程面前。

死者家属给医生送牌匾，在当今的医疗界，谁曾听说过？

“我们还是为老百姓造点福吧”

早在牡丹江心血管病医院的时候，曾发生过这样的事：

刘晓程发现一个弟子多次向病人索要钱物，多次批评屡教不改，最后一次，病人借钱给弟子买了两条烟。刘晓程得知此事后对弟子说：“你不配做我的弟子，我们从此断绝师徒关系！但我给你找条出路，送你到北京中日友好医院去进修！”弟子哭了，一再认错。刘晓程愤然道：“病人连手术费都交不起，天天吃窝头！你竟然去搜刮病人的救命钱，你还有良心吗？你不配当医生！”两人从此断绝了师徒关系，但仍然是朋友。

刘晓程对国际心血管病医院的全体职工讲道：“大家都得挣钱养家糊口，这是生存的需要。但别忘了我们手中操着他人的性命。我们不能昧着良心赚黑钱！我要让你们有尊严、有人格，合法地，通过劳动获得应得的报酬！不能收受红包，不能让老百姓骂我们是毫无人性、毫无自尊的白眼狼！”

但在当今不正之风猖獗、职业道德沦丧、孔方兄主宰一切的现实中，不少人对刘晓程的做法感到不可思议，有人甚至无中生有：“他是为了赚大钱才提出辞职的。这家国际医院一定有他的股份，要不他才不会下那么大气力呢！”

刘晓程却淡然一笑，快言快语道：“我要想赚钱还不容易！我可以去国外，也可以去‘走穴’，一年赚个几百万不成问题！何必要什么股份？再说，这是政府投资的非营利性公立医院，没有我刘晓程一分钱。钱是身外之物，生带不来，死带不去，要那么多有什么用？人各有志。我感兴趣的不是钱，而是建医院。如果需要，我可以再建几家这样的医院，这就可以大大缓解心脏病人看病难的问题了。我才不在乎别人说什么呢。谁愿意说谁说，事实会证明一切！”

这些年来，刘晓程一直在牺牲。因为他的牺牲，改变了多少病人及家属的命运？因为他的牺牲，改变了多少医生的命运？他的弟子遍布广东、厦门、大连、北京、牡丹江等许多城市，他们都成了当地心外科的顶梁柱。

刘晓程决心把这家国际心血管病医院建成技术现代化、管理科学化、人员素质高能化的世界一流的医院，把它办成一家深受百姓信赖、收费合理、真正救死扶伤的医院，因此，必须有一个卓越的专家群体，有一批优秀的管理人才。他以自己独特的人格魅力，吸引了国内外大批致力于救死扶伤事业的有识之士及医学界的精英。他的研究生同窗麻醉专家薛玉良、心内科专家熊鉴然、心内科专家齐向前、放射专家朱杰敏、他手把手教出来的大弟子心外科专家孔祥荣、超声专家黄云洲、受聘于沙特阿拉伯皇家医院手术室的护士长车慧……一批“海归”骄子及医学专家纷纷舍弃高额的薪水，投奔到刘晓程麾下。

“刘院长身上闪光的东西激励着我们，呼唤着我们，使我们心灵深处蕴藏的美好理想被激发出来，燃烧起一股干事业的热情。他的人格魅力就像一双红舞鞋，跟他在一起就像着了魔似的，即使累得筋疲力尽也心甘情愿。”

“刘晓程的品格光彩照人，他是时代的楷模。我佩服他的学识和胆量，更佩服他不媚上、不卑下，处处为老百姓着想的品格。”

“不是为了来挣钱，而是为了实现一个医务工作者的人生价值，为了刘院长提出的博爱济世的抱负。我喜欢这里纯洁、简单、没有内耗的人际关系，工作起来痛快！”

这是投奔者的心声，也是对刘晓程的评价。

一次聚餐，精明干练的护士长车慧向刘晓程敬酒，风趣地说：“院长，我们每个人都擎起一片天，就会托起你这轮太阳。你这太阳的光芒再回照到我们身上，我们将永远跟国际心血管医院在一起！”

是的，刘晓程把博爱济世的阳光洒向医院的每一个角落，洒向每一位患者和职工。患者没钱回家，他悄悄掏钱塞给患者；全院号召献血，他第一个伸出胳膊；医院新调来职工，他为他们安排好大到住房、孩子上学，小到煤气、冰箱等一切日用品，乃至一把门锁……

有人说，刘晓程是一座独具风采的高峰，迎风斗雪，奇绝险峻；有人说，他是虚怀若谷的大丈夫，内心坦荡，豪情万丈。

但，人生总有遗憾，刘晓程最愧疚的是对不住亲人。他不止一次地说：“如果真有来世，我什么都不干，一定做个好父亲、好丈夫、好儿子！”

但，今生今世他是永远做不到了。在北京工作的妻子，对拼命三郎般的丈夫永远牵着一颗心，因为他也是个心脏病患者。她对他的奢望不高，只希望他活着，只要他活着就好……

（选自2004年第9期《北京文学（精彩阅读）》，有删节，作者：张雅文）

雪山下的朝圣

转经朝圣是藏族人信仰世界非常重要的组成部分，是他们一生中必须完成的神圣使命，而在神山60年一轮回的本命年前往转经朝圣，其价值远远超乎寻常，其规模也盛况空前。毕竟，60年等一回的机遇，一生能有几多？本文作者长期关注藏东南香格里拉藏区的民族文化，并在梅里雪山的本命年（2003年）——藏历水羊年终于有了一次随考察团全程参加藏族朝圣之旅、全面考察藏族转经朝圣文化的机会。

卡瓦格博神山的召唤

大凡雪山，都是与神灵相伴的。

这里讲述的雪山不是北方的那些季节性的雪山，而是指巍峨的西藏高原上终年积雪的神奇山岭。他们耸立于世界屋脊之巅，傲视大地上的芸芸众生，白云是他们的衣裙，山风是他们的歌声，冰川是他们的佩饰，太阳和月亮是他们的朋友，森林与百兽是他们的臣民。而每一座雪山都有一则则动人的传说，就像萦绕在雪山上的云雾和覆盖在他身上的皑皑白雪，神奇而美丽，遥远又空濛。神灵高居其间，百兽为之臣服，鲜花竞相开放，群山向其叩首，江河蜿蜒其膝，彩虹凌空飞舞，云雾为其吐纳呼吸，松涛是其窃窃私语，而山崩和泥石流，则是他倾向人间的愤怒惩罚。

这样的雪山，是需要敬畏的。对其信仰的人，则虔诚地称之为神山。

位于云南西北部迪庆藏族自治州德钦县境内的梅里雪山，是一座远近闻名的神山。他地处滇藏结合部，海拔高达6 740米，是云南的第一高峰。2003年7月，云南的三江并流被列入世界自然遗产名录，这一荣耀被誉为世界自然遗产界的“诺贝尔奖”。如果这个奖有桂冠的话，人们一定会把它戴在梅里雪山的主峰卡瓦格博的峰顶。因为连联合国分管世界自然遗产申报工作的专家都认为，梅里雪山是三江并流世界自然遗产的最大品牌。因此，他是一座世界级的雪山。

更为重要的是，梅里雪山是藏族人心目中最神圣的神山。他耸立在白云之上，蓝天之下，仿佛一座巨大的白色金字塔，圣洁，孤傲，挺拔，伟岸，冰清玉洁，雄踞天宇。你能想到的所有赞美词汇，在梅里雪山面前都嫌肤浅。而藏族人对梅里雪山的感情，更非语言可以描述。他们只是会实在而具体地告诉你：没有朝拜过梅里雪山的喇嘛，他的法力就会减少一半；而没有转过梅里雪山的人，死后他的尸体都不会有人帮忙抬，因为他的身体不干净。

把雪山视为神山，体现了藏族人最为朴素的自然观。我们知道西藏的原始宗教苯教是一种自然崇拜的宗教，印度佛教传入西藏后，与苯教的某些东西相结合，形成了世界上独具特色的藏传佛教。这在许多雪山脚下的村庄里，从各种版本的民间传奇和神话传说中，都可以找到其发展演变的轨迹。以梅里雪山的主峰卡瓦格博为例，村庄里的老人告诉我，在很久很久以前，卡瓦格博峰原是本地的凶煞魔怪，传说他有九个头，专在夜晚劫杀村人，吸食人血，后来，来自印度的莲花生大师到此地修行，降服了这个魔怪，使他成为佛法的守护神，从此以后，卡瓦格博峰才成为藏族人的神山。在博大精深的藏传佛教万神殿中，这样的神山一般被看做是本地的护法神。

神灵居住在雪山上，这使雪山有了神性，可是谁也没有看见过雪山上的神灵。他长得什么样？他如何生活？他又如何主宰一切？在本地壁画和塑像中，卡瓦格博神被描绘成一个骑白马穿白袍、威风凛凛的战神。如果你相信藏族人所说卡瓦格博雪山是有灵的，你就把这个白袍战神看成是众生的保护神吧。

2003年，是藏历水羊年，而梅里雪山是属羊的，当年是它的本命年。从这里我们可以看出，在藏族人的心目中，梅里雪山不仅是一座自然的雪山，它还是神性和人性俱有的雪山。无论是神还是人，本命年都是一个重要的年份，于人来说需要纪念，于神来讲需要受到祭祀和朝拜。

如此，2003年就成为梅里雪山的朝拜之年。有种传说认为，在羊年围绕梅里雪山转山朝圣，其功德相当于寻常年份的13倍，这样的年份每60年才能轮到一次。简单地说，你在这一年转山一圈，相当于寻常年份的13圈。人们需要朝拜梅里雪山，需要雪山上清冽的风荡涤自己有罪的灵魂，需要雪山圣洁的面容映照自己吉祥的人生。

来自西藏、四川、青海、甘肃藏区的人们和云南本地的藏族人一样，扶老携幼，牵羊拄杖，来到梅里雪山开始神圣的转山朝圣仪式。转神山朝圣是当今世界宗教中藏传佛教所独有的顶礼活动。

每一种宗教中信徒的朝圣，都有其特殊的仪轨和方式。藏传佛教信徒们选择的朝圣之路，在我等俗人看来是苦行，无论是朝拜圣城拉萨还是转神山圣湖转寺庙，朝圣是一次风餐露宿、跋山涉水、艰苦卓绝的长征。而对于朝圣者来说，这其实是一次以心灵和肉体与自然和神灵贴近、交流的幸福之旅。就像我们所有人对幸福时光总是心存眷恋、难以忘怀一样，藏族人的朝圣之路越漫长、越艰难，便让他们感到自己的功德和幸福越大、越深。

以朝拜梅里雪山来说，有内转经和外转经两种。前者以围绕梅里雪山附近的景点为转经朝圣路线，一般需要三天到五天的行程；后者以梅里雪山的外围地域为转经朝圣路线，一个善走山路的藏族小伙子，至少也要走上六七天的时间。可以想见，对每一个朝圣者来说，这是一段充满幸福、喜悦、满足、如愿以偿等诸种感受的旅途。

作为一个近年来经常在藏区转悠的文化人，我当然不会放过朝圣之年这难得的机遇。对于人的一生来说，60 年一次的轮回你赶得上几个？因此我打算在这一年里内转外转都走它一趟。我不是一个藏传佛教的信徒，我只是一个对藏族人的朝圣感兴趣的文化人。如果说佛教徒们在梅里雪山前供奉的是精神层面的东西的话，那么我在他面前寻找的是文化方面的内涵。我只是一个体验转山的人，同时也观察别人的朝圣。

从澜沧江边出发

2003 年 9 月中旬，我终于得到了一次到外转经路朝圣的机会。三江并流申报世界自然遗产成功以后，搞这个项目的学者们打算沿外转经路考察三江并流在这一带的自然景观和人文风情。他们装备齐全，睡袋、防潮垫、背囊、帐篷、食品、药品、马匹等野外旅行及生存的一切物品都一应俱全，连发电机、电脑都带上了，可谓“武装到牙齿”。当然，向导和牵马的藏族人也必不可少。外转经路对一个藏族人来说就像一次寻常的出门远游，他们背上一路上的吃穿用品就走了，而对我们来说，没有充足的准备，根本就无法上路。这不是我们矫情，而是我们没有在藏区野外生存下去的技能。

我们考察转经路线的队伍有北京、云南的专家，也有迪庆州三江并流办公室的工作人员。一行六人于9月19日从迪庆藏族自治州的首府香格里拉县城开车出发，翻越了白马雪山，中午就到了德钦县。吃过午饭后，德钦县三江并流办公室的阿茸初夫妇加入了我们的队伍。这样，我们的考察队伍总共有八个人。在以后的日子里，我们将共同经历外转经路上的风风雨雨。

十字路口下的村庄

我们乘车顺澜沧江峡谷而下，今天的目的地是一个叫永枝的村庄。我们先乘车到羊咱村，从那里过澜沧江，然后骑马进永枝村。

在这不同寻常又令人激动的一天，我的外转经之路差一点就夭折了。由于一路上风光优美，我不停地从骡背上跳下来拍照。在一处栈桥边，为了拍永枝河中飞溅的水花和巨石，还想拍出点水流的质感来，便架起脚架用大光圈拍。拍完时，我们的马队已经走得很远了。我慌忙收起脚架，往肩上一挎，就想跳上骡背。可那脚架从肩上滑落下来了，铝质脚架刚好垫在了骡后背处，而我那时正要偏腿上马，不小心一屁股坐在脚架上，冰凉坚硬的脚架大概磕痛了我的坐骑，骡子受惊了，它跳跃起来，把我从骡子背上高高抛起，为我牵骡子的小伙子怎么也拉不住它。我像美国西部的那些驯马牛仔一样在骡背上上下起伏，最后，我终于被甩了下来，那时只感到眼前一黑，心里只有“完了”这个念头。因为我的身边全是些乱石，人若横着掼下去差不多也该把这趟来之不易的朝圣之旅摔废了。可是，神灵在这时帮了我一把——我至今还这样认为，我感觉到自己的身体在半空中划了一条弧线，然后平稳地落地了。老天，仿佛有人在暗中托了我一把，让我失去平衡的身体在一瞬间找到了重心，因为我的双脚先落地，而且是一齐落下，就像平常从一个不高的台阶上跳下来一般。

地上的乱石只硌痛了我的脚底，我的脚连扭伤都没有。这一场虚惊，我只伤了小手臂，那是慌乱中在骡鞍上划伤的，不过问题不大，只是破了点皮而已。事后想来真感到后怕，转经路上骡马摔伤游客的事情时有发生，而出远门走山路最怕受伤。如果我摔伤了，哪怕是轻微的扭伤，我就该“出师未捷身先伤”了，只有和大家“拜拜”，和神山说再见，和漫长的外转经路挥手道别。

这是我在外转经路上第一次摔跤，一场虚惊，一次教训。以后得好好善待自己的坐骑。后面还有两次摔跤，先按下不表。

我们于傍晚时分终于走进了永枝村，没有想到全村的人都身着节日盛装在村口的白塔前迎接我们。哈达，青稞酒，鲜花，以及老人和孩子们真诚的笑脸，我当时闹不明白，我们只是路过这里，借宿一晚上，何至于搞得这般隆重，像欢迎重要人物。进村后坐下来，我才知道，永枝村人对三江并流世界自然遗产的专家学者有着深厚的感情，他们认为，是这些城里来的干部和读书人把他们的村庄从封闭中拯救出来，使村庄独特的人文自然景观展现在了世界的面前。这意味着：永枝村终于找到了致富脱贫和发展的机遇。

永枝村是一个有 108 户人家的小村庄，由于不通公路，村庄长久以来不为外人所知。永枝村的村名就颇值得玩味。在藏语里，“永”是黄牛的意思，“枝”有滚下悬崖之意。相传，这个村庄过去隐匿在大山深处，与世隔绝，一天，一个放牛人的牛从悬崖上滚下去了，他找牛找到一块大石头前，将这石头撬开以后，竟然发现了隐藏在石头后面的村庄，永枝村便由此而得名。

这个故事并不是说藏族人的传说缺乏想象力，而是生活中的现实就是如此。许多村庄孤悬于深山僻野，不为外界所认知。村庄里的人们由于受道路、雪山、江河的阻碍，世代都处于一个孤独封闭的环境中，自给自足，自成社会体系。当他们被外界发现时，他们已经拥有自己漫长的历史和独特的文化了。

永枝村再次被发现是因为三江并流申报世界自然遗产的机遇。负责这个项目的专家学者们早在几年前就多次进出这个村庄，他们认为永枝村的自然景观符合世界自然遗产的许多要求。2002 年，联合国世界自然遗产管理委员会的两位专家专程来云南考察三江并流的申报项目，这不仅对云南，就是对中国来说都是非常关键的一次机会，其重要性好比我们国家申办世博会和奥运会。此项目能否申报成功，就看这两位专家此行对三江并流地区的印象如何了。

我国负责这项工作的专家学者经过反复考虑，把他们带到永枝村来，让这个封闭的村庄首次站在世界的面前。尽管这个村庄不通公路，生活设施较差，但永枝村纯净自然的人文环境，以及永枝村人纯朴、善良、勤劳的美德，征服了联合国的专家。事实证明这是一个正确的决策，联合国的专家们对永枝的自然景观和文化风情赞不绝口，称其为我们这个星球上所存不多的自然遗产。

三江并流成功列入世界自然遗产名录，永枝村人功不可没。同时，这个项目的开展也打开了永枝村人的视野。过去这个偏僻的小山村能来一个乡上的干部已是全村人的荣幸了，而现在从北京来的司长，州上来的副州长，全国各地的专家、学者、大学教授、记者、作家，都一拨一拨地往永枝村跑，这让永枝村人看到了发展的希望。听人们介绍说，三江并流项目进来以后，为永枝村带来了三个大变化：一是修了一条人马驿道，使人们进出山里山外更为方便。二是解决了村里的一所小学的校舍问题。为了迎接联合国的专家来此地考察，政府专门拨款在村里修了一幢两层楼的房子，作为接待用。现在这幢小楼一半作为村公所办公用，一半拨给了小学校。三是打通了永枝村和外面世界的联系，不仅让外界认识到了这个群山深处的村庄，同时让村庄里的人看到了自己的发展优势。现在村里还安装了一部程控电话，政府还计划在不远的将来为配合三江并流世界自然遗产的保护开发工作，修一条柏油路进来呢。这个村的村委会主任对我说：“以后要到我们村里，从中国任何一个地方打电话来都可以，我们到羊咱桥边来接你们。”

永枝村的背后有一座名为孔雀山的神山，她是女性的神山。永枝村人在每年的正月初八过一次“神山节”。这个节日非常有趣，由于神山属于女性，而女人又不能上神山，因此村庄里选出一半的男人在这一天装扮成女性，穿得花枝招展地转神山，而那另一半男性村民则打扮成盐商，转村庄，也就是到每一家唱歌跳舞，祝福新年吉祥。主人家给来访的客人准备一瓶酒、一口袋青稞作为回报，但没有谁会喝它，要等到晚上，所有的人家都转遍了，全村人才聚集在一起喝。要先敬神山，请她先喝，然后是敬村里年岁最长的老人喝，最后才是年轻人。

永枝村人过完新年后要做的第一件事情是什么呢？这是一道可以在电视综艺节目上出给大家的题目。不是祭祀神灵，也不是唱歌跳舞走村串寨，而是修路。这是村庄里延续了数辈人的传统。也许村庄长久被大山所困，人们深知路的重要。在佛教里，修桥铺路是一件积德的事情，而在现实生活中，它代表了人们渴望走出大山的梦想。

孔雀山还有一个藏语名字——日宗玛牙，“玛牙”是孔雀之意，而“日宗”则是指“十字路口”。这就有些让人费解了，位于大山深处的神山，为什么要被认为是“十字路口”？原来翻越孔雀山后，就到了云南省怒江傈僳族自治州的地界，而永枝村一侧的德卡拉雪山背后，就属于西藏自治区察隅县了。所以永枝村实际上位于两地州、两省区的交叉点上。不要以为只有大马路上才有十字路口，藏族人的脚下再高的雪山也是通途。

晚上我们就宿在为联合国专家来此考察专门修建的那幢小房子里。那简直就是一幢乡村别墅，全由木料搭建，房间里还有床和干净的被褥。这是我们在外转经路上住得最为舒服的一个晚上，也是唯一睡在床上的一夜，大家连睡袋都没有打开。

第二天一大早，我们从永枝村出发。马帮早已准备停当，在我们吃早饭时，他们已经把我们的所有行李辎重都搬上马背了。我们一路上要吃的米、糌粑面、土豆、酥油、面条、方便面、青稞酒、火腿以及牲口的饲料等物品都堆在了马驮架上。我听说我们连柴油发电机都准备了一台，还带上了两桶柴油，看上去就像一支远走异乡的马帮队伍。比起那些背一个背囊就上路的朝圣者，我感叹道：“我们真是一支豪华远征队。”

昨天那匹把我颠下背的骡子我不敢再骑了，因为它一见到我就高高抬起前蹄，甩头做出不耐烦状。我想我是得罪它了，它对我很有意见呢。我们的马队长为我调换了一匹高大的骡子，它有一个很好听的名字“勇纪武”。为我牵骡子的小伙子叫阿牛，个子不高，身体壮实，是一个厚道朴实的年轻人。在接下来的日子里，我将与勇纪武和阿牛为伴，走完漫长的转经路。

翻越德卡拉山

今天是朝圣路上的第三天，我们将翻越外转经路上第二高的雪山、海拔 4 468 米的德卡拉山。上路之前想了想，我有好几年没有到过海拔 4 000 米以上的高度了，但愿不会有高山反应。

早饭是白米干饭，竟然吃下一大碗，还喝下三四碗酥油茶，为即将挑战大雪山

储存了足够的能量。骑骡上路时，天阴沉沉的，好像雨还要下。在这种天气中旅行，人的心情总是很不爽，拍不到好照片不说，路上不可预知的事儿也会很多。

仍然在高山森林地带攀越，茂盛的原始森林遮挡了我们的视线，我们大约是沿着一条山沟上行。这种山沟同时也是水流和泥石流夺路而走的路。从一些横陈在林子间的大树和一些怪石就可以判断当时泥石流下来时的大体规模。也许还不止一次，因为有些倒下的树已经在腐烂，而另一些树仿佛是刚被放倒不久，折断处的伤口崭新而醒目。马队在嶙峋巨石中蹒跚而行，说道路崎岖已经很不准确。一是路基本上没有，也是看不到的，只有从那些乱石上依稀辨认出人踩的痕迹，才知道路的方向；二是“崎岖”一词已不足以形容我们脚下的大地。这么多的朝圣者，还没有踩出一条完整的路，说明这里的地貌年年季季都在发生变化，也说明频繁的泥石流同样也没有阻挡朝圣者坚定的步履。

有两处地方，我们直接从今年刚下来的泥石流堆中跋涉而过，下面是很深的山涧。这两大泥石流堆一定是在夏天雨季里淌下来，埋没了原来的道路。它们呈现出开天辟地时代的洪荒模样，新鲜的地表看上去伤痕累累，直到这会儿，一些地方还在淌着小股的泥水呢，仿佛是大地还在轻微地喘气。

阿牛在泥石流堆上跳来跳去。我骑在骡上，时而紧张地看它的蹄子在泥浆乱石中找下脚之处，生怕它一时找错地方，一蹄踏空，我就惨了；时而恐惧地抬头往上面张望，祈祷自己不要在这个时候中大自然的“头彩”。疏松的山坡上的滚石是很可

梅里雪山（王长山/摄，图片来源：新华社）

怕的，就像魔鬼的冷箭，谁知道它要把厄运降临到哪个的头上呢？

“德卡拉”的意思是通向山口的石头梯子。这“石头梯子”就是我们走的山道，它几乎直上直下，又毫无规律，一点章法也没有。你说它是“石头台阶”都还形容不到位，只有“梯子”是最准确的，因为很多地方是悬空的，骡马必须跃过去。我们一直往上爬，骡马都有些吃不住劲了，走十来步就得停下来喘几口气。驮货物的马匹走得更慢一些，它们驮架上的货物更重。这些可怜的牲畜在高海拔地区忍辱负重，举步维艰，大概从来不知道在平坦开阔的草原驰骋奔跑的滋味。它们的命运就是永无止境的负重、爬山，爬山、负重。

大约上到海拔 3 900 米的时候，雾来了，雨也来了，我感到阵阵寒意，人仿佛是在冰水里浸泡，因为那雾也冰凉刺骨，就像冰箱冷冻室里释放出来的冷气。我想到马上就要上雪山了，就下骡来将羽绒衣和防水裤都穿上。而阿牛这时却走得浑身热气蒸腾，大汗淋漓，我都不好意思问人家冷不冷了。

我们先是上到一个山岭的平台上，森林没有了，前面呈现出一大片高山台地，只有矮小贴地的植物和沙砾石。从地表特征可以判断，现在已经上到海拔 4 000 米以上了。我们的前方是一面巨大的山坡，比较平缓，但是很长，浓雾把德卡拉山头紧紧锁住，让我们不知道它的真面目。这面巨大的山坡让我至今还记忆深刻，尽管一直骑在骡上，我认为那是我在外转经路上最痛苦难捱的一段行程。我大约是有些高山反应了，头晕沉沉的，极不舒服。我在出门之前准备了些速效救心丸、红景天、头痛粉之类的药，但都放在旅行背包里。驮行李的马这时已经走远，如果我说要找药，阿牛一定会追上去帮我取来，但那样做太丢脸了，我也不忍心再劳累阿牛。大家都没有高山反应，我不能显得自己太娇气，我想咬咬牙还是能挺过去的。

我们终于挣扎到德卡拉山垭口了。在这个时候，我认为所有的人都在挣扎，连我们马队的那些小伙子们。山垭口挂满了经幡，还有那些插成方阵的风马旗，在寒风中猎猎作响。大家翻身下马，纷纷掏出各自的经幡挂在上面。尽管我的那些汉族伙伴们都不是藏传佛教信徒，但是他们认为，在藏族人的神山面前，至少也要表现出自己的敬畏之情。

这时我们已经站在云南与西藏的分界线上，山的那一面就是西藏了。遗憾的是由于云雾太大，我们什么也看不见。听人们介绍说，如果天气晴朗，在德卡拉山口能看到云南和西藏两边的许多雪山。“会当凌绝顶，一览众山小”的福气今天我们没有了。

忽然传来一阵悲怆的歌声，在山口阴冷的寒风中显得特别凄婉。我循着歌声找去，发现我们马队所有的小伙子围在一处风马旗方阵前，人人神情肃穆，面色凝重。歌声从他们浑厚的喉咙中一齐涌出，悠扬、低缓、凝重，仿佛无数把低音大提琴奏出的回旋慢板，与过去我所听到的高亢激越、欢快明亮的藏歌风格迥异。开初我认为这大约是一支献给雪山上神灵的歌曲，因为它听上去带有浓重的宗教意味。等小伙子们唱完后，我问阿牛这支歌是献给哪个神灵的，阿牛说：“马队里有个伙伴的妈妈前不久刚死了，这支歌是献给他妈妈的。她也是我的一个亲戚，在雪山上唱给她，她能听见。”

我想阿牛说得对。我们现在离天界最近，一个灵魂升天的人，应该在这个时候听到她的晚辈们的歌声。

我们在“之”字形的盘山小道上跳跃而行。这时雨下得很大，大家都把风帽拉起来，虽然有防水衣裤，但感觉好像全身都泡在水里。阿牛一直跟在我的身边，生怕我滑倒了，我为他的尽心尽责非常感动，他只披了块塑料布，浑身都在淌水。

忽然，一大群牛从浓雾中钻出来，它们在往山上爬。阿牛与赶牛人打招呼。原来这是永枝村的牛群，夏季里到西藏这边的牧场上放牧，秋天时又赶回到永枝村周围的山头。当然，到西藏这边的山上放牧是要交一些租山费的。现在是所谓的转场季节，到来年春天以后，这些放牛人又该把牛赶回西藏来放牧了。阿牛说，牧场上打的酥油饼，牧人要吃的口粮，都得由放牧者来回翻越德卡拉山运送，一个月也得走一两趟吧。他们翻越我们视为畏途的德卡拉山就像过一道小山梁。

那时我想，老天啊，就是有人跟我说山那边有一群牛属于你了，你去把它们赶回来吧，我宁可选择不要。

下山的山路据说有108个弯，又说有136个弯，看你怎么走这些“之”字形的弯道，你想抄近路，就直接从陡坡上往下跳，往下滑。同行的老都不断催促我们抓紧时间，走快点。开始我以为他担心大家在高海拔地带缺氧，或者被冻着了。后来到了山下，老都才告诉我德卡拉山的神秘之处。翻越这座山必须在中午12点以前到山垭口，然后赶紧下山。因为到了两三点后，山这面的云雾开始往上涌，风也往山上刮，那雨不是从上往下落，而是从下往上冲，石头沙子什么的也跟着往山上飞。到这种时候，你就是有再大的本事也下不了山了。老都说，曾经有三个小伙子在山垭口耽搁的时间久了点，下山时遇到飞沙走石，风夹带着雨雾几乎要把他们抬起来，使他们不得不再次返回德卡拉山口，但是山口又不是久留之地，只得回到永是桶，第二天再爬一次德卡拉山。天哪，没有比这更不走运的事儿啦。

我们急速下到坡底，还好，除了雨一直下个不停，没有遇到飞沙走石的惨景。道路非常泥泞，每人的鞋子上都是泥，已看不出鞋子的模样了。脚也感觉不到鞋，只觉得步步都仿佛踩在泥浆里，里面全浸透了。我这次出门犯了一个低级错误，以为走长路脚下一定要轻便，因此就没有穿登山鞋出来，只穿了双矮帮的休闲鞋。这双鞋一路上可害苦了我，不提。

施放跳蚤的喇嘛

我们在怒江大峡谷里走了两天，受够了它的炎热，也享尽了它的风光。今天我们要离开怒江峡谷，向雪山上爬了，这意味着路会越走越凉快。

下午5点左右，我们终于看到了河谷里的村庄，它就在对岸的山坡台地上。我们必须从一座木桥上过玉曲河。这座桥让考察队里的所有专家惊叹不已，好像大家都是第一次见到这样结构巧妙、独具匠心的木桥。它全用木头椽子构建叠架，根根圆木相互拉扯支撑，横的穿起竖的，竖的撑起横的；而桥墩部分依托河两岸的悬崖，用木栅栏围成一个方阵，里面用巨大的鹅卵石固定，整个木桥没有用一颗钉子，也没有用一寸铁、一铲水泥等建筑材料，粗圆的木头统领了一切。它的桥面略微成一个拱形，除了两边的桥墩，再没有其他的支撑点，其受力分布有些类似于我们见过的拱桥，但它有一个非常形象好听的名字——叠桥。据说这种桥在藏东河谷地带相当普遍，它充分体现了藏族木匠的智慧和手艺。

过去我在西藏看到最多的是钢绳吊桥，在没有钢绳以前，人们用藤篾索拉起吊桥，而在更早的时候，人们用一根溜索往来于河谷两岸，人吊在溜索上像现今那些特种部队的高手，忽悠一下就晃荡过去了。在江河落差巨大的藏东高山峡谷地区，是根本没有行船的可能的，但是人们自然有各种各样的从此岸到彼岸的方法。

这是我看到的最智慧，也最恪守传统精神的一座桥。如果把它放在任何一座城市的旁边，它都可能成为一个具有悠久历史意味的人文景观，成为一处风景，成为某个级别的文物保护对象。

过桥时，我特意在桥上跺了几下，桥面晃悠晃悠的，看上去好像很单薄，可是多少年来风吹雨打，它都昂然挺立在孤寂的河谷里。人们走在这叠桥上，想到的也许是神灵的恩赐和他不可思议的法力。在没有桥的时代，藏族传说中经常有法力高深的喇嘛或活佛可以从江河上微步凌波，信步走过。一个活佛曾经亲口告诉过我，他的前世能在澜沧江波涛汹涌的江面上如履平地。

河对岸就是我们今晚要借宿的格布村。它位于一面山坡的台地上，层层的青稞田泛着快成熟了的青中带黄的颜色，使人感受到收获的季节正在一步步走来。格布村看上去是个比较富裕的村庄，村庄中的核桃树绿阴匝地，掩映着村民宽敞的房舍。一些矮脚母鸡在树下悠闲地转悠，全然不把来来往往的朝圣者放在眼里。而我们却对这些肥硕的土鸡另眼相看了，甚至似乎还嗅到了鸡汤的鲜美味道。那可是一些真正的土鸡啊。自打出来以后，我们天天都吃火腿、腌肉，谁都想喝一碗滚热鲜美的鸡汤。

我问考察队里的小林想不想吃鸡。她的眼睛一亮，说想啊，真想。于是我们就问路边的村民鸡怎么卖。一个外地来此地帮工的小伙子告诉我们说三四十元一只吧，把我们乐得觉得碰到了个大便宜。在这种地方，你就是卖一百元一只，都会有人买的。

于是到了住宿地，我郑重向大家宣布，今晚要请大家吃鸡。我让阿牛陪我去村庄里买鸡。阿牛没有多说什么，只是以略带迟疑的眼光看看我，还是跟我走了。他拿了两砣茶叶、一包糖，说是用来和村民换骡子的饲料。

我们一家一家地问，有鸡吗？卖吗？可是令我感到奇怪的是，所有的人家见了我们都说没有鸡，即便我们看到鸡就在他们家的院子外转悠，他们也说没有。我对他们说价钱你们看着要，随便说多少我不还价的。可是主人家用疑惑的眼光看看我们，只是说，他们家的鸡是不卖的。

真是撞着鬼了。“难道这里的人不知道赚钱吗？我们到他们家门口买鸡，总比他们翻山越岭把鸡背到集市上卖省事多了吧？”我问阿牛。

阿牛犹豫了半天，才吞吞吐吐地说：“范老师，转经路上，是不兴杀生的。我们藏族人，出来转经连鸡蛋都不吃。”

我恍然大悟，我还算什么有文化的人，这么多年在西藏白跑了！阿牛的话让我羞愧得无地自容。我回想起当我到人家门前问鸡时主人那疑惑的目光。他们心里一定在想：罪孽啊，这些外地人，竟然在神山脚下杀生。

我怏怏而归。马队的小伙子们看着我空手回来，都没有多说什么，人人脸上都有会心的笑容。我曾经对他们许下过大话要请大家吃鸡，要是我真的买到鸡了，他们会不会拒绝吃？那才是一个很尴尬的场面呢。现在好了，那个城里来的傻瓜没有买到鸡，大家不用打肚皮官司了。

其时天已向晚，一些朝圣者打算就在格布村的路边空地露宿。我们则租用了一家小卖部的平顶屋顶。今晚又要在屋顶搭帐篷了，这让我很兴奋，我又可以看见星星啦。

把我们安排睡屋顶，并不是路边再没有了空地，也不是因为格布村没有客栈——当然你不能指望这样的村庄会开着对于朝圣者来讲很奢侈的旅馆客栈什么的，而是由于格布村有“跳蚤村”的不好名声。人们说这个村庄的跳蚤特别厉害，外地人来到这里后，几乎都不能幸免跳蚤的猖狂进攻。

就连不怎么怕叮的马队的小伙子也害怕格布村的跳蚤。吃晚饭的时候，一个小伙子在一家人的门洞前站了几分钟，没隔多久他就大呼小叫起来，不一会儿，人们就看见他腿上一连串的红疙瘩。

屋顶的下面有一家简陋的舞厅，它的门票价是5角，但是好像我们马队的小伙子没有多大的兴趣。那时我想，要是下面有人跳到晚上两三点，我们今晚就别想睡觉了。

老都虽然也是第一次来外转经，可是作为在卡瓦格博神山下长大的藏族人，他似乎对神山周围的情况了如指掌。他给大家讲“跳蚤村”的来历：从前有一个云游喇嘛来到格布村化缘，可是村里的人嫌他又老又脏，就让他住在一户人家的牲畜圈里。老喇嘛没有多说什么，到第二天离开村庄以后，就作法召集起全转经路的跳蚤，让它们都来格布村惩罚这些不知敬畏佛、法、僧三宝的人。于是，格布村就以跳蚤猖獗而闻名了。一些转经朝圣的人很不情愿在格布村住宿，因为对跳蚤这玩意儿，惹不起还躲得起呢。

哦，天啊，这是一个多么不走运的村庄。实际上，这个故事教化人们要善待出家人，要敬畏佛、法、僧三宝。因缘果报是佛教信仰的一个根本，一类的因必然产生出一类的果，一类的果必然出自一类的因。世间万事万物，总是这样循环相连，相互依托。这样的世界观让藏族人在行事做人上总是顾念着来世，顾念着事物的另一面。格布村的人们未必真的不恭敬过那个云游的喇嘛，从他们不卖鸡给我，你就可以感受到他们的虔诚。我想大约是由于格布村的海拔在这一带不高不低，气候相对温和，加之村里的卫生条件又差一些，因此村庄里的跳蚤繁衍猖獗、横行霸道，故就落得一个“跳蚤村”的恶名。

果然到了晚上以后，我就发现自己开始不走运啦。跳蚤村果然名不虚传，本人在外转经路上一直没有受到跳蚤攻击的“不败之身”，现在终于被打破啦。考察队里那几个这些时日以来一直在和跳蚤搏斗的家伙，听到我也嚷着被叮得心慌的时候，全都幸灾乐祸。“有难同当，有难同当，你小子也有这一天啊。”他们都这样安慰我。

从那以后一直到走完外转经路，我的身上就没有舒服过。

飘在舒拉雪山口的历史烟云

在我没有来外转经之前，舒拉雪山就是我向往已久的一座大山。倒不是因为这座雪山怎么有名，而是我在史料上多次看到过这座雪山的名字。过去茶马古道上的马帮从云南进西藏，大都要翻越这座大雪山。凡是对滇藏茶马古道感兴趣的文化人，都对这座雪山耳熟能详。

像舒拉雪山这样大一座山，本地的藏族人可以一天就完成一次穿越，而我们则需要用两天半的时间。我们第一天只上到舒拉雪山的脚下，大约在海拔3 200米的地方。我们在一条小溪边搭起帐篷住了一夜，第二天一大早起来，便开始向雪山垭口发起冲击。

从住宿地爬到雪山垭口前海拔 4 300 米左右的台地，有一段相当陡峭的“之”字形小道。即便是擅长走山路的藏族人，据说也要在这一段山路上休息 18 站，也就是说共有 18 个休息点。考察队里的本地通老都不无担忧地说：“昨晚下了点雨，要是山口上下雪的话，我们就惨了。”我问怎么个惨法。老都忧心忡忡地说：“我们只有返回去。”我大吃一惊，这外转经都走到最后一站了，还有比原路返回去更惨的吗？我问：“有雪我们就不可以翻过去？”老都瞪我一眼：“你找死啊！”

据说，这座雪山和我们爬的第一座大雪山德卡拉雪山，是整个转经路上死人最多的区域。我回来后听人说许多年老体衰的转经者永远地倒在舒拉雪山前。我想，这是由于这座雪山最高最险，人们到此地时体力已经极大地消耗了，身上带的吃的东西也许已接济不上，因此，横亘在转经路上的舒拉雪山，成了朝圣者们最后的一道考验。不过按老都的说法，一旦有雪我们就不能过去，是不是有一些夸张了？我们这一路上过的雪山垭口多了，已经有点在藏区“见多识广”的资本了。

我那天早晨忽然心血来潮，想检验一下自己究竟还有多大的耐缺氧能力。现在我觉得自己的感觉越来越好，脚力也越来越强，我想我已经适应了这种生存方式，如果继续这样走下去，颠簸下去，也没有什么受不了的。我让还在备骡子的阿牛在后面慢慢地来，自己挂了相机先走了。我想，反正是最后一座大雪山了，我得设法给自己留下一些深刻的印象。

山坡上“之”字形的山道走不上十来步就得折头，一站又一站的休息点被我咬紧牙关甩在了后面。脚软、心慌、面赤、气喘，胸腔里那颗咚咚乱跳的心仿佛就要从喉咙里冲出来。我看到树上的“树胡子”越来越多，一个个弯道处，阳光从山顶正面直射过来，将那些“树胡子”逆光映射得生动质感，仿佛一道绿色的经幡。那时我心里就想：快到了，快到了。可是每翻过一道弯，才发现更多的弯还在我的头顶，仿佛示威一般没完没了。我休息的次数越来越多，走不了几步就想瘫倒在地上。如果以我的标准来确定爬完这段山路要有多少休息站，也许就不是 18 个，而是 180 个了。而且，我感到自己的肺部在隐隐作痛，这是体内要缺氧的前兆。我大约爬了 9 个休息站，该向雪山体面地投降了。于是我坐在路边等阿牛上来。

快到中午时，我们来到一个三岔路口，阿牛说：“那边是去拉萨的路，我去磕三个头。”然后他让我自己牵缰绳，跑到岔路口，朝着拉萨的方向跪下，磕了三个标准的长头。

我禁不住感慨万千，拉萨真是一座圣城，一个圣地。这里离拉萨起码有1 000多公里的距离，而且其间不知要翻多少座雪山，穿多少条峡谷，涉多少条江河，过多少个岔路，经多少个城镇和村落。可是这是一条通拉萨的路，它就神圣了，就有虔诚的藏族人在它的面前匍匐下去，寄托他们的景仰之情。阿牛没有到过拉萨，当他得知我曾数次到过拉萨后，他的目光里充满羡慕。

我们上到海拔4 000来米的一个高山台地上，天上阳光灿烂，远方的雪山上没有飘雪，在阳光的照耀下显得生动而质感。这么高海拔的地方，竟然有个小卖部，而且还是一个看上去很年轻的藏族姑娘开的。她来自云南那面的澜沧江边，也就是说，是翻过舒拉雪山过来做小买卖的。小卖部里不外乎有一些饼干食品、方便面、香烟、可乐、矿泉水之类。这个小卖部叫“扎西食宿店”。我忽然想起，昨天和前天，好像都在路边见到过“扎西小食店”、“扎西小卖部”之类的招牌，就问那姑娘是不是都是她家开的。果然，姑娘说，是她丈夫和小叔子开的。我们都大为钦佩，说你们家把“连锁店”开到雪山上来了。

我们在这里埋锅造饭。我狠狠地“甩”下去两大碗干饭，为即将要上雪山垭口积蓄热量。愿雪山上的神灵保佑我永远有这样的好胃口。

从海拔4 000米的地方往上，山坡上就只有一些低矮的植物了。裸露的风化岩石和由砾石形成的高寒荒地铺展在苍穹之下，显得特别荒凉肃杀。山风也硬起来，刮得人不得不把防水衣的风帽拉上。

远处已经可以看见舒拉雪山垭口了，它耸立在一处陡然而起的台地之上，像一面壁立千仞的墙。有一些羊肠小径从这墙体上斜着拉向远方。我们得先翻上它前面的台地，再翻越陡峭的雪山垭口。垭口两侧各有一座嶙峋的石灰岩山峰，看上去坚硬、孤独，地老天荒。山峰下冰川浸蚀的“U”形谷地气势壮观，赭红色的高山流石滩从主峰迤逦而下，与灰褐色的石灰岩对比分明，有些像火星表面般死寂、冷漠。这景象让我们考察队里几个搞风景的专家赞叹不已，手里的相机几乎就没有停止过拍摄。

我们在向生命的禁区挺进，但是这并不意味着这里就没有夺人心魄的东西。也许，越是这样的地方，越能震撼我们的灵魂。

我在向舒拉雪山垭口发起冲击时，再次体验到了极度缺氧时“窒息一般的快

一位游客在拍摄梅里雪山的冰川。（王长山 /摄，图片来源：新华社）

感”，似乎有些心理不健全的人需要找这样的感受，但是我为窒息感到狂喜是因为我正在一步一步地接近此番转经路的最高点。在这最后的高度上，我再次选择了徒步攀越的体验。我在海拔大约 4 500 米的高度向上挣扎了差不多 200 米，终于看到垭口上被狂风吹得猎猎作响的经幡了。那五彩的经幡阵就像列队的卫兵，飞扬的经幡和风马旗仿佛是在为我们鼓掌加油。

从一堆大约是在不久前才坍塌下来的乱石中爬过去后，垭口就离我近在咫尺了。似乎垭口这一带地质活动相当频繁，遍地的石头都是崭新的，我们就像在一个采石场。都说西藏是一个年轻的新生高原，在词语上，这似乎是一句褒扬的话，可是在现实环境中，就意味着地貌地表的疏松、脆弱，一场大雨、一次雪崩、一次轻微的地震，甚至一场大风，都可能是一次沧桑巨变。我从那乱石阵中爬过时，想的是这雪山上“沧海变桑田”的诗意，最好不要让我现在赶上。

那真是一小段耗尽了我所有吃奶的力气的路，我不是三步一喘，而是一步三喘。垭口似乎就在头顶上，伸手可及，可它就像一个漫长而遥远的终点，你看得见，却老是达不到。我想我的脸一定给憋紫了。我找到了生命极限的底线。

然后我撞破了这条底线，在看到死亡怯弱的身影逃之夭夭时，我豪迈地站在了舒拉雪山垭口上。尽管很多人都把翻越海拔 4 815 米的舒拉雪山垭口当成生活中的必须——比如那些本地的藏族人和外转经路上的朝圣者，但是我还是为自己感到自豪和骄傲，并将其视为自己的一个人生的高度——无论是现实意义上的还是思想境界上的。

垭口两面都是陡峭的坡，像一堵墙的墙头，并不宽敞。风特别大，而且凛冽刺骨，真正的“高处不胜寒”。路边有个煨桑的香炉，那里面的火让我们感到温暖。看来老都的话并没有夸张，如果此时舒拉雪山垭口上风雪弥漫，我想我们根本无法征服它。即便我们爬上来了，也难保证能活着回去。

我让阿牛把骡子牵来，我要骑在上面照一张相。因为我不知道以后还会不会再来，也不知道将来还能否爬上这样高的地方。

回到澜沧江峡谷

舒拉雪山垭口也是西藏和云南的分界线，翻过垭口，一步就回到了云南。

我们向外转经路上的终点奔去，或者说“蹦去”，因为下山的道路依然漫长、陡峭，我们不得不一路蹦蹦跳跳，像一群山涧里的猴子。有几只野生岩羊在右侧的山坡上悠闲地吃草，这是我们在转经路上所看到的最大的野生动物。只可惜没有地方支脚架，我不能用长焦镜头将它们拍下来，但是能看到这些吉祥的羊已让我们感到意义非凡。这属羊的神山，似乎在我们即将完成羊年的朝圣之旅时以这些岩羊为我们送行，岂能不让我们深感荣幸。它们是羊年的宠儿，是羊年的神灵之子。我们看见这些山崖上的岩羊，就仿佛看到了给羊年带来吉祥的精灵。

整整一个上午，我们都在幽深的山谷中穿行，终于走到山谷的底端，便看见了伟大的澜沧江。它横亘在我们的前方，就像一个久违的朋友在迎候着我们的归来。

从澜沧江始，翻越梅里雪山山脉，到沿怒江峡谷行，穿越卡瓦格博神山背面的高山峡谷，最后再次翻过梅里雪山，回到澜沧江。这就是一个围绕神山卡瓦格博完满的圆。

我相信，一座现实中的神山的模样我已经大体领会并为你勾勒出来了。他是如此地真实，就像我们的父亲一般伟岸、慈祥、威严，并且令人崇拜与敬畏。围绕神山的朝圣之旅与其说是体验神灵的法力和神界的奥妙，不如说是亲近和享受一个和蔼可亲的父亲的爱以及他无所不在的庇护。在生存条件相对艰辛的藏区，人们需要一个超凡的神灵护佑自己的人生。这样的神灵除了寺庙里供奉的各路菩萨外，他还必须是看得见、感受得到，并且代表了各种意义——自然层面和精神层面——的一尊令人心生敬仰的纯洁之物。而在我们这个星球上，没有比一座大雪山更贴切、更生动、更丰厚、更博大的候选者了。

我不知道一个人一生中有多少个圆满才能算幸福，但是这一次围绕卡瓦格博神山朝拜的圆满之旅，我认为是我今生最幸福的一个大圆满。它不仅仅是一个人生的象征，更是一次精神之旅。

在告别卡瓦格博神山时，我不能不虔诚地向雪山祈祷：愿所有的朝圣者都能有圆满的结局，愿他们都能找到自己的精神支撑，愿他们都能领受到雪山的悲悯和仁慈，愿他们在朝圣之旅中都能体验到天地之壮美和自然之丰厚，愿雪山上的神灵护佑众生的平安吉祥和大地的五谷丰登。

卡瓦格博之神啊，请赐福于匍匐在你脚下的虔诚的众生吧！

后记

一个汉族人去参加藏族人的朝圣之旅，是一件很光荣的事，也是一次值得炫耀的经历。而对一个藏族人来说，那就是生命中必须做的事情，应该完成的使命。在朝圣之路上，我没有看到哪个朝圣者抱怨过苦和累，畏惧过风险甚至死亡。他们在艰险的山道上兴致勃勃，衔枚疾走，就像去参加一次盛大的自然之宴，神灵之宴。欢乐，虔诚，喜悦，振奋，所有最真挚的感情都溢于言表，一览无余。他们让自己的脚底高过一座座雪山垭口，用自己的心灵去和神山亲近拥抱。世界上没有比这更漫长的幸福感，也没有比这更充实的自然之旅、精神之旅。

而于我来说，跟随藏族人去朝圣，只不过是一次亲历现场的难忘经历。我需要这种“在现场”的感受，就像在空气稀薄的雪山垭口需要氧气。它滋润着我接近枯竭的灵感，刺激着我快要麻木的神经，激活着我体内沉寂了许久的细胞。在朝圣之路的现场，我就像一个渴望战斗的士兵，终于走上了战场。

当我举着相机面对山道上的那些朝圣者，我看到的是一颗颗虔诚的心灵。眸子里那单纯的目光，仿佛雪山下的湖泊，清澈见底；还有那面庞中透着的坚毅与和蔼，幸福与满足，宛如映照着佛的光芒；以及那些在崎岖道路上疾步如飞的身影，又像在自然的怀抱中凌空蹈虚的舞蹈，我时常为了追赶这飘忽的身影而精疲力竭，上气不接下气，我想把他们永远留在我的画面中，留在我的记忆深处，留在我的字里行间，但是，我常常感到力不从心。

这些文字只是朝圣路上的某些片断，某些拾零，某些见闻，某些感受。它或许不全面，但绝对真实。它不是想象的产物，而是在现场的记录与描述。这是我个人历史中有意义的一次经历，一次光荣。

当然，它更是关乎信仰的一个鲜活的大细节。

（选自中国青年出版社《雪山下的朝圣》，2005年2月出版，作者：范稳）

后记

上世纪末，文汇出版社曾出版了18卷本的《20世纪中国纪实文学文库》，在读者中产生了广泛而深远的影响。现在推出的《21世纪中国纪实文学大系》正是上世纪“文库”的延续，是对21世纪中国客观、真实的记录。由于某些原因，我们在这套丛书的编辑思路及框架设计上作了如下调整：

一、为了使记录更加及时、更为精准，决定以“一年一部”的节奏，每年出版一部记录上一年重要事件及相关人物的“年编”，力求内容齐全，文字准确真实。

二、考虑到《20世纪中国纪实文学文库》收尾在1999年，本套丛书特将2000年一并收入，以弥补上世纪“文库”之不足，体现内容的完整性。

三、为了凸显文学价值，每一部年编都对当年中国纪实文学的新特征作了梳理和评析，并力图作出前瞻性的研究。这样，每一部年编在“一书一述”的基础上，又增加了“一书一评”的内容，其兼具“史料”和“文学”双重价值便成为可能。

在本套丛书的选编过程中，著名文学理论家钱谷融教授不顾九十多岁的高龄，欣然应允担当本丛书的顾问；著名文学评论家杨扬教授，则为本套丛书的编辑、出版提出了诸多建设性意见，并花费了大量时间阅读文本，带领他的团队撰写了一篇又一篇有关纪实文学的评论文章；上海市新闻出版局的阚宁辉副局长和许乃青处长对本套丛书的编辑、出版作了许多重要指导，并给予了很大的鼓励；新华社上海分社副社长叶国标、图片中心副主任金丽莉为本套丛书的图片提供给予了巨大的支持；文汇新民联合报业集团信息中心的姚高东主任和图片中心的高峰主任，则为本套丛书图片的选择提供了有益的建议……在此，对于每一位对本套丛书的编辑、出版予以帮助的前辈、领导和朋友，我们谨表示深深的谢意！

今后，我们每年都会编辑、出版一部《21世纪中国纪实文学大系》的年编，我们将加倍努力，及时推出能够让读者朋友喜爱的读本，为中国的出版事业贡献出我们的绵薄之力。

（编　者）

致作者

编选者在编选本书时，已经获得部分作者授权，谨在此表示衷心的感谢。

同时，因时间仓促，作品来源辗转，故仍有部分作者未能取得联系。在此，我们深表歉意。请未取得联系的作者及时与我社联系，我们将按照国家有关规定支付稿酬，并奉上样书。

文汇出版社

2012 年 8 月 18 日

联系地址：上海市威海路 755 号 18 楼

邮　　编：200041

联系电话：021-52921234 转总编办

图书在版编目（CIP）数据

21世纪中国纪实文学大系. 2003卷：众志成城/桂国强主编. —上海：文汇出版社，2012.9

ISBN 978-7-5496-0605-4

Ⅰ. ①2… Ⅱ. ①桂… Ⅲ. ①纪实文学—作品集—中国—当代 Ⅳ. ①I25

中国版本图书馆CIP数据核字（2012）第178814号

21世纪中国纪实文学大系（2003卷：众志成城）

丛书主编／桂国强
责任编辑／陈润华　曹　立
特约编辑／闻　之　于　成
装帧设计／周夏萍

出版发行／文匯出版社
上海市威海路755号（邮政编码200041）
经　　销／全国新华书店
照　　排／南京展望文化发展有限公司
印刷装订／上海宝山译文印刷厂
版　　次／2012年9月第1版
印　　次／2012年9月第1次印刷
开　　本／720×960　1/16
字　　数／250千
印　　张／18.25

ISBN 978-7-5496-0605-4
定　　价／32.00元